I0752069

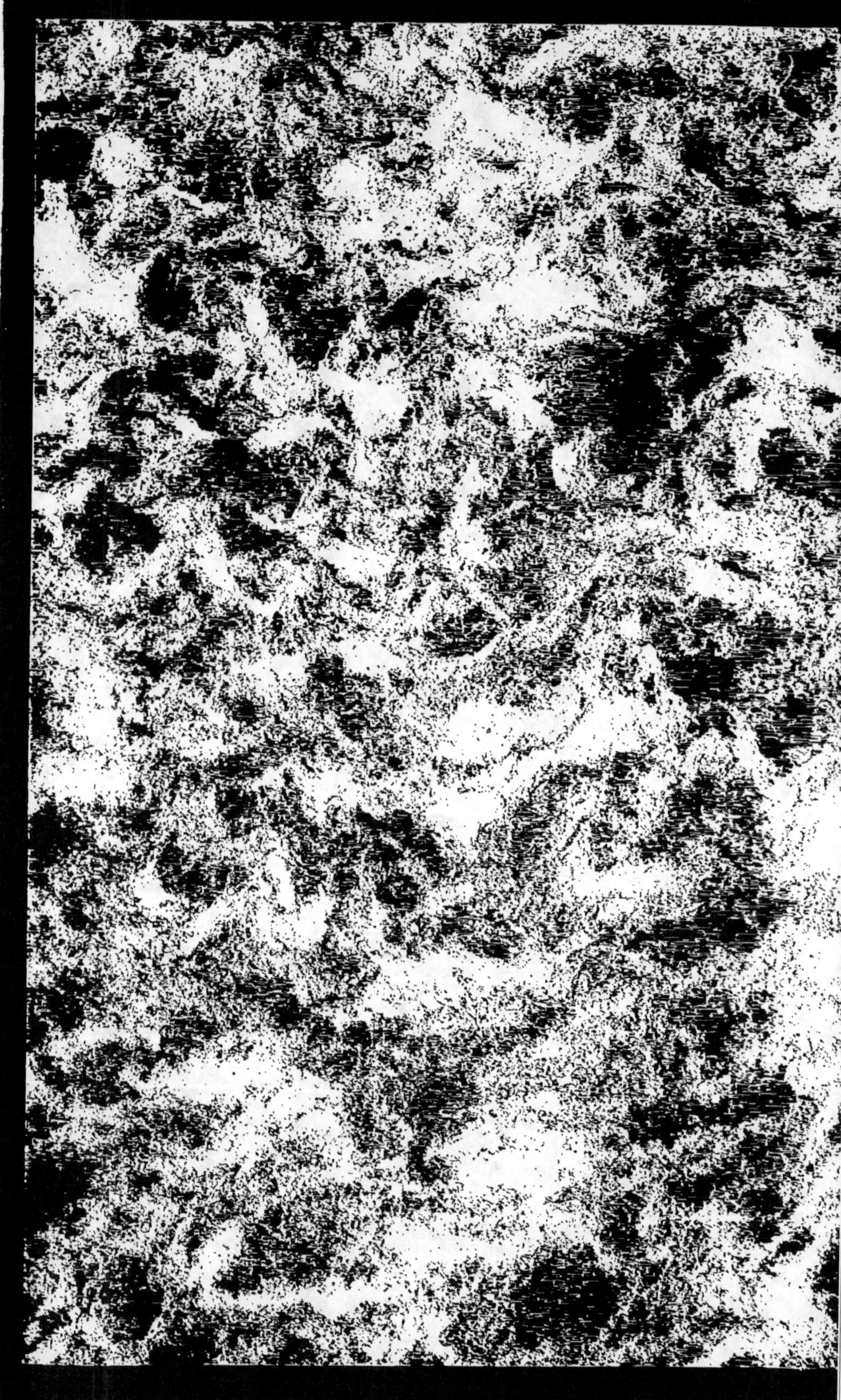

LA
CHRÉTIENNE
DE NOS JOURS

LETTRES SPIRITUELLES

PAR L'ABBÉ BAUTAIN

PREMIÈRE PARTIE

LA JEUNE FILLE ET LA JEUNE FEMME

PARIS
LIBRAIRIE DE L. HACHETTE ET Cie
RUE PIERRE-SARRAZIN, N° 14

1859

LA

CHRÉTIENNE

DE NOS JOURS

PREMIÈRE PARTIE

LA JEUNE FILLE ET LA JEUNE FEMME

PARIS. — IMPRIMERIE DE CH. LAHURE ET Cie
Rues de Fleurus, 9, et de l'Ouest, 21

LA CHRÉTIENNE DE NOS JOURS

LETTRES SPIRITUELLES

PAR L'ABBÉ BAUTAIN

PREMIÈRE PARTIE

LA JEUNE FILLE ET LA JEUNE FEMME

PARIS
LIBRAIRIE DE L. HACHETTE ET Cie
RUE PIERRE-SARRAZIN, N° 14

1859

AVERTISSEMENT.

Les lettres contenues dans ce volume sont vraies par le fond ; car il ne s'y trouve rien qui n'ait été écrit ou dit dans les circonstances qu'elles rappellent. La forme seule a subi quelques changements. Nous les avons remaniées et étendues, pour leur donner une portée plus générale, et les rendre utiles aux personnes qui se trouvent en des positions semblables ou analogues.

C'est pourquoi il n'y faut point chercher des portraits. Ce sont plutôt des tableaux où, comme les peintres qui ne se bornent pas à copier la nature, nous avons réuni les traits épars en plusieurs modèles, pour former un type ou l'idéal d'une situation.

Nous avons au contraire évité avec soin ce qui pouvait avoir l'air d'une copie ou sentir l'allusion ; notre but n'étant nullement de peindre des caractères pour amuser le public, mais de signaler des écueils où l'inexpérience, l'imprudence et la passion se perdent trop souvent. Nous avons voulu surtout indiquer les moyens d'éviter ces dangers, ou de s'en retirer quand on a eu le malheur de s'y engager. Dieu veuille que ces avis servent à préserver quelques âmes ou à les remettre dans la bonne voie ! Ce nous serait une douce récompense, si ces lettres spirituelles devenaient une continuation et comme un prolongement de notre ministère sacerdotal.

Nous les avons récrites à la campagne, dans la solitude, devant Dieu, et avec tous les souvenirs d'une vie déjà longue et employée depuis trente ans à la direction des âmes. Elles ont fourni une douce occupation au loisir que nous ont fait les circonstances, parce que nous avions l'espoir d'être encore utile de cette manière à la grande famille chrétienne. Puisse cette espérance, qui nous a animé et soutenu dans ce travail, n'être pas déçue !

C'est par la forme qu'elles diffèrent le plus des lettres primitives, dont elles sont le développement : car nous en avons soigné le style de notre mieux, mais sans vouloir sortir du genre épistolaire, qui comporte plus d'entraînement et de familiarité. Il ne faut donc y chercher ni des dissertations, ni des sermons, ni par conséquent le langage de ces sortes de compositions. Ce ne sont que des lettres écrites dans l'intimité de la vie spirituelle, et qui n'ont jamais eu d'autre fin que d'y ramener ou d'y affermir les personnes qui les ont lues ou qui les liront.

Du reste, nous n'avons rempli dans ce volume que

la moitié de notre tâche. Il n'y est question que de la jeune fille et de la jeune femme. Il nous reste à donner des conseils à la femme chrétienne dans l'âge mûr et dans la vieillesse. C'est ce que nous ferons bientôt dans un autre volume, avec l'aide de Dieu, et si la faveur du public encourage cet essai.

LA CHRÉTIENNE DE NOS JOURS.

PREMIÈRE PARTIE.

LA JEUNE FILLE ET LA JEUNE FEMME.

LETTRE I.

LA PREMIÈRE COMMUNION.

Vous m'annoncez, ma chère enfant, que dans huit jours vous aurez le bonheur de faire votre première communion, et vous me demandez un souvenir pour vous au saint autel en ce jour solennel; vous me demandez d'unir mes prières aux vôtres et à celles de votre famille. Vous pouvez y compter, chère Anna, et, bien qu'absent de corps, je serai avec vous en esprit et de cœur au moment marqué. Vous savez l'intérêt que je prends à tout ce qui vous touche, surtout au progrès de votre âme dans le bien. J'ai eu le bonheur d'y jeter ou d'y cultiver les premières semences de la piété et de la vertu. C'est moi qui ai reçu les premiers épanchements de votre cœur devant Dieu, et il m'eût été bien doux de vous conduire en cette voie jusqu'au banquet sacré où vous allez recevoir pour la première fois l'aliment divin, le pain au-dessus de toute substance, et vous unir à Dieu par le plus profond de votre être. Cette consolation m'a été refusée à cause des nouvelles fonctions qui m'ont occupé ailleurs. Mais mon affection vous a suivie depuis ce temps. Madame votre mère m'a tenu au courant de votre avancement spirituel, et je ne doute pas qu'avec vos bonnes dispositions, la grâce divine et les soins du digne prêtre qui vous a préparée, vous n'accomplissiez d'une manière agréable à Dieu ce grand acte, qui doit lui assurer à jamais la possession de votre âme.

Je prierai donc pour vous, ma chère enfant, et de tout mon cœur. Mais, avec les prières que j'adresserai au ciel, je veux aussi vous envoyer quelques paroles, qui sortiront de mon cœur pour entrer dans le vôtre avec toute la puissance que ma bonne volonté peut y mettre, et que l'Esprit-Saint voudra leur donner, afin de vous représenter vivement ce que vous allez faire, comment vous devez le faire, et de vous porter, par une courte méditation sur l'adorable sacrement que vous recevrez bientôt, à une plus vive effusion d'amour envers l'auteur d'un si grand bienfait, à une résolution plus ferme de lui rester toujours fidèle, et de vous donner à lui comme il va se donner à vous.

Savez-vous bien, ma chère enfant, quel est celui qui va prendre possession de votre âme? O mystère ineffable! ô miséricorde infinie! ô amour! C'est votre

Dieu, celui qui vous a créée à son image et pour le connaître, l'aimer et le servir, qui veut maintenant porter cette image de lui-même à la perfection, non plus seulement en augmentant en vous sa ressemblance, mais en vous communiquant sa propre vie, ou lui-même qui est la vie. Il veut, en se mêlant à votre vie, vous faire vivre de la sienne, et, pour vous atteindre plus au fond et vous pénétrer jusque dans le foyer de votre être, il se donne à vous en nourriture, afin que vous participiez à sa divinité, comme en s'incarnant il a daigné s'assimiler notre humanité; car il s'est fait homme ou semblable à nous, pour nous faire dieux ou semblables à lui. Il s'est abaissé jusqu'à nous pour nous élever jusqu'à sa perfection. Dieu a tant aimé les hommes que, malgré leur ingratitude et toutes les dégradations qui en ont été la suite, il est descendu en personne dans les ténèbres et l'ignominie où ils étaient plongés, pour les délivrer du mal et du désordre qu'ils avaient préférés à sa loi, et leur rendre, avec la paix, la lumière et la gloire dont le péché les avait dépouillés.

Voilà pourquoi le Verbe s'est fait chair; voilà pourquoi le fils de Dieu, la deuxième personne de la Trinité sainte, Dieu lui-même, Jésus-Christ, est né de la Vierge Marie, a vécu parmi nous pour nous instruire et nous montrer le chemin perdu du ciel, a souffert sous Ponce Pilate, a été crucifié, est mort pour expier notre iniquité et nous racheter, et enfin est ressuscité d'entre les morts, est monté au ciel pour nous en rouvrir l'accès et nous ressusciter avec lui. Et afin que son sacrifice, accompli une fois d'une manière sanglante sur la croix pour tout le genre humain, répandît sa vertu salutaire sur les hommes de tous les temps et à travers toutes les générations jusqu'à la consommation des siècles, il a voulu qu'il se continuât, se renouvelât à tous les points du temps et de l'espace d'une manière non sanglante. C'est pourquoi au sacrifice de la croix a succédé celui de l'autel, où la même victime, immolée tous les jours pour les péchés du monde, est en outre donnée en nourriture pour transmettre la vie du ciel, la réparer dans nos âmes quand elle y défaille, la guérir quand elle est malade, la fortifier quand elle périclite, et la rallumer quand elle est éteinte.

Voilà pourquoi le pain et le vin ont été changés par la parole de Jésus-Christ en son corps et en son sang. Éléments généraux de la nourriture corporelle de l'homme, la parole divine les transforme en l'aliment incorruptible de son âme ; car partout, dans tous les règnes de la création, la vie ne se soutient que par la nourriture, et à une vie qui doit être éternisée il faut une nourriture éternelle. C'est pourquoi Dieu s'est fait nourriture, ou a voulu être mangé par nous, pour nous faire vivre de sa vie. « Je suis le pain descendu du ciel, a-t-il dit, et celui qui me mange aura la vie en lui. Mon corps est la vraie nourriture et mon sang le véritable breuvage, et celui qui mangera mon corps et boira mon sang vivra éternellement. Je serai un avec lui et il sera un avec moi, comme mon Père et moi nous sommes un. »

C'est ce pain descendu du ciel, et qui porte en lui la vie divine, que vous allez manger pour la première fois. Voyons donc rapidement tout ce qu'il contient, ma chère enfant, afin que vous connaissiez les richesses qui vont vous être transmises, et comment vous pouvez en jouir.

« Je suis le pain vivant descendu du ciel, » dit Jésus-Christ. Donc il est personnellement, substantiellement dans l'adorable eucharistie, et c'est lui-même, le fils de Dieu fait homme, que vous allez introduire dans votre intérieur en la recevant. Or, Jésus-Christ est à la fois Dieu et homme ; c'est le Verbe divin qui a assumé la nature humaine et s'est revêtu de sa chair. Il y a donc en Jésus-Christ la divinité et l'humanité réunies dans une seule personne : la divinité qui habite corporellement dans la chair du Christ, et l'humanité toute pénétrée de la divinité, laquelle la remplit de ses vertus et de ses perfections, en la faisant participer à la personnalité divine.

Or, Jésus-Christ, comme homme, a un corps humain, un sang humain, un esprit humain, une âme humaine. Vous allez donc le recevoir tout entier, avec toutes les parties de son être, qui pénétreront les parties correspondantes de votre existence pour y porter leur vitalité divine, et ainsi les épurer, les transformer, les glorifier.

Ainsi la chair de l'Homme-Dieu, cette chair qui n'a point connu la corruption, qui est sortie glorieuse du tombeau, qui apparaissait soudainement aux disciples enfermés, et qui cependant se laissait voir et palper; cette chair qui est montée au ciel, qui y trône à la droite du Père, et que nous reverrons au jour du dernier jugement avec sa croix et les stigmates de sa croix ; cette chair, ou le corps de Jésus-Christ, va se former sur l'autel sous les apparences du pain par les paroles sacramentelles du Sauveur articulées par son ministre, et elle vous sera donnée à manger. Or, il est impossible qu'elle entre dans la vôtre et la traverse sans y laisser quelque chose d'elle-même, et par consé quent elle doit communiquer à votre corps, avec la vie transfigurée ou surnaturelle dont elle est imprégnée, comme un levain ou un ferment de l'immortalité, et les semences ou les gages de sa résurrection future et de son éternité. Il y a donc déjà dans la sainte communion un immense bienfait pour le corps, puisqu'elle le purifie, le relève, le spiritualise, ou en fait un corps spirituel : car, affirme l'Apôtre, s'il y a un corps matériel, il y a aussi un corps spirituel.

Mais avec la chair de Jésus-Christ vous recevez son sang. Ce sang de l'Homme-Dieu, qu'il a versé sur la croix pour laver nos iniquités et qui a été le prix de notre rachat ; ce sang qui a expié le crime de l'homme en satisfaisant par son effusion à l'éternelle justice; qui a rendu à la terre la vie du ciel qu'elle avait perdue par sa faute, et fait couler cette vie dans les veines de l'homme qui le boit comme le breuvage véritable et en est régénéré; ce sang, ma chère enfant, va donc pour la première fois non pas seulement se répandre sur vous, mais en vous. Il se mêlera à votre propre sang, il le pénétrera dans tous ses éléments pour l'épurer, le vivifier, le transformer, en faire comme un sang nouveau par la vie surnaturelle qu'il y versera.

Déjà au baptême, l'application du sang de Jésus-Christ à travers l'eau sainte et par la vertu de l'Esprit a lavé votre âme de la tache originelle, et l'a rendue capable de la vie divine. Jugez de ce qu'il va y opérer maintenant qu'il descendra dans la profondeur de votre existence, et que par votre sang purifié il en atteindra toutes les parties ! Hélas! nous devons surtout au sang que nous avons reçu de nos parents, et eux des leurs, des dispositions funestes, de mauvais penchants, l'entraînement au désordre : c'est un mauvais levain, ce sont des ferments de corruption que nous apportons en naissant. Le sang divin, que vous allez boire, les neutralisera, les précipitera, et les remplacera par des vertus célestes qui lui donneront de la pureté, du calme et un feu nouveau; non plus le feu infernal de la concupiscence, mais ce feu d'en haut que Jésus-Christ est venu apporter à la terre et qu'il veut y faire brûler. Voilà, ma chère Anna, le vin qui fait germer les vierges, comme dit le prophète. C'est le sang de l'Homme-Dieu mêlé au vôtre, et qui vous rendra capable de consacrer votre virginité à son service, s'il vous y appelle, ou de garder la chasteté au milieu du monde, si vous devez l'y servir un jour au sein de la famille.

Avec le corps de Jésus-Christ vous recevrez son âme, l'âme humaine de Jésus-Christ, une avec la personne divine, avec le Verbe. Or, l'âme a deux puissances principales : celle de percevoir le vrai, ou l'intelligence, et celle d'aimer ce qui est bien et de le rechercher, ou la volonté qui se manifeste par les affections du cœur. L'âme de Jésus-Christ touchera donc la vôtre dans ses parties les plus essentielles, et, comme l'intelligence ne voit la vérité que par sa lumière, votre esprit, uni avec l'esprit de Jésus-Christ, sera illuminé de la lumière de Jésus-Christ, de celui qui est la lumière même. Vous deviendrez donc infiniment plus capable de connaître la vérité, soit par les lumières de la foi, qui nous en donnent une conviction profonde et inébranlable au point que nous sommes prêts à donner notre vie pour elle; soit par la vue claire des vérités surnaturelles qui se découvrent quelquefois aux âmes pures et élevées, que

Dieu veut rendre à la fois les témoins et les hérauts de sa gloire ici-bas. Ce sont des phares allumés par le feu du ciel pour en éclairer le chemin à travers les ténèbres de ce monde. C'est ce qui est arrivé aux trois apôtres sur le Thabor, à saint Paul sur le chemin de Damas, et plus encore quand il a été ravi au troisième ciel ; à saint Jean dans l'île de Pathmos, et à beaucoup d'autres que Dieu a gratifiés de ses révélations, en leur donnant d'avance et en certains moments la vision passagère de sa puissance et de sa gloire.

Cependant, dans le même temps, son cœur touchera le vôtre, et aussi son amour pénétrera votre puissance d'aimer. Il y versera toute sa vertu, et alors vous deviendrez capable d'aimer comme il aime, c'est-à-dire jusqu'à donner votre vie pour ce que vous aimerez, comme a fait pour nous celui qui nous a tant aimés. Là, chère Anna, et là seulement est la source intarissable du véritable amour qui s'appelle la charité, et dont le caractère est de se donner à tous, de se faire tout à tous, comme Dieu dont l'irradiation universelle et l'effusion vivifiante atteint toutes les créatures. Alors, parce que le cœur de Jésus-Christ battra dans le vôtre, avec le vôtre, vous pourrez aimer comme lui, c'est-à-dire d'une manière surnaturelle, pour le bien seul, pour la justice, pour la vertu, pour Dieu, en un mot, qui est tout cela, et non plus humainement, égoïstiquement, pour vous seulement, ou par-dessus tout pour votre avantage, votre jouissance, votre gloire, en un mot pour un bonheur personnel, auquel les affections purement humaines rapportent en définitive le bonheur des autres qu'elles désirent. Jusqu'ici, chère enfant, vous avez aimé naturellement, comme on aime sur la terre. Dès que vous aurez reçu le cœur de votre Sauveur dans le vôtre, votre amour sera transfiguré comme le reste de votre existence, et vous commencerez à aimer comme on aime au ciel, comme aiment les anges et les bienheureux, comme les âmes saintes sur la terre, qui ont appris à aimer à l'école de Jésus-Christ, c'est-à-dire par l'immolation de soi pour les autres et le sacrifice de sa vie à la vérité, à la justice et au bien.

Enfin, ma chère enfant, et c'est le plus profond de cet abîme de miséricorde et d'amour, comme la plénitude de la divinité habite corporellement en Jésus-Christ, en mangeant le corps de Jésus-Christ dans la sainte eucharistie vous recevrez en vous la divinité dans toute sa plénitude. Elle habitera en vous pendant quelque temps comme dans un temple vivant, qu'elle remplira de son esprit et de ses vertus. « Voici que le tabernacle de Dieu est avec les hommes, » dit le prophète; et celui qui doit naître de Marie est appelé par l'ange Gabriel, au jour de l'Annonciation, *Emmanuel*, c'est-à-dire Dieu avec nous. Et dans le Cantique des cantiques, joyeux et glorieux épithalame de l'union mystique de l'âme avec l'époux céleste, Dieu qui appelle l'épouse lui adresse ces douces paroles: « Viens, ô ma bien-aimée, et je poserai mon trône en toi. » Ainsi, vierge chrétienne, la gloire insigne, le bonheur ineffable de Marie vont vous être accordés passagèrement et d'une autre manière ; car vous recevrez, vous porterez aussi Jésus-Christ dans vos entrailles. Sa chair s'unira à la vôtre, son sang se mêlera à votre sang, son esprit pénétrera votre esprit, votre âme sera remplie, possédée par son amour, et sa divinité unie à son humanité habitera pleinement et corporellement en vous. C'est pourquoi, dit un saint Père, par la sainte eucharistie l'homme est comme incorporé à Dieu, *concorporatus ;* il lui devient consanguin, *consanguineus ;* et, comme dans l'incarnation le Verbe s'est fait homme pour descendre jusqu'à nous, dans la sainte communion, en nous donnant sa chair à manger et son sang à boire, il nous assimile à lui et nous divinise en s'humanisant.

Voilà donc celui que vous allez recevoir dans quelques jours, chère Anna ; le Dieu du ciel et de la terre, le créateur de tous les êtres, qui vient prendre possession de votre âme en la personne de Jésus-Christ. Mais il veut y entrer plein de douceur, comme autrefois à Jérusalem, et c'est pourquoi il cache sa splendeur et sa puissance sous les formes les plus humbles, comme lorsqu'il est descendu du ciel en terre, afin que, touchée par la vertu de sa parole et non par la manifestation de sa gloire, vous lui ouvriez le fond de votre cœur librement, par un amour de prédilection, qui est à ses yeux l'hommage le plus agréable. Car le Dieu jaloux veut être aimé de préférence ou par-dessus tout, et il n'y a que les êtres intelligents et libres qui aiment de la sorte, c'est-à-dire par choix et parce qu'ils le veulent. Dieu voit le cœur, et c'est le cœur qu'il veut posséder.

Maintenant que vous connaissez la dignité de l'hôte que vous attendez, voyons comment, dans les quelques jours qui vous restent, vous devez tout disposer pour sa réception.

La première chose est que vous sachiez bien ce que vous allez faire, ou que vous ayez l'instruction nécessaire non pour comprendre, mais pour concevoir, autant qu'il est possible à la faiblesse humaine, le mystère qui va s'accomplir en vous. Ceci doit être fait à l'heure qu'il est. Depuis longtemps vous apprenez votre catéchisme et vous en entendez les explications données à l'église par le vénérable prêtre qui vous prépare. Ne vous contentez pas, en ces points fondamentaux de la doctrine catholique, de savoir à peu près ou en gros. Non; il faut imprimer dans votre entendement le texte du catéchisme, afin que les termes consacrés par l'Église à l'expression des choses divines y restent toute votre vie, comme les bases de votre foi, que rien ne pourra plus ébranler, ou du moins renverser.

Ce que nous avons appris dans l'enfance est ce qui tient le mieux et le plus longtemps dans l'esprit. C'est pourquoi il faut commencer de bonne heure l'instruction religieuse, bien qu'elle ait pour objet ce qu'il y a de plus profond et de plus sublime, la parole éternelle. Mais cette parole n'est pas comme celle des hommes, qui exige plus d'intelligence à mesure qu'elle est plus élevée. Supérieure à toutes les autres, puisqu'elle descend du ciel, elle porte sa lumière en elle-même, et, chose merveilleuse, c'est par les petits et les ignorants qu'elle est le mieux goûtée, parce qu'elle est acceptée par eux avec plus de simplicité et de soumission. « Je vous rends gloire, ô mon Père, dit Jésus-Christ, de ce que vous avez caché ces mystères aux savants et au puissants du monde pour les révéler aux enfants et aux faibles. » C'est que, par la vertu de la parole divine et la grâce de Dieu accordée à ceux qui l'écoutent docilement, la foi naît dans le cœur, et par le cœur ou le désir de la volonté elle entraîne l'assentiment de l'esprit ; tandis que, dans la connaissance humaine, la conviction de l'esprit n'amène pas toujours l'adhésion de la volonté. C'est pourquoi dans le monde on agit souvent autrement qu'on ne pense, et on n'a pas toujours le courage ni la pratique de ses opinions.

Tenez-vous donc ferme, ma chère enfant, à la science des choses divines que vous donne la foi. Elle vous apprend tout ce que vous avez besoin de savoir pour bien conduire votre vie en ce monde et préparer votre bonheur dans l'autre ; et dans la circonstance présente, en ce qui concerne l'acte important que vous allez accomplir, elle éclaire votre esprit, autant qu'il lui est nécessaire pour se disposer convenablement à participer au mystère adorable, auquel vous allez être initiée.

Plus tard, quand vous suivrez le Catéchisme de persévérance, et que votre âge vous aura rendue capable d'un enseignement plus élevé, on vous expliquera à ce sujet beaucoup de choses que vous ne comprendriez point aujourd'hui ; et par la connaissance des choses de la nature et de leurs lois, par la conscience, qu'on excitera et développera en vous, de votre propre nature, de ses facultés et de ses besoins, en un mot par toutes les analogies entre le monde physique, le monde moral et le monde divin, qu'on pourra vous exposer et vous rendre évidentes, on vous apprendra à reconnaître aussi par votre intelligence et à prouver par le travail de votre raison ce que vous admettez maintenant avec foi, et sur la parole de l'Église, qui vous l'enseigne au nom de Dieu. Mais, soyez-en sûre, ma chère enfant, cette instruction, qu'on nomme supérieure parce qu'elle exige plus d'efforts d'esprit et que les hommes y mettent davantage du leur, en substance ne vaut pas la première, dont Dieu fait presque tous les frais. Elle ne sert qu'à développer ce qui est virtuellement dans la foi, comme la fleur est l'épanouissement du germe; et, de même que sans le germe et la germination il n'y aurait ni fleur ni fruit, puisqu'ils en tirent leur nourriture et leur vie, ainsi, sans la semence de la foi que Dieu implante dans l'âme avec sa parole, l'instruction plus brillante, qui vient par-dessus, n'aurait ni racine ni solidité.

Répétez donc soigneusement votre catéchisme, mon enfant. Répétez-le souvent, textuellement, sans y rien changer ni ajouter, et cela avec toute la foi que Dieu vous a mise au cœur, avec toute la bonne volonté dont vous êtes capable. Ces paroles sacramentelles, gravées dans votre esprit, seront le fond indestructible de votre religion, et votre religion bien assise, comme la maison de l'Évangile bâtie sur le roc et qui résiste aux vents, aux torrents et à la tempête, ne se laissera non plus abattre par les assauts des passions humaines, ni par les attaques ou les tentatives du monde. Les efforts de l'enfer ne prévaudront point contre elle.

Mais ce qui doit vous préoccuper surtout pendant huit jours avant le moment solennel, c'est la disposition de votre âme, et ce qui peut la préparer le plus efficacement à ce qui doit se passer en elle. Elle va s'unir à Dieu en personne; c'est donc une alliance intime, une espèce de mariage qu'elle contractera, et la première condition d'un mariage est qu'il soit bien assorti. Or, celui auquel votre âme doit s'unir est la pureté même; il ne peut souffrir rien d'impur, et il n'y a de pur que ce qui lui ressemble. Pendant ces huit jours il vous faut donc travailler à perfectionner en vous cette divine ressemblance, à vous rapprocher, autant qu'il sera possible, du modèle divin, que vous trouvez vivant, humainement et à la portée de votre faiblesse, en la personne du Sauveur. L'imitation de Jésus-Christ, voilà donc le but de vos efforts, mais une imitation réelle, en acte, par toute votre conduite, et à tous les moments du jour, et non pas seulement en imagination, en pensée, ou par la lecture. Et pour qu'elle soit plus accommodée à votre âge, et vous devienne plus facile, considérez surtout Jésus enfant, dans la maison de saint Joseph, travaillant avec lui et sous la conduite de la Vierge mère : car, dit l'Évangile, il leur obéissait et leur était soumis. Soyez soumise de la même manière à vos parents, représentants de Dieu auprès de vous, et qu'il a investis de son autorité pour votre bien. Vous devez à présent leur être plus obéissante que jamais, à eux et à tous ceux qui participent à leur puissance sur vous.

Alors il vous restera une grande chose à faire. Puisque vous allez vous unir à Dieu, il faut, d'un côté détruire tout ce qui peut vous en séparer, et rechercher de l'autre tout ce qui vous en rapprochera. Donc, avant tout, il faut nettoyer l'intérieur de la maison, non-seulement de ce qui l'a souillée autrefois, mais encore de ce qui a pu en ternir l'éclat, et même de la poussière qui l'obscurcit. C'est ce qui se fait par les confessions des derniers jours, qui doivent reprendre toute la vie passée, depuis que vous avez conscience de vous-même, afin de rejeter tout le mal qui a pu s'amasser, et de l'extirper jusque dans ses racines, et même dans ses dernières traces. Vous comprendrez que le mal étant commis par la volonté, et n'étant même que la volonté sortie de l'ordre, elle ne peut y rentrer qu'en détruisant par son propre effort ce qu'elle a fait, le désavouant d'abord, puis redressant par un acte contraire ce qu'elle avait faussé et perverti. Mettez donc toute l'énergie de votre volonté à rechercher et à dévoiler toutes les fautes commises jusqu'à ce jour. Poursuivez-les jusque dans leurs sources, dans vos mauvais penchants et dans les entraînements de votre cœur, afin que ce cœur soit comme retourné, et que, par une réaction salutaire, il se vide jusqu'au fond du mal qui l'avait envahi et qui pouvait le corrompre.

Cependant, en faisant cette revue sérieuse de votre conscience, et en remontant aux principes de vos fautes, vous trouverez en vous des défauts, des vices peut-être, ou de mauvaises habitudes déjà invétérées. C'est le moment de les combattre courageusement, et, pour ne pas diminuer vos forces en les dispersant, attachez-vous surtout au principal, ou à ce qu'on appelle le défaut dominant. Dites-vous que vous ne pouvez plaire à votre bien-aimé avec une pareille difformité, et qu'il faut absolument la faire disparaître avant qu'il vienne dans la maison de votre âme. Alors, pendant ces huit jours, livrez à votre ennemi de rudes assauts, pour le déloger efficacement de votre intérieur par vos actes, comme vous l'avez déjà rejeté par la volonté dans les aveux de la confession. Ne lui laissez point de relâche, et tâchez de rompre peu à peu les liens dont il avait garrotté votre cœur. Ainsi vous reprendrez votre liberté, la liberté du bien, qui est celle de Dieu et des anges.

Vous en profiterez pour vous rapprocher de votre divin maître qui nous a sauvés par la patience et le sacrifice. Car il ne suffit point de ne pas lui déplaire, il faut encore tâcher de lui être agréable, et on n'y réussit qu'en faisant ce qu'il a enseigné et surtout ce qu'il a fait. Apprenez de moi, a-t-il dit à ses disciples, à être doux et humble de cœur, et il a été si humble qu'il s'est fait le plus petit d'entre nous, le serviteur de tous. Il a été plein de douceur; car il a supporté tous les outrages, toutes les ingratitudes, il a toujours rendu le bien pour le mal, et il a prié pour ses bourreaux.

Ainsi devez-vous faire, chère enfant, en ces derniers jours, selon vos moyens et en raison de votre situation. Faites-vous la servante de tout ce qui vous entoure, même de ceux qui sont appelés à vous servir. Supportez patiemment, et en les tournant à vertu, les petites contradictions qui peuvent vous assaillir. Si vous avez quelque inimitié, ou même quelque froideur dans le cœur, allez vous réconcilier au plus tôt en rétablissant par des excuses ou des prévenances les voies obstruées de la charité, même au prix d'une humiliation, et en dépit de la vanité qui réclame. Enfin, comme Jésus-Christ, pour nous racheter et nous sauver, s'est offert en victime à la justice divine, et a payé de ses souffrances et de son sang les crimes des hommes, tâchez d'aller aussi jusqu'au sacrifice de vous-même, dans votre corps, dans votre esprit, dans votre volonté, et prouvez-lui par quelques actes d'immolation de vos appétits, de vos convoitises et de votre orgueil, que vous voulez vivre comme lui, pour vivre en lui, et surtout pour mourir un jour avec lui. C'est le moment de faire, avec la permission de votre directeur, quelques mortifications qui, sans nuire à votre santé, témoigneront à votre bon Sauveur votre désir de lui plaire en lui devenant plus conforme; soit des privations imposées aux appétits du corps, afin que votre esprit apprenne à dominer la chair; soit le refoulement des convoitises de l'esprit, qui, le délivrant des fantômes de l'imagination et de ses distractions perpétuelles, le rendra plus capable de chercher et de reconnaître le vrai; soit l'abnégation de la volonté propre, même au delà des limites de l'obéissance, pour lui apprendre à ne vouloir plus qu'une chose, la seule nécessaire, la volonté divine, c'est-à-dire l'ordre, la justice et le bien.

Voilà, chère Anna, quelle doit être votre préparation des derniers jours, où il ne s'agit plus d'instruire l'esprit, mais de se former, de se reformer dans son cœur, pour devenir un de ces hommes de bonne volonté, auxquels les anges, annonçant la naissance du Sauveur, ont promis la paix sur la terre avec la gloire de Dieu au plus haut des cieux.

LETTRE II.

LE JOUR DE LA PREMIÈRE COMMUNION.

C'est donc demain, chère enfant, que Notre Seigneur Jésus-Christ doit faire son entrée triomphante dans votre âme ; triomphe bien modeste de sa part, comme l'entrée qu'il fit à Jérusalem, monté sur une ânesse, et sans être entouré d'aucune pompe. Il va entrer chez vous sous une forme plus humble encore, sous l'apparence du pain, et pour vous apporter la vraie nourriture. A Jérusalem le Verbe divin avait la forme humaine, la plus belle de toutes ici-bas, et sa divinité resplendissait sur son front, à travers ses yeux, sa contenance, sa parole et toute sa personne. Car son visage était plein de douceur et de majesté, son extérieur imposant; il parlait avec autorité, et une vertu divine sortait de lui, qui touchait ou guérissait tous ceux qui l'attiraient en eux par leur foi. Ici, dans son adorable sacrement, il témoigne son amour par une humiliation plus profonde, et il semble, comme dit saint Paul, s'anéantir, non pas seulement par la forme de l'esclave qu'il a daigné revêtir, tout Dieu qu'il est, mais par un abaissement plus marqué, puisqu'il voile sa divinité et son humanité tout ensemble sous les apparences du pain et du vin, substances d'un ordre inférieur et sans vie.

Qu'allez-vous donc faire en ce grand jour, chère Anna, pour répondre à tant d'amour, et profiter aussi pleinement qu'il est possible du don de Dieu? « Ah! disait le Seigneur à la Samaritaine, si tu connaissais le don de Dieu, et quel est celui qui te demande à boire, tu lui demanderais à boire à ton tour, et il te donnerait une eau vivante, qui désaltère à jamais. » Chère enfant, vous êtes plus heureuse que la femme de Samarie. Vous connaissez le don que Jésus va vous faire en s'approchant de vous, en entrant chez vous, et c'est une source d'eau, jaillissante jusque dans l'éternité, qu'il va faire sortir de votre poitrine.

Je n'ai pu m'empêcher de vous envoyer encore ces quelques mots, tant je suis préoccupé de ce que vous allez faire, ou plutôt de ce que Dieu va faire en vous, si vous le laissez faire. Comme une mère, qui accompagne jusqu'au lieu du départ son enfant qui la quitte, lui prodigue jusqu'au dernier adieu ses caresses et ses recommandations; ainsi, en ce moment où vous vous disposez à marcher à l'autel pour prendre part au banquet sacré, mon âme, qui aime la vôtre maternellement, trouve toujours quelque chose à lui dire, quelque conseil à lui donner, pour vous épargner un danger, écarter un obstacle, ou fournir un secours. Je me représente vivement toute votre journée de demain, ce que vous ferez à chaque heure, et, comme vous aurez ma lettre ce soir, j'aime à vous en parler en détail, afin que par cette dernière impression, au moment de vous endormir, vous sentiez mieux les paroles d'affection et de sollicitude que je vous envoie.

Ma chère enfant, les plus petites choses ont souvent une grande importance, et nous sommes si faibles, si impressionnables par les sens, qu'il faut bien peu pour nous distraire des pensées et des sentiments qui doivent nous élever vers Dieu, même en un jour aussi solennel que celui de demain. La première communion est une grande fête, et aux jours de fêtes religieuses, pour les célébrer dignement, on pare son corps comme son âme, afin que toutes les parties de notre personne participent à la solennité. Il est donc convenable qu'en ce jour tous revêtent leurs plus beaux habits, et les jeunes filles surtout doivent par la blancheur de leurs vêtements, et par le voile qui les enveloppe, faire paraître au dehors la pureté et la modestie de leur cœur. Mais le monde, dont l'esprit tend toujours à se mêler à celui de Dieu pour l'obscurcir ou le diminuer, vient aussi trop souvent joindre ses exigences aux plus belles convenances, et comme toujours il les gâte, en faisant oublier la fin pour les moyens et mettant la forme avant l'esprit. Ainsi, à une parure simple, qui doit être le symbole de l'innocence, on se plaît trop souvent à substituer une toilette riche qui attire les regards, excite l'amour-propre de celles qui la portent, la convoitise de celles qui la voient; et malheureusement dans ces cas, où l'on sacrifie le plus qu'on peut à la vanité et à la mode par la richesse ou l'élégance du vêtement, on cherche à plaire au monde autant, sinon plus qu'à Dieu.

J'espère que votre mère, si bonne chrétienne, ne donnera pas dans ce travers, et que la gloriole de voir sa fille mieux parée et plus belle que les autres, ce qui est, je l'avoue, un mouvement naturel et trop naturel, ne combattra ni en elle ni en vous l'action de la grâce en un tel jour. Pour vous, soyez sur vos gardes, quand on vous habillera, et surtout au moment où vous paraîtrez au milieu de vos compagnes. Tâchez de rester recueillie et priez au dedans. Représentez-vous que vous êtes une victime qu'on orne pour la mener à l'autel, et laissez faire celles qui vous serviront, sans vous en mêler que pour ce qui est absolument nécessaire, et ne songeant qu'à la parure de votre âme, à la robe céleste qu'elle a revêtue au sortir de la piscine sacrée, et qu'elle doit conserver pure et sans tache jusqu'à l'arrivée du divin époux.

Ne comptez pas trop sur votre propre force pour échapper à cette première tentation du jour. Vous serez tentée de ce côté, soyez-en sûre. Comme Ève, en regardant le fruit défendu, le trouva beau à voir et ainsi bon à manger, vous aussi tout naturellement, et par le désir de plaire, inné au cœur de la femme, vous ne pourrez guère apercevoir votre toilette sans la trouver agréable à regarder, et sans ressentir un certain désir de la porter. Que vous éprouviez cette impression, cela est presque inévitable, et dans le premier degré de la tentation il n'y a pas encore de péché. Le péché commence avec la délectation produite par la vue, quand on s'y arrête par l'esprit et qu'on s'y attache par le consentement de la volonté. Ne laissez donc pas ce vain désir entrer dans votre cœur, et ne cédéz pas à l'instinct de la coquetterie, qui, en vous ramenant sur vous-même pour vous admirer, vous détournerait de Dieu dans un moment où vous devez être toute à lui, n'admirer et n'aimer que lui.

Prenez garde surtout, quand, arrivant à l'église,

vous vous trouverez au milieu des autres jeunes filles, parées comme vous. Si vous ne devez pas vous occuper de votre toilette, à plus forte raison ne devez-vous pas vous inquiéter de celle des autres, et cependant vous aurez encore ici une tentation à subir, celle de vous comparer à vos compagnes, et de vous trouver mieux qu'elles. Alors l'orgueil se joint à la coquetterie, et le plaisir de se trouver bien est doublé par l'opinion qu'on est mieux que les autres. Car l'homme est toujours porté à s'admirer, et rien ne réjouit plus sa vanité que de se croire supérieur à ce qui l'entoure.

Je sais, ma chère enfant, qu'extérieurement vous ne manquerez point aux convenances ; que vous aurez les yeux baissés et l'air recueilli, en sorte qu'aux yeux des hommes vous paraîtrez ne vous occuper que de Dieu. Mais je sais aussi qu'on n'est pas toujours au dedans ce qu'on paraît au dehors, qu'une mauvaise pensée peut être dans l'esprit, un mauvais désir dans le cœur, sans qu'on en laisse rien voir ; mais que pour ne pas paraître, le mal n'en est souvent que plus subtil, et d'ailleurs, si caché qu'il soit, il n'échappe point au regard de celui qui voit le fond du cœur. Je sais encore que les femmes en général, et même les jeunes filles dès l'âge le plus tendre, ont un tact merveilleux pour distinguer d'un coup d'œil une toilette, discerner à première vue ce qui convient ou ne convient pas ; d'où résultent à la première impression des jugements soudains, qui occupent l'esprit et excitent le désir. C'est de cette préoccupation si naturelle, de cette convoitise toute mondaine et si peu convenable en un pareil moment, que je voudrais vous préserver, afin qu'au commencement d'un si beau jour la première attention de votre esprit, le premier mouvement de votre cœur, ne soient pas enlevés à Dieu par une vaine créature. Rappelez-vous que votre Dieu s'est appelé lui-même le Dieu jaloux, et certes lui seul a raison de l'être, puisqu'il est le bien suprême, auquel rien n'est comparable. A ce titre il doit posséder votre âme tout entière, et c'est bien le moins qu'il vous la demande sans partage, à l'instant où pour la première fois il va se donner tout à vous.

Nous voici arrivés au moment solennel! Le prêtre vient d'achever le saint sacrifice; il a mangé lui-même le corps de la victime, il a bu le sang divin, et après avoir posé le ciboire sur l'autel, plein du Dieu qu'il porte dans son sein, il vous adresse quelques paroles ardentes, pour exciter au dernier instant votre foi, votre espérance et votre amour; ou plutôt, le prêtre laisse parler Dieu par sa voix et du fond du ciboire, d'où il va sortir tout à l'heure pour entrer dans votre cœur. Oh! quel moment, chère Anna! quelle attente et quel espoir! quel désir! Comme ce pauvre cœur, si vide en lui-même, aspire à ce qui va le remplir et le combler de vie! Dites alors avec le prophète royal: « Mon Dieu, mon Dieu, j'ai soif de vous! Comme le cerf altéré cherche les eaux rafraîchissantes, ainsi mon âme soupire après vous, et ma chair elle-même tend vers vous par toutes ses voies! Je me présente à vous et dans votre sanctuaire comme une terre déserte, desséchée et sans eau, afin de voir votre vertu et votre gloire! » Criez du plus profond de vos entrailles le cri de Jésus sur la croix, au moment de rendre son âme à son Père: *Sitio*, j'ai soif. Répétez en vous-même et avec toute l'humilité dont vous êtes capable, en vous frappant la poitrine, les paroles de la foi du centenier, que le prêtre vient de prononcer avant de consommer la victime sainte, et qu'il redira tout haut, en élevant aux yeux de tous la divine hostie, et par trois fois : « Seigneur, je ne suis pas digne que vous entriez dans ma maison ; mais dites seulement une parole, et mon âme sera guérie. »

Alors fermez les yeux, tous vos sens. Suspendez autant qu'il est en vous toutes les puissances de votre âme, l'imagination, la mémoire, la pensée et jusqu'à la conscience de vous-même, et, recueillie au dedans de vous et comme ramassée en un seul point, au centre même de votre être, attirant le don de Dieu, Dieu lui-même, par le désir le plus ardent, n'aspirant plus qu'à lui, ne respirant que vers lui, laissez-le venir et descendre en vous. Restez calme et passive, afin qu'il y entre et s'y établisse, comme il lui plaira. Faites pour le roi du ciel ce qu'on fait pour les rois de la terre, qui sont chez eux partout où ils daignent s'arrêter. Les hôtes qu'ils honorent de leur présence leur cèdent à l'instant leur puissance et leurs droits. Dieu doit être bien plus qu'eux le maître absolu chez vous, dans le domaine de votre âme, puisque c'est lui qui l'a faite, qui la conserve, et elle s'évanouirait comme une vaine fumée, comme une vapeur légère, s'il ne la maintenait à chaque instant par le même rayon de vie, par la même parole qui l'a créée.

Encore une fois, laissez-le venir, laissez-le entrer, et laissez-le faire, en acquiesçant de toute votre volonté et par tout votre amour à tout ce qu'il fera. Restez, comme Marie, attentive, muette et comme absorbée aux pieds de Jésus-Christ, suspendue à son regard, à ses lèvres, buvant sa parole, et ne cherchant que la chose uniquement nécessaire. Ne faites pas comme Marthe, qui, s'exaltant dans sa bonne volonté, s'agite outre mesure, s'inquiète de trop de choses, pour bien recevoir le divin maître; et ainsi, en y mettant trop du sien par l'excès même de son zèle, elle ne profite pas de sa présence comme sa sœur, et néglige la meilleure part que celle-ci a choisie, et qui ne lui sera point ôtée.

Si, suivant la parole de saint Paul, nous n'avons pas une bonne pensée qui ne vienne de Dieu, et si, comme il le dit encore, c'est lui qui nous donne avec la bonne volonté la force de l'accomplir, laissons-la donc faire ses œuvres de grâce en nous, quand il lui plaît, et comme il lui plaît. Ne nous en mêlons que pour nous y disposer et y acquiescer de toute la puissance de notre être, par la réaction intelligente mais toujours docile de notre liberté, et disons du plus profond du cœur, comme Jésus-Christ nous l'a enseigné : « Père, que votre volonté se fasse en la terre comme au ciel, » en moi comme dans vos anges! C'est pourquoi, ma chère enfant, quand Dieu prendra possession de vous, qui êtes son domaine, dites avec amour : « Seigneur, je remets mon âme entre vos mains. Que votre royaume s'établisse pour toujours dans cette maison, où vous daignez poser votre trône, et qu'affermie sur le roc de votre parole éternelle, tous les efforts de l'enfer soient à jamais impuissants contre elle. »

Quand vous serez ainsi restée quelque temps passive sous l'action de l'esprit divin, et comme absorbée en Dieu, le trop-plein de votre cœur débordera, et un élan d'amour et de reconnaissance sortira de votre âme et s'échappera de vos lèvres. Chantez alors avec la sainte Vierge l'hymne de louange et de gratitude. Dites avec elle : « Mon âme glorifie le Seigneur, et mon esprit est ravi en Dieu mon sauveur, parce qu'il a regardé l'humilité de sa servante, parce qu'il a fait de grandes choses en moi, Celui dont le nom est saint et dont le bras est tout-puissant. » Oh ! oui, chère enfant, le Seigneur aura fait en vous une grande chose ; car il aura transformé la pauvre maison de votre âme en un palais, en un temple, et Celui que le ciel et la terre ne peuvent contenir résidera quelque temps dans une chétive créature. Tel il a daigné se former dans le sein de Marie, tel il va descendre dans le vôtre, non plus pour s'y incarner et y naître, ce qui est le privilége unique de la Vierge mère, mais pour vous remplir de son esprit et de sa vie, pour posséder votre âme et en être possédé.

Après avoir soulagé votre cœur par l'expression de votre reconnaissance, pendant que vous avez auprès de vous, en vous, Celui qui est la source de tous les dons parfaits, de toutes les grâces, et que vous pourrez pour la première fois lui parler dans l'intimité et de cœur à cœur, demandez-lui par une humble, par une amoureuse prière, ce que vous désirez le plus ardemment pour vous et pour ceux que vous aimez. Quand dans le monde on a le bonheur de rencontrer un souverain, un puissant de la terre, on s'empresse de profiter de l'occasion pour en obtenir quelque chose, sinon pour soi, au moins pour les malheureux ; et si le roi, par exemple, vous faisait l'insigne honneur de s'arrêter chez vous, à coup sûr vous lui demanderiez quelque grâce, et il ne pourrait guère vous la refuser. Ma chère enfant, vous allez avoir pour hôte le roi des rois, le maître du ciel et de la terre ; c'est le moment de le solliciter. Il ne refusera rien à votre amour, lui qui n'est entré chez vous que pour vous témoigner son amour. Demandez donc pour vous le don de fidélité et de persévérance à son service, la force d'employer toute votre existence à travailler pour sa gloire et à l'établissement de son règne sur la terre, sous quelque forme qu'il lui plaise, et quelle que soit la condition où il vous placera. Demandez pour vos parents, pour vos amis, pour tous ceux qui vous ont fait du bien, et même pour ceux qui vous ont fait du mal, ce qui est vraiment nécessaire, c'est-à-dire, outre le pain du corps, qui fait vivre ici-bas, le pain de l'esprit et de l'âme, qui fait vivre dans l'éternité. Oh ! surtout, si parmi les vôtres, parmi ceux qui vous touchent de plus près, il y a une âme éloignée de Dieu, sourde à sa parole, et qui refuse de lui rendre hommage ; s'il y a un cœur infidèle, qui a déserté la cause de Jésus-Christ son sauveur, par ignorance, par aveuglement, par orgueil ou par l'entraînement des passions, priez particulièrement pour celui-là, afin que, par l'impulsion de votre désir, une étincelle du feu sacré, qui brûle votre âme, aille tomber sur ce cœur éteint et y rallumer le flambeau de la vie céleste. Priez, suppliez, demandez avec instance et jusqu'à l'importunité. Demandez comme on demande quand on aime, et votre bien-aimé en ce moment ne refusera rien de ce que vous solliciterez au nom de son amour.

Je n'ai pas besoin de vous dire, chère Anna, combien vous devez rester calme et recueillie, après que vous aurez quitté l'église, et quand vous aurez emporté dans votre cœur ce qui est plus précieux que tous les trésors du monde ; car le Dieu-homme, qui aura traversé votre être, y laissera en passant ses vertus et ses parfums. Prenez donc garde que tout cela ne s'évapore au milieu des joies et des félicitations du monde où vous allez vous retrouver ; et, tout en laissant se manifester les sentiments naturels de vos parents et de vos amis, tout en y répondant avec affection, ne vous abandonnez pas néanmoins entièrement aux entraînements de la nature, et qu'ils soient toujours contenus et tempérés par les mouvements de la grâce. Soyez bonne, gracieuse envers tous ; mais ne perdez jamais de vue le trésor qui est en vous, et qu'il soit le but de toutes vos paroles et de toutes vos actions.

Cependant, ma chère enfant, votre journée n'est pas terminée, et il vous restera encore quelque chose à faire, et quelque chose de très-grave : car ce sera le premier engagement que vous prendrez solennellement, le premier serment que vous prononcerez devant Dieu, votre main sur son Évangile, en présence des anges du ciel qui vous entendront, et en face de l'Église, qui en sera le témoin. Vous devrez renouveler à haute et intelligible voix les vœux de votre baptême ; car ceux qui vous y ont présentée peu après votre naissance, et quand vous n'aviez point la conscience du don de Dieu, ni des obligations qu'il impose, ne les ont prononcés pour vous qu'à la condition que vous les ratifieriez plus tard dans la jouissance de votre raison et avec la plénitude de votre liberté. Il a fallu que vous devinssiez un être raisonnable et libre pour vous engager vous-même validement ; et ainsi c'est le premier acte d'homme que vous allez accomplir, en faisant à Dieu une promesse solennelle, dont il vous demandera compte un jour.

Vous allez lui promettre de l'adorer seul et de ne servir que lui, en retour des bienfaits de votre création, de votre rédemption, et de votre régénération à la vie du ciel, perdue par le péché de l'homme, et rendue par la miséricorde de Dieu. Vous allez lui promettre de rompre définitivement avec le prince du mal et du mensonge, dont il vous a délivrée par le sacrifice de la croix, de renoncer pour toujours à Satan, à ses pompes et à ses œuvres. A ces fonts baptismaux, où lavée de la tache originelle vous avez puisé la vie pure du ciel, là où le joug de Satan sur votre âme a été brisé par la vertu de l'eau et de l'esprit, qui vous a faite une créature nouvelle en Jésus-Christ, vous vous engagerez à ne plus vivre que de cette vie céleste, et à repousser tout ce qui pourrait la pervertir et la souiller.

Vous renoncerez à Satan, c'est-à-dire à toute alliance avec l'ennemi de Dieu; vous vous engagerez à ne lui servir jamais d'instrument, de satellite ou de complice, dans ses attaques contre le royaume divin. Au jour même où Jésus-Christ a pris possession de votre cœur et y a établi le siége de sa puissance, vous lui promettrez de lui conserver son domaine inviolable, et de ne consentir jamais à l'envahissement, à l'usurpation de son ennemi.

Vous renoncerez aux pompes de Satan, c'est-à-dire aux prestiges, aux illusions du monde, par lesquels il tâche de séduire les âmes et de les éloigner de la vérité, comme dans l'origine il a entraîné Ève à la désobéissance et à la révolte par les charmes trompeurs du fruit défendu. Vous promettrez donc de ne pas vous laisser dominer ni entraîner par tout ce qui peut ici-bas flatter les sens, exciter l'imagination, enflammer les passions, pour nous rendre idolâtres de la créature, et infidèles au Créateur.

Vous renoncerez aux œuvres de Satan, et ces œuvres sont : l'impureté et toutes ses ignominies dans votre corps, le mensonge et l'erreur dans votre esprit, l'injustice, l'égoïsme et toutes ses conséquences dans votre volonté. Il s'efforce sans cesse d'opérer de pareilles œuvres en nous, pour nous rendre semblables à lui, qui s'aime par-dessus tout, et veut se mettre au-dessus de tout, même du trône de Dieu, et cela pour nous rendre ennemis de Dieu comme lui, et s'exalter en nous perdant. Vous promettrez donc, chère Anna, ce qui doit affermir votre marche dans la voie du ciel, vous garantir des attaques de l'adversaire de Dieu et de votre âme, et vous rendre capable de le vaincre et de vous sauver. Vous promettrez ce qui qui doit faire votre bonheur et votre gloire.

Remarquez, ma chère enfant, que, par le renouvellement des vœux de votre baptême, vous vous liez définitivement et par un acte décisif de votre liberté à la cause de Dieu. Vous y engagez votre volonté par un consentement exprès, et vous promettez de faire tout ce qui sera en votre pouvoir pour faire triompher, dans tous les cas où vous aurez quelque influence, le vrai sur le faux, le juste sur l'injuste, le bien sur le mal. C'est tout simplement jurer de vivre et de mourir en chrétienne, c'est-à-dire purement, honnêtement, pieusement, en conformité avec la loi de Dieu et la perfection de l'Évangile, prenant toujours le parti de l'ordre contre le désordre, et décidée à combattre en soi tout ce qui peut l'attaquer ou le troubler. En un mot, vous assurez à Dieu votre concours dans le gouvernement de ce monde, afin que sa volonté, qui est le bien suprême, la souveraine justice et l'éternelle vérité, s'y accomplisse, et que son règne arrive sur la terre comme au ciel. Vous vous consacrez donc à devenir librement, et par l'amour de Dieu et du bien, l'auxiliaire du camp de la vérité ici-bas, le soldat du drapeau de la lumière au milieu des ténèbres, ou de Jésus-Christ, le Verbe divin, qui y est venu en chair pour faire prévaloir la volonté de son Père contre Satan, l'ange rebelle, le prince du mensonge, l'auteur du mal, le premier qui a eu l'audace de s'opposer à Dieu et de déclarer la guerre à son créateur.

Vous promettrez de combattre le mal, et surtout de n'y jamais consentir sciemment et volontairement, et vous pouvez le promettre, car votre volonté c'est vous, et par votre liberté vous êtes la maîtresse de votre volonté. Vous ne promettrez pas, parce que cela est au-dessus de vos forces, de n'être point tentée, de n'être pas faible quelquefois, ébranlée, découragée, et prête à succomber. Vous ne promettrez pas de ne succomber jamais; ce serait présomption de votre part, et la conscience de votre misère et de votre infirmité vous l'interdit. Mais, même en faiblissant, vous ferez le mal que vous haïssez au fond, et vous regretterez le bien que vous ne ferez pas. La foi en Dieu, en sa parole, en sa justice, et surtout en sa miséricorde, restera dans votre cœur au milieu de ces égarements, et la mèche encore fumante pourra se rallumer, le roseau non brisé pourra se raffermir malgré vos fautes et vos chutes, si au jour de votre première communion, et en renouvelant les vœux de votre baptême, vous vous êtes donnée sincèrement et de tout votre cœur à Dieu. Sa grâce ne vous abandonnera pas dans votre abaissement ni dans votre infidélité, et, au moment où vous allez enfoncer dans les flots, à cause de l'affaiblissement de votre foi, la main du divin Maître vous soutiendra, vous relèvera, vous retirera de l'abîme et vous sauvera. Car le lien qui a attaché une fois une âme à Dieu par la confiance et par l'amour ne peut plus se rompre entièrement.

Voilà pourquoi, chère enfant, c'est un si grand bonheur que de bien faire sa première communion, et de renouveler du fond du cœur, et avec toute l'énergie de sa volonté, les vœux de son baptême. C'est le lien le plus solide entre Dieu et l'âme : car, si, d'une part, en entrant pour la première fois dans une âme de bonne volonté, Dieu y pose son trône et y établit son domaine; de l'autre, en s'engageant au service de Dieu par des vœux sincères, consciencieusement et librement prononcés, l'âme se donne au bien par son fond, et, quoi qu'il arrive, elle ne s'en déprendra jamais tout entière.

Aussi l'Église ne manque jamais de demander le renouvellement de ces vœux le jour même de la première communion. Les jeunes chrétiens les prononcent alors avec une connaissance plus pleine et une entière liberté. Ils connaissent Celui qu'ils s'engagent à servir, puisque l'ayant reçu le matin dans leur cœur, ils ont goûté combien le Seigneur est doux, et, pour se préparer à cet immense bienfait, ils ont été pendant longtemps instruits de toutes les choses du ciel et de la terre, qui importent à leur salut. Ils ont reçu, en outre, dans la sainte eucharistie, une vie nouvelle, une vie surnaturelle qui, suppléant à leur faiblesse, les rendra capables d'accomplir ce qu'ils promettent. Enfin, au moment même où ils viennent de s'engager à vivre et à mourir pour Jésus-Christ, l'Église les conduit aux pieds de Marie, de la mère du Sauveur qui est aussi la leur, puisqu'elle leur a donné Celui qui est la vie. Elle invoque pour eux et avec eux le secours de cette mère céleste, afin que, les abritant sous ses ailes maternelles, elle les défende, par les bons anges dont elle est la reine, contre les attaques de l'ennemi, contre les tentations du malin, et que, par ses prières si puissantes, elle attire sur eux les grâces et les forces dont ils ont besoin pour combattre vaillamment sous le drapeau de Jésus-Christ et triompher du monde et de l'enfer. C'est ce qu'on appelle, un peu improprement peut-être, la consécration à la sainte Vierge, puisque c'est une simple invocation de sa protection, une demande de secours, en lui exprimant la bonne volonté de lui rendre le culte et l'honneur qu'elle mérite, et le désir de l'imiter dans ses exemples et de pratiquer ses vertus.

Voilà, chère Anna, les merveilles qui vont s'accomplir en vous dans la journée de demain, et comment vous pourrez coopérer par votre bonne volonté à leur pleine efficacité pour votre salut et celui de plusieurs autres. Car une âme vraiment donnée à Dieu n'est pas seulement utile à elle-même. Elle répand la vertu qu'elle a reçue sur tout ce qui l'entoure, et elle devient entre les mains du Père céleste un vase de miséricorde, où il accumule ses grâces comme des eaux salutaires, pour les verser dans l'occasion, et comme il lui plaît, en d'autres âmes en rapport avec elle et qui lui sont chères. Elle devient un instrument puissant pour propager le bien et détruire le mal.

Je regrette de ne pouvoir être auprès de vous en ce moment solennel, afin de vous soutenir jusqu'au bout de ma présence et de mes prières. Je regrette de ne pouvoir être témoin de votre bonheur et de la joie de vos chers parents. C'est une consolation qui m'est refusée, mais je m'en dédommagerai au saint autel, où j'offrirai pour vous et tous vos convives du banquet sacré la victime sans tache, et mangeant le corps adorable de Jésus-Christ, buvant son sang divin au moment même où vous vous agenouillerez à la table sainte, nous serons unis dans le sacré cœur de Jésus, source de ce sang régénérateur qui efface les péchés du monde et lui communique la vie du ciel.

LETTRE III.

LE CATÉCHISME DE PERSÉVÉRANCE.

J'ai lu avec beaucoup d'intérêt, madame, les cahiers que vous m'avez envoyés, et qui témoignent du travail et de l'assiduité de notre chère Anna au Catéchisme de persévérance. Je vois avec plaisir qu'elle a compris ce qui lui a été enseigné, et qu'elle a pu le reproduire avec exactitude et même avec élégance. Aussi a-t-elle été distinguée entre ses compagnes, et les marques d'honneur, sous une forme ou sous une autre, ne lui ont pas manqué. Elle est maintenant une des *lauréates* du Catéchisme ; elle jouit des honneurs que sa prééminence dans les compositions lui ont obtenus, comme dignitaire de l'association, et elle y exerce une certaine influence. C'est quelque chose, et quelque chose d'estimable, puisqu'elle le doit à l'accomplissement de ses devoirs, à sa piété, à son talent, et je ne puis que vous en faire mon compliment.

Vous me demandez, madame, si elle doit continuer, maintenant qu'elle a dix-sept ans et qu'elle va entrer dans le monde. Vous craignez qu'il ne soit difficile d'accorder les exigences de cet enseignement avec les nouveaux devoirs, ou au moins les convenances nouvelles, que sa participation à la vie du monde va lui imposer; et peut-être se trouvera-t-elle, ou la trouvera-t-on trop grande pour aller encore au Catéchisme? Quant à son entrée dans le monde, je vous en parlerai une autre fois et j'aurai des choses graves à vous dire à ce sujet. Aujourd'hui, si vous le permettez, nous ne nous occuperons que de la première question, et nous allons examiner ensemble s'il y a des avantages à ce que votre fille continue ce qu'elle a si bien commencé, et quels inconvénients pourraient s'y trouver. Nous pèserons les uns et les autres, et si les avantages nous paraissent réels et presque certains, les inconvénients seulement possibles et peu probables, la conclusion se tirera d'elle-même.

Remarquons d'abord, madame, qu'on ne peut jamais être trop instruite des vérités de la religion, et surtout de celles que l'Église propose à notre foi comme nécessaires au salut. La science, en général, doit conduire et servir à la pratique; autrement elle n'aurait point d'utilité, et toute science sans application et sans résultat est vaine. Or, ici la pratique est celle de toute la vie; le résultat est le salut de notre âme, et ainsi on ne peut jamais suivre trop longtemps ni trop assidûment un enseignement qui mène à une pareille fin.

Je sais bien que dans cet ordre de choses la foi suffit, que la science n'est pas indispensable, et je remercie Dieu, avec notre Seigneur Jésus-Christ, d'avoir révélé aux petits et aux ignorants ce qu'il cache souvent aux savants et aux forts. Car la grâce divine supplée à tout ; elle porte avec elle la lumière nécessaire, et elle meut la volonté plus vivement que toutes les considérations de la raison. Cependant il ne faut point abuser du don de Dieu, et s'abandonner à la négligence ou à la paresse, sous le prétexte qu'on a la foi et qu'elle vaut mieux que la science : ce qui est incontestable. Car en tout ce qui concerne Dieu et nos rapports avec lui, elle en est le principe et le couronnement, et sans elle la science des choses divines et humaines, la philosophie, par exemple, est bientôt desséchée, égarée, à bout de voie.

Mais Dieu, en accordant le don de la foi à notre faible raison, pour éclairer, diriger et augmenter sa lumière naturelle, veut aussi que nous fassions valoir ce don comme les autres. Il nous demandera compte un jour de ce trésor confié, et à chacun en proportion de ce qu'il aura reçu. Voilà pourquoi l'Église ne se contente pas de nous apprendre le *Credo* ou le symbole de la foi, ni de nous lire la parole sacrée. Elle nous explique l'un et l'autre d'après les traditions apostoliques, les décisions des conciles, les opinions des docteurs, auxquelles à chaque siècle, en chaque pays, dans chaque diocèse, dans chaque paroisse, ceux qui ont reçu d'elle la mission d'enseigner sa doctrine, peuvent toujours ajouter quelque chose de nouveau, non dans le fond, mais dans la forme; *non nova, sed nove*, dit saint Vincent de Lérins, non des choses nouvelles, mais les mêmes choses dites d'une nouvelle manière, pour les accommoder à l'esprit et au goût particulier de chaque génération et même de chaque individu. Dans l'Évangile lui-même il y a deux enseignements, l'un pour le peuple et l'autre pour les apôtres et les disciples. Au premier Jésus parle en paraboles, parce que, dit-il, il ne peut comprendre les choses invisibles et les mystères de Dieu. Mais vous, ajoute-t-il à ses apôtres, vous le pouvez maintenant; et alors il leur explique le sens des paraboles, et leur annonce la vérité nûment et dans toute sa pureté. Aussi lui dirent-ils : « Nous reconnaissons aujourd'hui que vous ne nous parlez plus en images et en comparaisons, mais que vous nous enseignez la vérité elle-même sans voile. » Il en a toujours été ainsi dans l'Église, et il en sera de même jusqu'à la consommation des siècles. Elle aura toujours un enseignement supérieur pour les esprits les plus distingués, les plus pénétrants, les plus élevés au-dessus des fantômes des sens et de l'imagination, et qui sont capables de saisir le vrai en soi, ou du moins plus dégagé des images et des figures de ce monde. Aussi saint Paul écrit-il aux fidèles de Corinthe que dans les premiers temps il les nourrissait, comme des petits enfants, du lait ou des éléments de la doctrine, jusqu'à ce qu'ils pussent digérer le pain et la viande qui conviennent à l'homme adulte, c'est-à-dire la nourriture des forts.

Il y a donc dans l'Église plusieurs degrés d'enseignement, comme il y en a plusieurs d'intelligence chez les fidèles. Bien qu'elle annonce partout et à tous la parole divine, elle ne l'expose pas à tous de la même manière. Elle ne l'explique pas aux prêtres et aux élèves du sanctuaire comme aux laïques, et, quoiqu'une théologie exacte doive être au fond de toutes les instructions données aux fidèles, cependant les prédicateurs ne doivent pas faire de la théologie en chaire. Ainsi encore elle ne parle pas de la même façon dans une conférence, dans un sermon, dans un prône, dans un catéchisme, et même dans les catéchismes elle modifie et atténue son langage suivant l'âge et la condition des enfants.

C'est donc un devoir pour les chrétiens de toutes les classes de profiter, autant qu'ils le peuvent, de l'instruction religieuse analogue à leur intelligence, à leur éducation, à leur position. Les classes riches et élevées, qui ont plus de loisir, parce qu'elles ne sont pas forcées de gagner le pain de chaque jour à la sueur de leur front, ont donc l'obligation morale de s'instruire plus que les autres des vérités éternelles, et sous ce rapport aussi il leur sera demandé un jour plus qu'à leurs inférieurs, parce qu'elles ont reçu ou pouvaient recevoir davantage.

Or, vous le savez, madame, la jeunesse est le meilleur temps pour apprendre, après l'enfance. Nous n'apprenons guère que jusqu'à un certain âge, et le reste de notre vie se passe à mieux savoir ou à oublier ce que nous avons su antérieurement. Votre fille, qui a dix-sept ans, n'est donc pas trop grande pour continuer à s'instruire des choses de l'éternité, et, comme le catéchisme qu'elle suit est d'un ordre supérieur, et porte le nom de *persévérance*, ce qui suppose qu'il pourrait durer jusqu'à la mort, il n'y aura point de honte pour elle à le fréquenter, et je suis convaincu que notre chère Anna n'en rougira pas. Elle a trop d'esprit pour cela. D'ailleurs, puisqu'elle a encore besoin d'apprendre en ces hautes matières, et ce besoin est dans tous les vrais chrétiens, où pourrait-elle mieux le satisfaire? Les sermons et les prônes seraient au-dessus de sa portée ou trop généraux, et si on lui mettait des livres à la main, à savoir les Pères de l'Église, les apologistes, les conférenciers, les ouvrages de polémique ou de philosophie religieuse, la pauvre enfant serait accablée par les volumes et ne saurait plus par où commencer ni finir. Puis, même en supposant qu'elle trouve un ouvrage à sa portée, qui lui expliquera les endroits obscurs? qui lui résoudra les difficultés? qui répondra à ses doutes ou à ses objections? qui l'excitera, la soutiendra dans la fatigue inséparable d'une lecture aussi sérieuse? qui donnera de l'intérêt pour elle à ces paroles si graves, et jettera de l'agrément et du sel dans cette nourriture trop forte pour elle, ou qui lui inspirera parfois de la répugnance, de l'ennui? Faute de secours et de lumière, elle en perdra bientôt le goût avec le courage, et alors, abandonnant les lectures religieuses et les méditations de la parole sainte, elle s'en tiendra à ce qu'elle a reçu au catéchisme de première communion et dans ses quelques années de persévérance, c'est-à-dire à une instruction plus littérale que spirituelle, et qui s'effacera peu à peu de son esprit et de sa mémoire, faute d'être cultivée et ravivée par l'enseignement.

C'est ainsi que la plupart des chrétiens perdent le fruit de leur instruction religieuse. Après leur première communion, ils cessent, ou à peu près, d'entendre la parole de l'Église; et toutes ces sublimes vérités, qui ont été implantées dans leur esprit par la foi du premier âge, s'effacent ou s'altèrent insensiblement par le manque d'explications nouvelles. Au bout de quelques années, non-seulement ils n'en peuvent plus parler sans risquer de commettre de graves erreurs ou des hérésies, mais même ils comprennent à peine ce dont il est question, ils ne saisissent plus la signification des mots, et il leur reste tout au plus une foi confuse, vague, obscure, qu'on appelle la foi du charbonnier, peu vivante en général, et qui a peu d'influence sur les mœurs et sur la conduite. Heureux encore, quand il leur en reste assez pour accomplir les devoirs les plus stricts du chrétien, et trouver encore de temps en temps dans les avis éclairés d'un confesseur les indications de ce qu'ils doivent croire et pratiquer!

Certes, si l'on peut éviter ce mal, qui est immense, car il mène à la mort des âmes, c'est par les Catéchismes de persévérance, qui donnent à la jeunesse des deux sexes une instruction religieuse plus approfondie, et lui apprennent à connaître d'une manière intelligente, et autant qu'il se peut, les mystères de Dieu et de l'homme, du ciel et de la terre, le principe et la fin de notre existence, c'est-à-dire ce qu'il importe le plus à l'homme de savoir. Cinq ou six années passées à une pareille école, si l'on en profite bien, doivent faire un chrétien instruit dans la doctrine, autant qu'un laïque a besoin de l'être, et ferme dans la pratique de ses devoirs au milieu du monde.

Nulle part cette instruction supérieure n'est mieux donnée qu'à Paris. Les curés y apportent une sollicitude toute particulière, et ils sont admirablement secondés par leurs vicaires. Les réunions du Catéchisme de persévérance, qui sont partout très-nombreuses, ont, vous l'avez vu vous-même, quelque chose de solennel et de touchant. Tout s'y passe avec calme, avec dignité, dans un ordre imposant, et le plus souvent l'enseignement, qui y est élevé, spirituel et gracieux, intéresse vivement la jeunesse. Votre paroisse est l'une des plus distinguées sous ce rapport. Son Catéchisme de persévérance a une certaine célébrité, et je ne vois pas, en vérité, où vous pourriez trouver pour votre fille une meilleure école de religion.

Remarquez, en outre, que cette école est à la fois spéculative et pratique. On y enseigne la plus sublime doctrine, les vérités les plus profondes; mais on apprend aussi à les appliquer dans la conduite de chaque jour, et à toutes les circonstances de la vie. Par une direction éclairée, qui pénètre au moyen de la confession jusqu'aux replis les plus secrets du cœur, en fait sortir le mal qui s'y est insinué, en combat les mauvaises habitudes, on arrache les germes du vice, on en étouffe les semences en démasquant les tentations, et l'on y substitue, par l'effusion de la parole divine, soit des remèdes efficaces pour tous les maux du cœur et de l'esprit, soit les eaux salutaires de la grâce, qui s'infiltrent dans l'âme malade ou languissante, et lui rendent, par l'esprit d'en haut qui la vivifie, la lumière pour discerner le bien, la bonne volonté pour s'y résoudre, et la force pour l'accomplir.

Toutes ces jeunes âmes, ainsi conduites par leurs directeurs, qui sont aussi leurs maîtres pour les choses divines, marchent à l'unisson et à l'envi l'une de l'autre dans la voie du ciel, sous une autorité tutélaire qui ne les perd jamais de vue, et à laquelle elles peuvent toujours avoir recours dans les occasions périlleuses, et même dans l'appréhension du danger. Admirable pouvoir de l'Église, qui n'a rien de pareil dans toutes les institutions humaines, parce que celles-ci, si utiles, si éclairées, si fortes qu'elles soient, n'ont point la clef des cœurs et ne peuvent descendre au fond des consciences! Elles peuvent enseigner ou commander le bien, mais elles n'enseignent point à le faire, et surtout elles ne donnent point la puissance de l'exécuter. Il n'y a que la vertu divine qui puisse aider les hommes de cette manière, et c'est une des preuves les plus frappantes que Dieu opère sans cesse dans son Église et *par tous ses moyens sacrés*, pour changer les âmes, les guérir, les fortifier, les purifier et les sauver.

A ne prendre le christianisme que comme une philosophie, ce serait encore la plus haute par sa doctrine, la plus efficace par ses ressources, et enfin la plus large, la plus universelle, puisqu'il s'adresse à tous les hommes, aux plus faibles, aux plus ignorants, aux plus pervertis et surtout aux plus souffrants, pour les améliorer tous, se faisant tout à tous, et ayant des préceptes, des conseils, des consolations, des remèdes et de la nourriture pour chacun, quels que soient son âge, son sexe, sa condition, son éducation, sa dégradation. Ainsi, dans le cas qui nous occupe, voilà des adolescents ou des jeunes gens de treize à dix-huit ou vingt ans, garçons et filles, pauvres et riches, instruits et ignorants selon le monde, à tous les degrés du développement intellectuel ou de la civilisation, les voilà réunis au nom de Jésus-Christ dans la maison de Dieu, recevant le pain de la même parole, protégés par la même sollicitude, conduits et encouragés par une direction semblable, et s'agenouillant à côté l'un de l'autre au banquet sacré. « Qu'ils soient un, s'écriait Jésus-Christ en priant son Père, après la dernière cène avec ses disciples, qu'il venait d'unifier par la manducation de son divin corps ; qu'ils soient un en moi, puisqu'ils m'ont reçu en nourriture, comme vous et moi nous sommes un ! qu'ils vivent en unité à cause de moi, comme je vis à cause de vous ! »

Quel bonheur pour cette jeunesse d'être ainsi instruite à fond des moyens d'éviter le mal, et protégée contre ses attaques, soutenue dans les tentations par une autorité paternelle et vigilante, à cet âge surtout où, par le développement de l'homme physique, les instincts les plus grossiers paraissent, les sens sont plus excitables, l'imagination plus vive, les passions plus ardentes, et par cela même la raison, dominée par la partie animale, est plus obscure, plus incertaine, plus incapable de discerner le juste de l'injuste, le vrai du faux, le bien du mal, pendant que la volonté, entraînée par les sens et leurs appétits, est plus faible contre le vice ! Quel frein à cet âge que celui de la religion, qui va s'appliquer jusqu'au fond de la conscience, et la mordant pour ainsi dire dans sa partie la plus délicate, à l'endroit le plus sensible, combat l'aiguillon de la tentation ou l'emportement de la passion naissante, par l'impression douloureuse de la honte de l'esprit, de la pudeur de l'âme, ou du remords. C'est ce qui arrive tous les jours, à chaque instant, dans ces écoles pratiques de la justice et de la vertu chrétiennes.

Mais non-seulement les jeunes personnes s'y forment à la pureté, à l'honnêteté, par les leçons et les conseils des ministres de l'Évangile, elles se perfectionnent encore l'une l'autre par une sorte d'enseignement mutuel et par la pratique commune des bonnes œuvres. Les plus avancées sont offertes en exemple aux autres, surtout celles qui se distinguent par leur application, leur zèle et leur bonne volonté.

Une secrète émulation s'empare de ces jeunes cœurs; car rien n'est plus favorable au progrès que de voir toujours devant soi un degré plus élevé à atteindre, et quelque chose de mieux à faire. L'exemple, si contagieux dans le mal, a aussi une grande puissance dans le bien, et rien n'excite plus les esprits et les volontés, que les vicissitudes incessantes d'une concurrence loyale, qui exigent des efforts sans cesse renouvelés. « Soyez parfaits, a dit Jésus-Christ, comme votre Père céleste est parfait. » Heureux quand dans l'adolescence on entrevoit même confusément cette divine perfection, qui devient alors l'idéal de l'intelligence et du cœur, en sorte que l'intelligence se porte sans cesse dans ses aspirations vers la vérité, et le cœur s'y tourne dans les élans de son premier amour! La parole de Jésus-Christ offre cet idéal dans toute sa pureté; la vie de Jésus-Christ le personnifie et le rend plus accessible. L'Église indique les moyens d'en approcher, communique la grâce qui en donne la force, et c'est un bonheur de plus, surtout pour les jeunes gens, d'avoir sous les yeux des modèles à leur portée, pris dans leurs rangs, qui participent à leurs faiblesses et à leurs secours, et dont l'exemple, en leur frayant la voie, aplanit les obstacles, les encourage dans la marche et leur montre la possibilité d'arriver. *Væ soli!* a dit l'Écriture : malheur à celui qui est seul! et si cette parole est vraie dans la lutte contre le mal, elle l'est plus encore dans la tendance vers le bien.

Un des fruits les plus excellents des grands Catéchismes est l'exercice en commun de la charité chrétienne par les bonnes œuvres, lesquelles sont d'autant plus efficaces que, toujours bien entendues et sagement dirigées, elles s'accomplissent au sein même de l'association, et servent à la rendre plus intime et plus pieuse. En effet, là comme ailleurs, il y a des enfants pauvres et des enfants riches, les unes qui ont besoin de gagner leur vie par un travail précoce, les autres auxquelles la fortune ou la position de leurs parents procurent du superflu. Or, dans presque toutes les paroisses il se forme au Catéchisme de persévérance une association des riches en faveur des pauvres, et la cotisation volontaire des premières sert à payer les apprentissages des secondes, à leur fournir des vêtements, ou même à dédommager leurs parents des pertes que leur fait éprouver le chômage du temps employé par leurs enfants à venir à l'église. Tout cela se fait simplement, sans ostentation, sous l'autorité d'un prêtre, et par un conseil de l'œuvre choisi parmi les sociétaires. Ainsi les jeunes filles des conditions supérieures apprennent de bonne heure à exercer la charité par elles-mêmes. Elles s'intéressent plus vivement aux résultats, parce que celles qui en profitent sont leurs compagnes, et de cette manière se forme entre les riches et les pauvres une sainte alliance qui, se continuant pendant le reste de leur vie, les unira pour le bien-être de la société et des familles par le plus solide et le plus durable des liens, la charité de Jésus-Christ. C'est ce qu'on appelle l'Œuvre des jeunes économes; et comme il s'en trouve une, ou quelque chose de semblable, dans chaque paroisse de Paris, vous pouvez juger quel bien s'y opère, sans gloriole dans les bienfaiteurs et sans humiliation pour les obligés.

Enfin, il y a un autre avantage que j'ai réservé pour la fin, parce qu'il est moins important, bien qu'il ait encore son utilité. C'est qu'en suivant longtemps le Catéchisme de persévérance, quand il est bien fait, par un bon prêtre, par un prêtre pieux avant tout, mais aussi savant et lettré, qui sache parler et écrire, et il n'en manque pas, non-seulement on s'instruit dans la science de la religion, on se forme aux mœurs chrétiennes et à la pratique de la charité, mais encore on peut apprendre à penser, à parler et à écrire, de manière à perfectionner les facultés de son esprit en s'exprimant avec plus de netteté, de correction et même d'élégance; ce qui ne nuit jamais à la manifestation de la pensée.

C'est en effet la règle de ces pieux exercices, que les disciples rédigent ou résument tout ce qui leur a été expliqué par le maître; et l'on doit rapporter à la séance suivante, sur des feuilles bien écrites et proprement tenues, ces analyses ou ces comptes rendus. Or, jugez avec quelle attention on écoute, quand il faut reproduire ce qu'on a entendu. Aussi toutes les oreilles sont tendues vers la parole du catéchiste, et l'on serait désolé d'en perdre un mot. Bénéfice immense pour les auditeurs! Et si cette obligation existait dans tous les enseignements, et surtout pour les prônes et les sermons, je ne mets pas en doute qu'ils seraient cent fois plus profitables; car la première condition pour que la parole soit utile, c'est qu'elle soit bien écoutée.

Puis toutes ces jeunes têtes emportent dans leur mémoire et dans leurs notes ce qu'on leur a exposé. Il faut le mettre au net, le rédiger proprement, retrouver la suite des pensées, l'enchaînement des idées, jusqu'aux expressions s'il est possible, et enfin faire de tout cela un ensemble présentable, qui pourra être lu en public, par conséquent jugé par toute l'assemblée, et de plus comparé par le maître et par les auditeurs aux compositions des autres. Vous pouvez penser comme les têtes fermentent, comme les cœurs battent devant cette expectative, avec quelle ardeur, avec quelle attention les esprits vont s'appliquer à ce travail intellectuel, et à la longue, quand cet exercice est souvent répété, quelle facilité beaucoup acquièrent par le travail et l'habitude à saisir l'idée principale d'un discours, à y rapporter toutes les parties pour donner de l'unité à leur composition, et enfin à énoncer leurs pensées en bons termes, avec clarté, lucidité et distinction.

Ici les jeunes imaginations peuvent jusqu'à un certain point se donner carrière, surtout si elles sont excitées par une parole éloquente, qui souvent, à l'exemple du divin Maître, emploiera les images, les comparaisons, les paraboles, pour faire comprendre les choses invisibles par les visibles, les mystères de Dieu, du ciel et de l'âme, par les analogies des choses terrestres. Et comme c'est là en définitive le principe et la source de la vraie poésie, de la belle littérature et des arts, un catéchiste de talent, ou qui aura la faculté de sentir et de peindre ces analogies magnifiques, ces splendides rapports entre le ciel et la terre, mettra nécessairement, et sans qu'il le cherche, dans ses discours la poésie, la littérature, l'art au service de la religion, et ainsi, tout en éveillant dans le cœur de ses élèves le sens des choses sérieuses et de la piété, il développera dans leur esprit le sentiment du sublime, le goût du beau, et le talent de les reproduire par le style.

L'école de religion devient donc encore une école de l'intelligence, de la pensée, du bon langage. Et pourquoi n'en serait-il pas ainsi dans un catéchisme, puisque cela s'est accompli dans le monde moderne par l'enseignement de l'Église, qui a civilisé les barbares tout à la fois par la doctrine chrétienne et par les lettres? Elle leur a appris à la fois ce qu'il y a de plus beau dans le ciel et sur la terre; et en domptant leur volonté pour la plier à l'ordre et à la vertu, en maintenant leurs instincts grossiers par le joug de la conscience, du devoir et de l'autorité divine, en les rendant chrétiens par le cœur, elle a éclairé leur intelligence par la science, formé leur esprit et dressé leur raison par la discipline des écoles. Elle a épuré, relevé leurs sens et leur imagination par les charmes de la poésie, de l'éloquence et de l'art, ne négligeant aucun moyen de façonner, de perfectionner l'homme au fond comme dans la forme, pour en faire ici-bas l'image splendide et le serviteur fidèle de son auteur.

Après vous avoir montré le beau côté du Catéchisme de persévérance et ses précieux avantages pour achever l'éducation religieuse des jeunes personnes, je dois cependant aussi vous parler de quelques inconvénients, possibles, mais non nécessaires, comme on en trouve dans toutes les affaires de ce monde, où l'abus arrive presque toujours avec l'usage. Les hommes abusent de tout, même des meilleures choses, et la pire corruption est celle du bien le plus excellent. Ces abus, il vous sera facile de les prévenir par une surveillance anticipée, puisqu'ils vous auront été signalés d'avance, et, dès qu'ils paraîtront, vous pourrez couper le mal dans sa racine.

Ainsi d'abord, en poussant trop vivement l'intelligence des jeunes filles par l'étude plus approfondie de la religion, on peut quelquefois développer leur esprit au détriment de leur cœur, et leur inspirer l'amour de la science plus que la charité. On tend alors à leur donner une religion plus spéculative que pratique, et qui peut tourner aisément au philosophisme ou à la pédanterie. L'étude de la religion, en effet, quand elle est poussée de cette manière, entraîne des considérations historiques, politiques, philosophiques, qui ont de l'attrait pour certains esprits. On peut craindre alors que l'accessoire ne l'emporte sur le principal, et qu'au lieu de former une femme pieuse, on ne prépare ce qu'on appelle dans le monde un bas-bleu : ce qui ne répond nullement à la vocation de la femme chrétienne dans la société.

Puis, la lecture publique des rédactions, les rangs assignés aux plus distinguées, et les récompenses et les honneurs qui y sont attachés, excitent entre ces jeunes filles une vive émulation, efficace, sans doute, pour stimuler la paresse, réveiller l'attention, encourager au travail, mais qui dégénère parfois en rivalités ardentes, lesquelles amènent par leurs succès ou leurs défaites des exaltations ou des dépits, des triomphes ou des découragements, et en définitive des jalousies, de l'envie, de mauvaises pensées et de méchantes paroles, tout au moins des tentations d'esprit et de cœur contraires à la charité, ou qui peuvent troubler la paix des âmes.

Par la même raison, on est si désireux d'être distinguée et de surpasser les autres, qu'on emploie à cette fin tous les moyens possibles, dont plusieurs ne sont pas toujours loyaux. Ainsi on se fait aider dans sa rédaction par sa gouvernante, par sa mère, par son père quelquefois; car l'amour des parents se prête à tout, notamment pour voir leur enfant préférée aux autres; et alors les analyses, qui ne devraient être qu'un fidèle compte rendu pour graver les choses dans l'esprit de celle qui les rédige, deviennent des espèces de travaux littéraires, des compositions de style, qui pourraient presque concourir aux prix de l'Académie. Assurément, c'est un motif de plus pour que chaque famille s'intéresse chaudement au succès du Catéchisme. Mais aussi l'on manque le but en le dépassant, et par cette sorte de tricherie, le bien est empêché, au moins pour les enfants, dont on n'a plus le travail. Car d'autre part les parents, et surtout les pères, qui se font les rédacteurs de leurs filles, en coopérant gravement à leurs compositions, amenés par là à repasser leur catéchisme, à revenir sur leurs anciennes études de la religion depuis longtemps abandonnées et qui n'ont pas été entretenues par la pratique suivie des choses pieuses, profitent parfois autant et même plus que leurs enfants de cet enseignement rétrospectif, qui ravive en eux les souvenirs du passé. Ainsi, la première communion ramène chaque année plus d'une mère, plus d'un père au pied des autels délaissés; et par le désir de complaire à leur fils ou à leur fille en participant avec eux au banquet divin, désir qui vient en aide aux réclamations de leur conscience, ils rentrent dans l'ordre et accomplissent les devoirs du chrétien.

Il y a encore un autre inconvénient, plus grave que les précédents, mais heureusement plus rare, au moins dans ses dernières conséquences. C'est aussi l'abus d'une chose excellente, et de tels abus sont les plus terribles, parce qu'ils s'autorisent du bien qu'ils gâtent, et ont toujours la bonne volonté pour prétexte ou pour excuse.

Quoi de plus naturel en effet, et de plus désirable, que les disciples s'attachent à leur maître, et que leur confiance en sa science, en son caractère ou en sa bonté, aille jusqu'à jurer par sa parole, admettre comme vrai tout ce qu'il dit, comme bien tout ce qu'il fait, et à aimer plus ou moins vivement celui dont l'enseignement les charme et les instruit? C'est ce qui arrive dans ces réunions de jeunes filles, dont l'imagination s'enthousiasme aisément, et dont le cœur innocent et sans conscience de lui-même, mais tout rempli de vie et d'ardeur, ne demande qu'à s'attacher à quelque chose. Or, quand le catéchiste leur plaît, quand il sait les intéresser et les émouvoir, ce qui est nécessaire au succès de l'instruction, elles en parlent entre elles et dans leurs familles avec l'exagération de leur âge, et s'en occupent peut-être plus qu'il ne faudrait. Les catéchistes sont jeunes en général. Ils parlent avec l'autorité du caractère sacré dont ils sont revêtus, de la mission divine qu'ils ont à remplir, et ainsi, pour peu qu'ils aient de grâce et de talent, il se forme autour d'eux, aux yeux de ces jeunes personnes, une espèce d'auréole qui est encore rehaussée par leur dévouement. En somme, il n'y a aucun mal en tout cela, tant que les choses restent dans les imaginations et l'idéalité. Mais on comprend que dans la réalité il puisse se rencontrer des inconvénients en des rapports aussi délicats, et c'est pourquoi les catéchistes d'un côté et les mères de l'autre n'y sauraient apporter trop de prudence et de vigilance, trop de discrétion ou de réserve. Hélas! le bien en ce monde ne s'opère jamais qu'à la condition de rendre un mal possible, et l'on n'userait de rien, si l'on craignait sans cesse d'abuser de tout.

Enfin, on s'est plaint quelquefois que les Catéchismes de persévérance, là surtout où ils sont le plus fortement organisés et subsistent depuis longtemps, tendent à former une petite paroisse dans la grande, comme il arrive parfois aux congrégations de la sainte Vierge, ou à telle autre association pieuse, qui ont cependant leur utilité. Le directeur du Catéchisme devient le curé de cette jeune paroisse, où tout se fait comme dans la principale pour l'essentiel, mais avec les spécialités de la situation, et c'est ce qui charme le plus les demoiselles du Catéchisme. Car elles ont leurs offices pour elles, leurs sermons pour elles, leurs cérémonies à elles, et il va sans dire que tout s'y fait mieux qu'ailleurs, plus pieusement, plus fructueusement, mais surtout avec plus de distinction et d'éclat.

Que si par malheur le curé veut changer ou supprimer quelque chose, sans que cela convienne à la petite société, alors il y a du mécontentement et parfois une opposition cachée, sinon patente, pour ne pas accepter les mesures imposées, ou au moins pour les entraver. Mais que sera-ce, si l'autorité supérieure, qui est juge en dernier ressort des besoins des églises et de l'utilité des prêtres, vient à enlever le pasteur chéri de ce petit troupeau, parce qu'elle pense qu'il fera plus de bien ailleurs, ou qu'il est à propos de le transporter sur un autre terrain, qui profitera à son tour de son zèle et de ses travaux? Je vous laisse à imaginer la désolation et les larmes; et je n'y trouve rien à blâmer, si elles restent dans la mesure convenable, et qu'on sache se résigner avec obéissance et piété. C'est la pierre de touche de l'esprit de ces associations, et il faut dire qu'il en va ainsi le plus souvent. Mais on a aussi vu le contraire, et que ne voit-on pas sous le soleil?. On a vu un jour, dans une des paroisses les plus riches d'une grande ville, un Catéchisme de jeunes filles en révolte ouverte contre le curé, et même contre l'évêque, parce qu'on leur avait retiré leur directeur, excellent prêtre du reste, et qui n'avait d'autre tort que l'attachement exagéré et l'engouement de ces jeunes personnes. On a vu l'agitation, le désordre et la confusion dans cette charmante ruche, et toutes ces jeunes travailleuses, occupées ordinairement à composer le miel de leur instruction religieuse, distillant alors de leurs lèvres tout autre chose que du miel, et prêtes à piquer de leur aiguillon ceux qui les contrariaient, ou à s'envoler ailleurs. Elles ne voulaient ni recevoir ni écouter un autre catéchiste. C'en était fait de la religion, ou au moins de celle du Catéchisme de persévérance, si on leur ôtait M. l'abbé. Et les conseillères de l'œuvre, qui, presque toutes plus âgées que les autres, menaient depuis longtemps l'association, tinrent bon et continuèrent la lutte pendant plusieurs mois, refusant au curé la caisse de la société dont elles avaient le dépôt, et se coalisant pour ne plus paraître aux réunions. Un beau matin l'autorité épiscopale jeta un peu de poussière sur cette agitation féminine, et tout rentra dans l'ordre et le silence, au moins à l'église. Elle envoya un autre directeur, aussi intelligent que pieux, qui fit bientôt oublier l'ancien, et le bien s'accomplit de nouveau.

Voilà, chère madame, les plus graves inconvénients du Catéchisme de persévérance. Vous voyez qu'il est facile de les prévenir ou de les surmonter, avec un peu de prudence et de tact : car ces inconvénients, nullement inhérents à cette excellente institution, n'en sont que les abus possibles, et heureusement fort rares. Telle que je vous connais, madame, vous avez plus de sagesse qu'il n'en faut pour les éviter, et j'espère que notre chère Anna, sous votre direction éclairée, pourra profiter encore longtemps, et jusqu'à son mariage, des bienfaits de cette haute école d'instruction religieuse, de piété et de vertu.

LETTRE IV.

L'ENTRÉE DANS LE MONDE. — LES SOIRÉES. LES BALS.

Vous m'annoncez, madame, que l'hiver prochain vous allez conduire votre fille dans le monde, et vous voulez bien me consulter sur ce qu'il y aurait à faire ou à éviter pour préserver cette âme si pure en ce moment critique, qui peut avoir tant d'influence sur toute sa vie.

Je redoutais depuis longtemps ce moment pour elle et pour vous, et cependant je vois bien qu'il n'y a plus guère moyen de reculer. Sophie a dix-huit ans, et, si elle n'est pas appelée à se consacrer au service de Dieu, il faut songer à l'établir. Votre mari a donc raison de vous presser de prendre ce parti, et, même quand votre fille n'aurait point de goût pour le monde, elle devrait apprendre à le connaître avec ses charmes et ses dangers, pour le quitter plus tard sans regrets, s'il y a lieu, sachant parfaitement ce qu'elle laisse, et se donner à Dieu avec une conscience bien formée et une pleine liberté.

Cependant, quoique cette épreuve me semble utile, je n'en suis pas moins inquiet de la voir arriver. Dieu seul sait comment elle finira ! Votre pauvre Sophie va être lancée dans un monde inconnu, dont on ne peut calculer toutes les chances, ni prévoir tous les risques. Assurément, j'aurais mille fois préféré pour elle que vous pussiez continuer à vivre à la campagne, dans la retraite, et sans rien changer à sa manière d'être jusqu'à son mariage, qui eût été la continuation de sa vie de famille. Ainsi elle eût fait à son tour ce qu'avait fait sa mère, s'occupant exclusivement de son mari, de ses enfants et des soins de son ménage. Mais vous voici transportée dans la capitale, sans l'avoir désiré. Il paraît que les affaires de votre mari le demandent, et peut-être le désir secret d'établir sa fille plus avantageusement l'y a porté. Je sais que vous connaissez ce terrain où vous avez vécu plusieurs années. Hélas ! je le connais aussi et le connais trop bien, puisque né et élevé à Paris, j'y ai vécu longtemps dans le monde avant d'entrer dans les ordres sacrés. Je puis donc vous en parler pertinemment et d'expérience.

Considérons donc ensemble ce que vous allez faire en y présentant votre fille ; quels moyens vous serez obligée d'employer pour atteindre le but marqué, et les conséquences qui sortiront pour elle et pour vous de l'emploi nécessaire de ces moyens. Nous envisagerons les épreuves, les tentations, les combats que cette enfant devra affronter sous votre conduite, et je tâcherai de vous indiquer les moyens de s'en tirer le mieux ou le moins mal possible, soit en s'exposant peu sur le champ de bataille, par une conduite prudente et beaucoup de vigilance, soit en se défendant vaillamment dans les attaques, par une vertu solide et une piété sincère.

J'irai droit au but, pour simplifier la question et vous exposer plus clairement ce que je suis obligé de vous dire. Puisque vous me demandez conseil, c'est que vous voulez savoir la vérité, telle que je puis la voir, et, dès que vous me la demandez dans l'intérêt spirituel de votre enfant, ministre de Celui qui est la vérité même, je dois vous la dire, sans doute avec les ménagements de la charité, mais sans lui ôter sa sévérité qui peut vous être utile. Autrement ma réponse serait vaine comme votre consultation, et nous parlerions en l'air.

Vous allez cet hiver présenter votre fille dans le monde; cela veut dire que vous allez la montrer, pour tâcher de la marier. Cela est tout simple; car on ne vous la demandera point si on ne la connaît pas, et il faut la produire pour qu'on la connaisse. Et cependant, bien que cela paraisse naturel et raisonnable, j'aimerais mieux qu'il en fût autrement, et qu'une jeune fille pût s'établir sans sortir de son cercle ordinaire, et en conservant ses habitudes de simplicité, d'innocence et de paix intérieure. Il me semble que la fleur qui vient de s'entr'ouvrir reste plus fraîche et plus odorante, quand elle n'est pas exposée aux ardeurs du soleil, ou aux agitations des vents. Elle se conserve plus longtemps et plus pure dans la retraite et à l'ombre qu'au milieu des champs, et surtout sur le bord des routes, où elle risque d'être foulée par le pied des passants, et ternie par la poussière et la boue. Une jeune fille de dix-huit ans est vraiment une fleur qui vient d'éclore. Si elle paraît au grand jour et au grand air, n'est-il pas à craindre que son éclat naissant ne se décolore vite, et que son parfum ne s'épuise rapidement ? On préférait autrefois cette manière de placer ses filles, au risque de les garder plus longtemps, ce qui était une joie pour la famille. Aujourd'hui on est plus pressé, et, dans le désir d'aller vite en besogne, on fait pour leur établissement comme pour tout le reste. On institue dans la société des espèces d'expositions plus ou moins générales, où l'on invite le plus de jeunes filles et de jeunes gens qu'il est possible, afin que chacun et chacune, voyant et se faisant voir, trouve plus aisément et plus promptement ce qui peut lui convenir. Les salons, qui servent à ces réunions sont des espèces de bazars matrimoniaux, où l'on espère trouver ce qu'on cherche aux meilleures conditions.

Or, puisque vous allez montrer votre fille pour qu'on vous la demande, il est évident que vous devez employer les moyens qui servent à cette fin, et ces moyens les voici :

1° Il faut la rendre aussi agréable à voir qu'il se pourra, afin qu'elle attire les regards et fixe la préférence; donc, recherche de la parure et de tout ce qui sert à plaire.

2° Il faut la mener dans les lieux où elle peut être vue et paraître avec avantage; donc, partout où le monde élégant s'assemble, dans les réunions de société et surtout dans les bals, au théâtre et dans les promenades publiques.

Vous allez donc être presque exclusivement occupée du soin de parer votre fille, pour qu'elle plaise, et naturellement, en même temps que vous l'ornerez au dehors, vous lui enseignerez, autant qu'il dépend de vous, toutes les ressources de l'esprit, de la parole, et même du cœur, pour qu'elle attire plus puissamment à elle les admirateurs; en d'autres termes, vous allez lui inspirer le goût, peut-être la passion de la toilette, et, ce qui est pis encore, l'art de la coquetterie. Je sais très-bien que dans le monde on n'y regarde pas de si près, et que tout cela se fait comme de soi-même et sans qu'on en prononce le nom. C'est une habitude prise, une voie qui paraît indispensable, une chose reçue et qui n'offusque plus. L'usage et la mode aveuglent la conscience ou la font taire, et les femmes qui pratiquent le mieux, c'est-à-dire avec le plus de succès, ce manége, passent pour les plus capables, et surtout pour les meilleures mères.

Or, comparez ce que vous allez tenter sous ce rapport avec ce que vous avez fait jusqu'à présent avec une sollicitude si louable pour préserver votre enfant de ces défauts, et lui inspirer, au contraire, le goût de la simplicité et de l'honnêteté. Vous allez prendre le contre-pied de tout votre passé, et vos recommandations nouvelles tendront à détruire les anciennes. Vous disiez à votre fille avant de la mener dans le monde : « Rien ne convient mieux à une jeune fille qu'une parure modeste, et tu ne t'occuperas de ta toilette que pour la rendre élégante et décente; surtout point de recherche, point de luxe, rien d'extraordinaire; la grâce est préférable à tous les riches ornements. » Et justement au moment de mettre en pratique ces belles maximes d'autrefois, et d'appliquer les résultats de sa première éducation, vous changerez de point de vue, et vous lui enseignerez ce qui lui était précédemment défendu. Ce sera une palinodie complète. N'est-il pas à craindre que la seconde méthode ne convienne mieux à la jeune fille que la première, et qu'avec les inspirations et les conseils de sa mère, elle n'acquière bientôt un goût vif et un tact habile pour la parure et tout ce qui servira à l'embellir? Vous risquez donc de la rendre idolâtre de son corps, idolâtre de sa beauté; car elle est belle, en effet, et, si elle ne l'était pas, vous formeriez, ou au moins vous augmenteriez, en elle une illusion cruelle qui la rendrait ridicule aux yeux du monde, et lui préparerait bien des mécomptes et des peines.

Puis, savez-vous où mènent le goût effréné de la parure, la recherche immodérée de la toilette, l'ambition d'être mieux mise ou plus belle que les autres? D'abord à une admiration niaise de soi-même, à un sot engouement pour sa personne dans ce qu'elle a de plus extérieur, qui ne s'occupe plus que du corps, de ce qui sert à l'orner, et qui en fait une sorte de fétiche qu'on adore, et auquel on voudrait que tous les autres rendissent hommage. Cette préoccupation incessante de la beauté du corps tourne au détriment de l'esprit et du cœur. Une femme qui ne songe qu'à sa toilette, et qui aime la parure par-dessus tout, n'a plus guère d'esprit que dans les sens et de cœur que dans la tête. Puis avec la ruine de l'âme et de l'intelligence vient celle de la fortune. Aujourd'hui surtout, la toilette des femmes, par les proportions exagérées qu'elle a prises et le luxe accessoire dont elle se charge, est horriblement dispendieuse; et si aux frais ordinaires qu'elle entraîne s'ajoutent l'émulation et la rivalité, elle devient une cause de désastre ou au moins de grande gêne pour la famille. J'aime à croire que Sophie, conservant en partie ses goûts simples d'autrefois, ne donnera pas dans ces excès. Mais enfin nous n'en savons rien, et, puisque vous l'exposez à la tentation, qui vous dit qu'elle ne faillira pas dans l'épreuve, et que sa liberté en triomphera, surtout quand la voix de sa mère semble l'y pousser? Les jeunes filles ont déjà par elles-mêmes assez de penchant naturel à se parer, et il faut peu de chose pour les passionner sous ce rapport.

Mais ce n'est pas tout. En entrant dans le monde, elle descend dans une espèce d'arène, où elle trouvera pour concurrentes, pour rivales, sinon pour ennemies, toutes celles qui y ont déjà paru avant elle, ou qui y arrivent en même temps. Évidemment, elles y viennent chercher la même chose; elles tendent au même but et veulent remporter le même prix, ou un prix semblable. Toutes, en un mot, et pour parler nettement, cherchent un mari et s'efforcent d'être agréables et de plaire pour le trouver et le gagner. Il y aura donc assaut dans les moyens de plaire; assaut par conséquent dans les parures et les ressources de la coquetterie; donc, des luttes incessantes et l'emploi de toutes les armes qu'on emploie dans ces cas pour vaincre. Donc, des victoires et des défaites, des triomphes et des douleurs; donc, des colères, des dépits, des envies, des jalousies, des ressentiments, des vengeances et toutes les petites passions qui en sortent, et cela parce qu'on n'est pas la plus belle, ou au moins la plus regardée, la plus recherchée, la préférée!

Oh! chère madame, je rougis d'écrire toutes ces choses, qui se remuent au fond du cœur des femmes, dont elles ont à peine conscience, et qu'elles n'oseraient jamais s'avouer à elles-mêmes et encore moins à d'autres. Voilà des jeunes filles qui tout à l'heure, avant de faire leur entrée dans le monde, étaient simples, naïves, bienveillantes, parce qu'elles étaient innocentes et pures, ne demandant rien au monde qu'elles ne connaissaient pas, et ne cherchant qu'à plaire à Dieu, à leurs parents, à leurs amis; et maintenant qu'on les a jetées dans la carrière ardente de la société, pleine de rivalités et de luttes, en face d'un prix à remporter qu'on rehausse de toutes manières à leurs yeux et dont l'éclat les anime, les voilà prétentieuses, maniérées, compassées, ne cherchant plus qu'à plaire aux hommes par toutes les ressources de l'esprit et surtout du corps; jalouses les unes des autres, se dénigrant réciproquement et se rabaissant à l'envi, pour se donner plus de chances de l'emporter sur leurs rivales et de les éclipser. Ce qui revient à dire, chère madame, puisque je dois vous parler franchement, même au risque de vous peiner, qu'en dressant votre fille à paraître avec avantage dans le monde à l'aide des moyens que je viens de vous signaler, et pour y trouver un établissement, vous l'exposez aux tentations les plus dangereuses, vous la mettez dans l'occasion continuelle de pécher, et enfin, vous contribuerez pour votre part à exciter et à nourrir dans son cœur les passions qui perdent les femmes, et qui ruinent les familles en les perdant.

Mais c'est pour les grandes soirées, et surtout pour les bals, qu'on se met le plus en frais de toilette et d'agréments de toute sorte; car ce sont les grands jours d'apparition où il faut se montrer avec tous ses avantages. Hélas! vous savez jusqu'à quel point les femmes s'y font voir, et si encore on ne faisait que les voir! Mais avec le genre de danses accepté aujourd'hui par la bonne société à l'instar de la mauvaise, elles se laissent toucher de telle façon, que je ne comprends plus après cela de quoi leur pudeur peut s'effaroucher. Vous savez que je suis très-tolérant sur l'article de la danse. C'est, à mon sens, un exercice du corps comme un autre, et qui contribue plus qu'un autre à lui donner de la grâce et du maintien. La jeunesse a besoin de mouvement; mais le mouvement, pour lui être physiquement profitable sans lui nuire moralement, doit être mesuré, cadencé, et toujours maintenu par la décence et le bon ordre. En un mot, là comme ailleurs, et plus qu'ailleurs, l'homme ne doit pas s'abandonner à l'entraînement de la sensualité. S'il ne peut s'empêcher d'en ressentir les impressions, comme il arrive surtout à la jeunesse et quand les deux sexes sont réunis, et il faut bien qu'ils le soient de temps à autre pour se connaître et se choisir dans la vue du mariage et de la famille, ces impressions doivent toujours être contenues par le respect d'un côté, par la pudeur de l'autre, et alors le plaisir qu'on trouve à danser peut avoir quelque chose d'innocent et de digne.

C'est ce que j'ai vu dans mon enfance; et cependant nous sortions d'une révolution qui avait foulé aux pieds toutes les lois divines et humaines. Les gouvernements révolutionnaires qui s'étaient succédé, le Directoire entre autres, ne s'étaient guère inquiétés de faire régner les bonnes mœurs et respecter la décence publique. La déesse Raison s'était montrée presque nue sur l'autel, et les femmes du monde les plus belles et les plus célèbres s'habillaient à la grecque comme les Laïs et les Phrynés, tant on était en toutes choses amoureux de la liberté des Grecs! C'était un scandale, une immense honte pour un peuple chrétien. Et cependant, vous devez vous rappeler que dans nos jeunes années, sous l'Empire, que certes on n'accusera pas de pruderie, les danses de société étaient toujours convenables. La valse y était interdite, et jamais une mère de famille alors n'aurait permis à sa fille cette manière de danser, qui a amené les désordres d'aujourd'hui.

Les danses d'alors, qu'on appelait contredanses, se composaient de figures et d'enchaînements plus ou moins gracieux, et jamais ceux et celles qui y prenaient part ne se touchaient que par le bout des doigts, et encore on vous apprenait à le faire délicatement, pour qu'il y eût le moins de contact possible. On pouvait donc s'y amuser honnêtement et sans grand danger; car tout s'y passait décemment, avec ordre et gravité, ou au moins la régularité de la figure maintenait chacun à sa place et empêchait la confusion et les inconvenances. Il y avait en outre cet avantage que, pour figurer dans une contredanse, il fallait savoir danser, donc l'apprendre, ce qui apprenait aussi à gouverner son corps et ses membres, et leur donnait en même temps de la vigueur et de la grâce. Enfin, il était possible à une mère de surveiller sa fille, et surtout ses danseurs, au milieu d'un bal. Elle pouvait se tenir à portée et entendre les conversations, et par conséquent les maintenir ou les arrêter à propos. Tout cela ne nous empêchait pas de nous divertir autant qu'aujourd'hui, où l'on a secoué la gêne de ces convenances qui ne nous gênaient que pour le bien. Nous nous amusions même mieux, parce que notre plaisir était plus honnête, et qu'au fond il n'y a de vrais plaisirs que ceux que ne réprouve pas la conscience et qui ne dégradent pas. Il y avait dans notre jouissance moins de sensualité et plus de poésie. L'imagination y prenait plus de part que les sens. Nous étions plus romantiques et moins réalistes ; c'est-à-dire qu'il entrait plus d'esprit et d'âme dans nos divertissements, et que par l'idéal qui y dominait, aspirant à quelque chose de plus relevé que des sensations physiques, nous rêvions des amours et un bonheur plus délicats.

J'ai vu changer tout cela, et chose singulière ! c'est l'invasion armée des étrangers qui a produit en France cette sorte de révolution morale. Ils nous ont fait sous ce rapport plus de mal qu'ils ne le savent. Avant 1814, la décence la plus stricte régnait dans les bals en France. La valse n'y était point permise, excepté dans les bals publics, et encore c'était une valse sur trois ou quatre contredanses. Tout s'y passait en bon ordre, avec grâce, même avec dignité, et une mère de famille pouvait sans risque grave conduire sa fille au bal et l'y surveiller.

Aujourd'hui, c'est tout le contraire. On ne danse presque plus de contredanse, et on valse, on tourne d'une manière ou de l'autre et sans fin. Les quadrilles, les figures, les enchaînements gracieux sont presque abandonnés, parce qu'ils sont gênants, obligent à une contenance, exigent du maintien, et l'on ne veut plus se gêner. Puis il faudrait les apprendre pour les savoir et surtout les bien exécuter, et cela coûterait de la peine. Aussi on ne danse plus, on marche et l'on marche mal ; on saute et souvent hors de mesure; on court, on galope, on tourbillonne, et, dans cette agitation désordonnée, dans cette course échevelée, dans ce galop déréglé, dans ce tournoiement vertigineux, le cavalier prend sa danseuse à bras-le-corps, lui étreint la taille, et la tient si rapprochée de sa poitrine que les haleines se confondent, et il n'y a plus même de place entre eux pour le bouquet blanc qui ornait autrefois la ceinture des jeunes filles. Elles ont été obligées d'y renoncer parce qu'il était fané, écrasé dès la première danse; triste et frappant symbole de ce qui arrive à la fleur de leur innocence, dès qu'elles participent à de pareils plaisirs!

Je m'arrête, madame, pour ne pas ternir mon imagination par les souvenirs de tout ce que j'ai vu autrefois dans les bals ainsi pervertis, et quand j'y prenais part. Le monde se paye de mots, de choses convenues, d'illusions, et vit de contradictions. Une famille emploie seize ou dix-sept ans à élever chrétiennement une jeune fille. Quelle sollicitude, que de soins, que de précautions pour conserver la pureté de son âme et de son corps! C'est une fleur délicate qu'on abrite et soutient de toutes manières, avec toutes les ressources de la religion, de la morale et de l'instruction. On serait désolé d'y voir ou d'y souffrir la moindre tache, la moindre apparence du mal. Un mot inconvenant ou indiscret lui fait monter le rouge au visage, et un procédé un peu trop libre la jette dans la confusion et la déconcerte. Enfin on la tient comme dans une serre chaude, pour assurer l'intégrité de son développement, et la garantir de tout ce qui pourrait la flétrir. Et puis, quand le temps est venu de l'introduire dans la société, comme on dit, on enlève tout cet échafaudage, tous ces voiles, toutes ces barrières, toutes ces précautions. On la produit en public, au grand jour, le plus qu'on peut, au milieu de l'éclat et des pompes des fêtes mondaines, et enfin, pour comble d'inconvenance et de démence, elle qui rougissait tout à l'heure en la présence d'un jeune homme et qu'une parole légère troublait, on la jette entre les bras du premier venu ; que dis-je ? entre les bras d'une douzaine d'hommes, et souvent quels hommes ! pendant toute une soirée. Et ces hommes, parmi lesquels il y a tant de libertins, ou au moins dont la plupart ne cherche dans la danse qu'un plaisir sensuel, vont la serrer dans leurs bras, contre leur poitrine, l'emporter dans leurs mouvements désordonnés, l'agiter dans leur tourbillon, faire battre son cœur, même physiquement, à l'unisson de leur agitation, lui communiquer par le contact la fièvre et le désordre de leurs sens ; et enfin, la fascinant par un regard perçant et déhonté qui plonge dans le sien, quoi qu'elle en ait, ils darderont jusque dans son cœur le feu impur de la volupté, qui y éteindra peut-être, ou au moins obscurcira et souillera le rayon de l'amour innocent et virginal qui l'avait animé jusque-là. Voilà la réalité, madame, la triste réalité, au milieu de ces brillantes illusions du monde où vous allez introduire la candeur et l'inexpérience de votre fille, et qui peut-être la séduiront et l'entraîneront comme tant d'autres.

Mais je m'aperçois que cette lettre est déjà bien longue, et cependant j'ai encore à vous signaler d'autres dangers que votre chère enfant va rencontrer en entrant dans le monde. Je vous les exposerai dans une prochaine lettre et vous dirai ce que, à mon sens, vous pouvez faire dans votre position, sinon pour les éviter entièrement, au moins pour les traverser avec moins de dommage, et vous en tirer le mieux ou le moins mal qu'il se pourra.

LETTRE V.

SUITE. — LES SPECTACLES.

Chère madame, jusqu'à ce jour vous avez mis toute votre sollicitude à préserver l'âme de votre enfant de ce qui peut en souiller l'innocence, en altérer la pureté. Vous l'avez cachée au monde, sans laisser arriver jusqu'à elle une influence suspecte ou même une parole douteuse; et voilà que tout d'un coup, parce qu'elle est en âge de s'établir, au mépris de vos inquiétudes antérieures, vous la jetez au milieu de la contagion, l'exposant vous-même à toutes les tentations, à tous les assauts de la sensualité.

Vous l'avez élevée dans le respect de la vérité; vous lui avez inspiré de bonne heure l'horreur du mensonge. Vous l'avez habituée à être simple, droite et sincère dans ses actions comme dans ses paroles, et voilà qu'en l'introduisant dans le monde, vous allez la mettre en face du mensonge, de la fausseté, de la ruse, de la fiction et des illusions. Vous la conduirez souvent en des lieux où ces vices règnent en maîtres, et qui en sont comme les temples; et, par l'attrait des spectacles qui charmeront ses sens en excitant son imagination et amusant son esprit, vous l'accoutumerez peut-être à aimer le faux, le factice, l'exagéré, l'illusoire, ou ce qui est piquant, malicieux, sardonique, ironique, ridicule, c'est-à-dire tout ce qu'il y a de plus contraire à la vérité et à la charité. C'est à cette école que sa mère va la conduire, école de mœurs, dit le monde, qui doit les corriger ou les polir, et cela au sortir du Catéchisme de persévérance, et quand elle vient de quitter la divine école de l'Église.

En effet, une fois lancée dans la société, vous ne pourrez pas ne pas mener votre fille au théâtre. Qu'y apprendra-t-elle, et que produira sur son esprit et son cœur la fréquentation des spectacles? Dieu seul le sait; car il y a des grâces secrètes qui garantissent quelquefois au milieu du mal, et telle âme, chère au Ciel, se conserve pure au milieu de la corruption, quand telle autre se perd dans la plus saine atmosphère. Nous ne pouvons raisonner ici que d'une manière générale, d'après l'ordre habituel des choses.

Je ne viens point vous faire une dissertation sur les avantages et les inconvénients des spectacles. Ce n'est point la question pour moi en ce moment. Il s'agit seulement de l'effet qu'ils peuvent produire sur une jeune fille, sur une vierge chrétienne qui entre dans le monde, eu égard à sa destination future, qui est de devenir une épouse chaste et une mère dévouée. Je ne crois pas qu'à cette nouvelle école elle apprenne des choses bien utiles à sa vocation. Je crains plutôt qu'elle n'en soit détournée ou empêchée par tout ce qu'elle y verra et entendra.

Je ne condamne point le théâtre en masse, et j'admets qu'il peut avoir quelque utilité dans une certaine mesure, pour relever le goût et les mœurs d'un peuple. Mais pour cela il doit lui mettre devant les yeux l'idéal sous toutes les formes, et surtout celles de la vertu et de la grandeur d'âme. Il y a une sorte de religion dans l'enthousiasme du sublime, dans l'admiration de ce qui est vraiment beau ; car il n'y a de sublime et de beau que par le rayon de l'infini qui illumine et transfigure les existences de ce monde, et l'infini partout, c'est Dieu qui est en toutes choses.

Qu'on offre donc sur la scène le tableau de vertus héroïques, de grandes infortunes noblement supportées, d'injustices criantes subies avec magnanimité, d'injures graves pardonnées, de la clémence triomphant de la colère et des ressentiments, de passions violentes surmontées au profit de la justice et par grandeur d'âme, et, certes, tout cela peut être très-émouvant et exciter le plus vif intérêt par la lutte même du bien contre le mal, de l'esprit contre la chair, du devoir contre la passion, du ciel contre l'enfer : il y aura là un beau spectacle, et par conséquent une influence morale vraiment utile. Mais, hélas ! est-ce là ce que vous trouverez dans nos théâtres ? Nous avons trois tragédies chrétiennes, Polyeucte, Esther et Athalie, et assurément l'esprit chrétien qui les anime ne leur a pas nui ; car je ne leur connais point d'égale. Qu'est-ce que la plupart des autres tragédies montreront à votre fille ? Des conspirations, des séditions, des assassinats, des parricides, des ambitions criminelles, des amours incestueuses ou adultères, des ressentiments, des vengeances qui cherchent à s'assouvir à tout prix ; en un mot tous les genres de crime avec toutes les horreurs qu'ils produisent parmi les hommes, et représentés souvent avec un semblant d'héroïsme, avec un vernis de grandeur d'âme, qui les rendent aux yeux de la multitude plus intéressants que la vertu. Je ne vois pas quel bénéfice votre fille peut retirer de ces abominations et de ces scandales.

J'accorde toutefois que, comme œuvres de l'art, ces représentations lui seront utiles d'une certaine manière, en lui formant le goût littéraire et lui apprenant le beau style. C'est quelque chose, bien qu'en vérité pour la vie d'une mère de famille ce soit peu important, et trop chèrement acheté. Car ne risque-t-on pas aussi, en frappant son imagination par des faits extraordinaires, et en la montant par les exagérations théâtrales si au-dessus de sa vie réelle, de dégoûter la femme de sa position et de ses devoirs, et de lui inspirer des goûts romanesques, et des aspirations insensées? Nous jouons tous un peu la tragédie dans notre vie de tous les jours. Que nous ayons quelque chose à souffrir, une lutte à soutenir, un obstacle à surmonter, nous surfaisons, nous forçons presque toujours la situation, et je ne doute pas que le manque de simplicité et de vérité qui distingue notre civilisation à tous les degrés de la société, ne vienne en grande partie des habitudes tragiques ou dramatiques, que le théâtre nous inspire dès nos plus jeunes années. Les riches les prennent au Théâtre-Français; le peuple aux théâtres des boulevards; car tragédies et mélodrames se ressemblent en ce point, qu'ils sont en général l'exaltation, le boursouflage de la réalité; et c'est pourquoi il n'y a pas plus de véritable vertu dans les beaux sentiments qu'ils excitent, qu'il n'y a de vraie compassion dans les pleurs qu'ils font couler.

La comédie, dit-on, châtie les mœurs en riant. Qu'elle les châtie, je l'accorde; mais je nie qu'elle les corrige. Elle me paraît fort ressembler à ces punitions maladroites ou mal appliquées, qui font naître les fautes au lieu de les prévenir ou de les empêcher; ou encore à ces médecins qui décrivent parfaitement les maladies, qu'ils ne savent pas guérir. Car le plus souvent la médication qu'ils emploient produit une autre maladie, en sorte que le remède devient pire que le mal, et il faut ensuite guérir du remède, si l'on n'en meurt pas.

Que le tableau des vices, des défauts, des ridicules, des faiblesses et des imperfections humaines, s'il est dessiné vigoureusement et richement colorié, intéresse et divertisse, je ne le conteste pas. Je ne connais rien de plus amusant. Mais à quoi cette représentation sert-elle moralement? Qui songe à s'y reconnaître, et quel avare, quel misanthrope ou quel tartufe a-t-elle réformé? Il n'y a qu'un effet certain, si la pièce est bien faite, c'est de faire rire le public; mais chacun rit des défauts d'autrui et ne pense guère aux siens.

Je ne doute donc pas que votre fille n'y prenne un grand plaisir. Elle goûtera ces observations fines des faiblesses ou des ridicules des autres. Elle sera à bonne école pour apprendre à juger, à critiquer le prochain; et, comme elle verra que ces jugements et ces critiques sont bien reçus et applaudis par le beau monde qui s'en amuse, elle saura désormais comment s'y prendre pour avoir du succès dans la société et s'y faire écouter avec faveur. C'est une véritable école de médisance et de scandale. C'est plus encore, au moins quand on considère notre répertoire ancien et moderne. Certes, nous n'aurons jamais mieux que Molière ; à mon sens, c'est la perfection de la comédie. Et cependant, pour rester dans notre sujet, qu'est-ce qu'une jeune fille apprendra à voir jouer ses pièces si admirablement composées, et en quoi ses mœurs pourront-elles être corrigées ou améliorées par ce qui lui sera montré ? Elle y verra continuellement des jeunes filles amoureuses qui trompent leurs parents, des femmes qui trompent leurs maris, des maris qui trompent leurs femmes, des laquais et des servantes qui trompent leurs maîtres, les volent, et autres choses de ce genre. Elle y apprendra tous les vices qui peuvent corrompre l'intérieur de la famille, tous les désordres possibles entre les personnes qui la composent, et en outre, pour mettre le comble à cet enseignement, on lui indiquera les expédients les plus adroits, les ruses les plus subtiles pour satisfaire les mauvaises passions qui les produisent. Ainsi, si la tragédie lui ôte la simplicité, la sincérité, le naturel; la comédie, ou l'art de se moquer de ses semblables, en lui apprenant à saisir tout d'abord le côté faible ou ridicule des personnes et à le peindre vivement, desséchera la bienveillance naturelle de son cœur et y éteindra la charité. Voilà, je le crains bien, tout ce qu'elle gagnera à fréquenter le théâtre.

Cependant je ne vous ai encore cité que le grand répertoire. Que serait-ce donc si nous descendions à la comédie actuelle, qui d'un côté ne produit plus de pièces à caractère, mais seulement des intrigues plus ou moins ingénieusement ourdies et dénouées, et ce sont les pièces les plus innocentes; et qui exploite d'un autre côté les positions les plus fausses, les plus anormales, les plus dégradées de la société, pour les réhabiliter aux yeux du peuple et en faire sortir des vertus, d'autant plus éclatantes, et même méritoires, dit-on, qu'elles partent de plus bas, et ainsi trouvent plus d'obstacles et moins de secours? Quand vous conduirez votre fille à ces représentations, elle apprendra à y admirer tous les semblants de la générosité et du dévouement dans le vice; à trouver l'excuse, la justification, l'apothéose de la passion dans les excès mêmes de son délire. Elle y verra comment une femme perdue peut être glorifiée aux yeux du monde et sur le théâtre où on l'offre en modèle. Elle y verra comment les jeunes filles, qui aiment malgré leurs parents, arrivent à se satisfaire à force d'impudence et d'adresse. Elle y apprendra les affaires et les tripots de la Bourse, et comment on peut faire fortune en risquant tout. On lui enseignera que la légitimité du mariage et de la naissance est un préjugé, et que les enfants naturels, mésestimés par la société, sont les plus favorisés par la nature. Elle entendra encore bien des choses du même genre, que je ne puis vous énumérer ici, mais que vous trouverez sur place, quand vous fréquenterez les théâtres, même de premier ordre.

Je ne parle point des spectacles inférieurs, où vous irez cependant un jour ou l'autre, entraînée par la mode, par vos relations sociales, ou par l'attrait du fruit défendu. On y montrera à votre fille, plus ou moins gazé, et avec quelle gaze! tout ce que le désordre et les passions ignobles engendrent, tout ce qui est le plus contraire à la pudeur, à la décence, et aux convenances les plus ordinaires. Tout cela est représenté chaque soir aux yeux du peuple, comme naturel, comme devant être, comme ne pouvant pas ne pas être; et en outre, avec un certain vernis d'esprit et de drôlerie qui fait rire de ce qui devrait faire pleurer, on parvient à faire passer, et même à rendre agréable jusqu'à un certain point, ce qui inspire du dégoût et de l'horreur à une âme honnête. Ainsi une vierge chrétienne, dont on a conservé la pureté avec tant de sollicitude, la préservant de la vue, du contact, du souffle même de ce qui peut la ternir, risquera un de ces jours d'être initiée publiquement aux mœurs du demi-monde, ou de moins encore!

J'oubliais le spectacle par excellence, le Grand-Opéra, célèbre surtout par la richesse de ses décors et l'élégance de ses ballets. Vous ne pouvez pas ne pas y aller, à cause de votre position sociale. Quand on vit dans un certain monde, il faut avoir vu ces choses, puisque tout le monde en parle, et qu'il faut parler comme tout le monde. Savez-vous pourquoi les hommes sont si empressés d'y aller, et y retournent si volontiers? C'est qu'ils y voient danser des jeunes femmes à peu près nues, ou qui du moins le paraissent, et que ces danseuses, en exécutant leurs mouvements avec grâce et souplesse, font ressortir les avantages de leurs corps et en laissent voir les beautés. On peut penser ce que cette contemplation excite de sensations, d'imaginations et de désirs sensuels dans les spectateurs. Croyez-vous que les femmes soient moins sensibles à la beauté physique des hommes, et, quand elles regardent avec plaisir sur la scène ces acteurs ou ces danseurs si brillants, dont les agréments physiques sont encore rehaussés par la grâce ou la vigueur de leurs mouvements, ne seront-elles pas aussi excitées, troublées dans leurs sens, dans leur imagination, peut-être dans leur cœur? C'est une jeune fille honnête, pure et pieuse jusque-là, que vous allez de gaieté de cœur soumettre à de pareilles épreuves, exposer à de semblables tentations, et cela pour que, au milieu des fêtes et des plaisirs du monde, elle trouve à s'établir, c'est-à-dire trop souvent à se perdre. Je ne sais si j'exagère, tant ce contraste de la pureté chrétienne et de l'indécence des théâtres me frappe et m'indigne. Mais il me semble qu'on renouvelle presque de nos jours, avec les vierges qui sortent des mains de l'Église pour entrer dans le monde, l'indignité des païens qui condamnaient à être traînées dans les antres du vice celles que leurs menaces ou leurs séductions ne pouvaient séparer de Jésus-Christ, et qui préféraient la mort à l'apostasie. Mais alors c'étaient d'infâmes bourreaux qui les y traînaient, et aujourd'hui, hélas! où l'on veut aussi les faire sacrifier aux idoles du monde, je n'ose pas dire qui les y mène!

Vous le voyez, madame, pour des consciences chrétiennes la position est grave. Car pour procurer à votre fille un établissement humain, et encore il n'est pas sûr que vous le trouviez où vous le cherchez et comme vous le désirez, vous risquez de perdre son âme avec la vôtre. Alors je vous dirai avec l'Évangile: « A quoi vous servira de gagner le monde entier, si vous perdez ce qui est cent fois plus précieux que le monde et ses richesses? »

Que faire donc? Car il en faut venir à une conclusion pratique, et il serait peu utile de peindre les dangers que vous allez courir, si je ne vous indiquais, autant qu'il est en moi, les moyens de vous en préserver, ou au moins de les atténuer.

D'abord, puisque vous avez la main forcée, et que la volonté bien prononcée de votre mari vous pousse vous et votre fille dans cette situation difficile, il faut obéir, et en ce cas surtout n'agir que par obéissance, puisque vous avez fait inutilement vos représentations. Offrez donc à Dieu cette obéissance, comme un sacrifice à votre devoir d'épouse, et tâchez que ce sacrifice soit aussi pur que possible, non-seulement au moment où vous l'acceptez, mais dans toute la suite de son accomplissement. En conduisant votre enfant dans le monde, parce que cela vous est commandé, prenez garde de ne pas vous laisser prendre vous-même à l'attrait de ce que vous redoutez aujourd'hui, de peur que l'esprit du monde, séduisant et subtil, se glissant jusque dans l'exécution du devoir, vous ne finissiez par faire avec plaisir ce que vous aurez commencé avec répugnance et par résignation. C'est là que le tentateur vous attend, et il espère bien qu'une fois dans son domaine et sur ses voies, il vous entraînera plus loin que vous ne voudrez, et qu'alors il poussera la fille par l'exemple de la mère. Vous aurez peut-être à ce sujet plus d'un combat à soutenir, et il faudra bien vous observer et vous tenir, pour ne pas glisser vous-même sur cette pente et pour y maintenir votre enfant.

Dans toute situation dangereuse, surtout quand on ne l'a pas cherchée, il y a pour une âme chrétienne un secours et des remèdes possibles, et la grâce de Dieu ne manque jamais à ceux qui la demandent sincèrement, et qui veulent vraiment en profiter. Dans le cas présent, tout en affrontant le péril, puisqu'il le faut, on peut cependant s'y avancer avec prudence, s'exposer le moins possible, et se préparer de la manière la plus avantageuse à le soutenir et à le combattre. Voilà ce que vous devez faire avec votre fille. Il faut la garantir au dehors le plus que vous pourrez, et la munir et la fortifier au dedans, afin qu'elle devienne capable de se défendre elle-même, et de repousser le mal. Car la vertu d'une femme est bien mieux gardée par l'effort généreux de sa propre volonté, par son goût pour le bien, par la délicatesse de sa conscience, que par toutes les barrières et les précautions du dehors.

Ainsi d'abord, bien que vous ne puissiez éviter de la conduire dans les sociétés, au spectacle et dans les bals, il n'est pas nécessaire d'y aller souvent, et de la lancer dans le monde, comme on dit. Mettez-y de la modération, et maintenez-la par une prudente fermeté. Elle s'en trouvera mieux au physique et au moral; car rien ne fane plus la fraîcheur des jeunes filles que la fatigue des veilles, et de veilles aussi agitées. Leur santé en reçoit d'aussi rudes atteintes que leur beauté, surtout dans les années où leur développement, qui n'est point achevé, est contrarié et trop souvent perverti par ces excès. Ne permettez jamais, en outre, qu'elle en prenne à satiété, et retirez-vous le plus tôt que vous pourrez, pour ne pas perdre tout le repos de la nuit et le travail du lendemain. Veillez à ce que sa toilette soit toujours simple et surtout décente, comme il convient à une vierge chrétienne. Hélas! vous aurez beau faire, la mode et les convenances du monde vous entraîneront toujours plus qu'il ne faudrait, et ces jeunes personnes qui, à la maison et dans la vie de tous les jours, rougiraient jusqu'au blanc des yeux de se voir et surtout d'être vues la poitrine découverte, n'éprouvent bientôt plus d'embarras à paraître en public sans voiles, ou avec des voiles si transparents, qu'ils sont un danger de plus. Tant est grande la puissance de la mode et du préjugé ! Tant l'esprit du monde, avec ses conventions et ses habitudes, fausse la conscience, et trompe jusqu'à la pudeur !

Quant aux spectacles, vous pourrez au moins choisir ceux qui conviendront le mieux, ou qui seront les moins inconvenants. Évitez le plus que vous pourrez les représentations qui excitent les sens, l'imagination et les passions grossières, par des tableaux sensuels, ou par des intrigues et des faits scandaleux. Donnez la préférence à la tragédie; on y trouve encore au moins quelque chose d'idéal, qui élève le cœur, l'élargit, et peut lui inspirer des sentiments honorables. Parmi les comédies, préférez les comédies de caractère aux pièces intriguées, qui ne sont ordinairement que des histoires d'amour, et encore, vous aurez parfois grande peine à répondre aux questions de votre fille, sur certains faits ou certaines expressions des meilleures pièces, même de celles de Molière. Fuyez les petits théâtres, où l'on repaît aujourd'hui le peuple de tous les scandales du jour, où en général la trivialité s'ajoute à l'immoralité. En vérité, s'il y avait une exception à faire, je l'admettrais pour le mélodrame, cette caricature de la tragédie, où le vice finit toujours par être puni et la vertu récompensée, et dont les infortunes prodigieuses font bêtement pleurer le peuple, mais enfin le font pleurer de pitié, ce qui vaut infiniment mieux que de lui apprendre à se moquer de Dieu et des hommes. J'accepterais encore les farces ou les pièces de grosse gaieté, quand elles n'ont rien d'indécent ; par leur bêtise, leurs calembours, leurs coq-à-l'âne, et tout ce qui constitue l'esprit de Jocrisse, elles ont au moins le mérite de faire rire jusqu'aux larmes sans dire du mal du prochain, et ainsi, en désopilant la rate, sont parfois utiles à la santé du corps sans nuire à l'âme.

Si Peau-d'âne m'était conté,
J'y prendrais un plaisir extrême !

a dit notre grand fabuliste, et certes, malgré sa haute intelligence et son immense talent, qu'il a malheureusement profanés ailleurs que dans ses fables, il était homme à s'amuser de ces choses et à s'en amuser longtemps. Nous lui ressemblons tous plus ou moins sous ce rapport. Nous aimons les faits merveilleux et les choses plaisantes, drôles jusqu'à l'absurde, et il faut qu'il y ait en elles de l'absurdité, pour qu'elles nous fassent rire de ce franc rire qui dilate et soulage. Il n'y a pas que les enfants qui s'amusent aux marionnettes, et tout philosophe que j'étais, avant d'entrer dans les ordres, je me suis plus d'une fois arrêté sur les boulevards, ou dans un champ de foire, pour entendre les bons mots de Paillasse ou de Polichinelle.

Enfin, pour achever ce qui se rapporte à l'extérieur, si vous allez dans les promenades publiques, et principalement au Bois, comme on dit à Paris, ne vous y montrez pas souvent, ni surtout régulièrement. Ces lieux sont remplis d'oisifs ou de personnes qui y cherchent aventure ou fortune, et si votre fille, qui est belle et de bonne tournure, y paraît trop, elle sera bientôt remarquée, signalée, et son nom sera terni en passant par toutes ces bouches. Surtout prenez garde qu'il n'y ait rien d'exagéré ou d'extraordinaire dans sa mise. Car, avec ses avantages personnels, elle serait bientôt signalée comme un modèle à suivre, et rien n'est plus fatal à la réputation d'une femme, et au respect qu'elle doit inspirer, qu'une célébrité de ce genre. C'est ainsi que de jeunes femmes, quelquefois plus imprudentes que coupables, s'affichent peu à peu par légèreté, par vanité, et finissent par devenir ce qu'on appelle aujourd'hui des *lionnes*, sans doute parce que de cette manière elles dévorent de grandes fortunes, et trop souvent des âmes.

Mais, comme je vous le disais tout à l'heure, c'est surtout par le dedans qu'il faut munir et garantir le cœur de votre enfant. Qu'elle tâche de conserver sa foi et ses pieuses habitudes : c'est le meilleur préservatif contre les tentations auxquelles elle sera exposée. Hélas ! je le sais trop par ma longue expérience de la conduite des âmes, il est bien difficile de servir Dieu dignement, quand on est livré à l'esprit du monde et ouvert à toutes ses influences. La prière, l'assistance aux offices de l'Église et à ses instructions, sont faibles et distraites, quand on a passé la nuit au bal ou admiré la veille avec transport les merveilles et les illusions du théâtre. L'esprit, agité par l'imagination et les souvenirs, a de la peine à rentrer en soi, à se recueillir, et le cœur, qui a été ému et peut-être troublé par le charme des passions humaines, se sent fermé et durci devant Dieu. On ne peut guère servir deux maîtres à la fois, dit l'Évangile ; car si l'on aime l'un, on haïra l'autre, ou du moins on n'aura pour lui que de l'indifférence.

Cependant il ne faut pas se décourager et s'abandonner complétement, parce qu'on s'est trop laissé aller. Il faut entretenir la lampe qui brûle encore. J'ai connu des âmes qui se sont conservées pures et même ferventes au milieu des occupations, des pompes ou des plaisirs du monde, et qui ont triomphé de l'amour des hommes par l'amour de Dieu. L'Église a des saints et des saintes qui ont occupé les plus hauts rangs de la société, et même des trônes, et assurément il a fallu que ces âmes fussent bien précieuses devant Dieu, et qu'il ait accordé d'immenses grâces à leur bonne volonté, pour qu'elles se soient sanctifiées en de pareilles situations. Mais ce qui est impossible aux hommes est possible à Dieu, et le cœur le plus faible par lui-même peut tout, dit saint Paul, en celui qui le fortifie. C'est une rude épreuve pour une âme chrétienne; mais si elle en sort victorieuse, comme elle grandit pour le ciel, et quelle bonne odeur elle répand devant Dieu!

Pour cela, chère madame, il vous faut procurer à votre fille un bon confesseur, un directeur, s'il est possible, qui ait assez d'expérience du monde et soit assez éclairé pour comprendre sa position, qui ait de la fermeté, sans trop de rigueur, et dont la charité vraiment sacerdotale gagne sa confiance; en sorte que, ne lui cachant rien de ce qui se passe en elle, les tentations, souvent si subtiles dans un cœur innocent, auxquelles elle pourrait consentir presque sans le savoir, étant découvertes dès l'origine, le danger soit signalé au commencement, et le mal coupé dans sa racine. Si elle continue à se confesser de temps en temps, régulièrement et avec abandon, manifestant naïvement tout ce qu'elle éprouve, et suivant avec docilité les conseils qui lui seront donnés, il y aura moins à craindre ; car si chaque jour amène son mal, il amènera aussi son secours.

Enfin, et ceci est plus particulièrement de votre ressort, continuez à l'occuper sans relâche par les études qui lui restent à faire, par les leçons d'agrément, par la musique et surtout la peinture, qui absorbe singulièrement l'esprit et dévore le temps, quand on y prend goût ; par des lectures sérieuses de piété, de science et de littérature, qui développent son intelligence, occupent son imagination de choses belles ou utiles, et fassent naître dans son âme des affections pures et de hautes aspirations. Puis, par-dessus, ou plutôt au milieu de tout cela, et pour remplir les vides de la journée et empêcher les moments de rêverie, de mélancolie et de vague tristesse, auxquelles les jeunes personnes sont sujettes quand elles commencent à sentir les besoins du cœur, employez-la activement aux soins du ménage, aux ouvrages de femme, aux travaux domestiques. Ce qui aura un double avantage : car, tout en apprenant sous votre direction et par votre exemple à devenir une femme solide et une bonne maîtresse de maison, n'ayant guère de loisir et point d'heure inutile, elle n'aura pas l'occasion de s'ennuyer, de sentir le vide et de penser à mal.

Voilà, chère madame, ce que vous pouvez faire, et bien d'autres choses encore que votre prudence et les circonstances vous suggéreront, pour préserver votre fille dans le défilé périlleux qu'elle va traverser sous votre conduite en entrant dans le monde ; et j'espère qu'avec la grâce de Dieu, la sagesse de sa mère et nos prières assidues pour le salut de cette chère âme, elle se maintiendra pure et foncièrement honnête dans cette épreuve de jeune fille, pour devenir plus tard une chaste épouse et une mère vraiment chrétienne.

LETTRE VI.

A UNE JEUNE PERSONNE QUI PARLE D'ENTRER EN RELIGION.

J'ai été bien surpris, ma chère enfant, du sujet de votre lettre, et je dois vous avouer que je ne m'attendais guère à cette ouverture, ni à cette consultation. Il est vrai que je ne vous ai pas vue depuis quelque temps, et à votre âge tout va vite dans la vie; on change aisément de point de vue, de pensée et d'affection.

Vous, religieuse! vous, jusqu'ici une enfant gâtée, qui n'avez connu que la tendresse de vos parents, l'indulgence de leurs amis, et les douceurs de l'existence! Vous qui aimez tant à vous amuser, à courir, à sauter, à chanter, surtout à jaser, et dont le plus grand bonheur a été de faire votre volonté, et de la faire faire aux autres!

Il est vrai qu'avec votre légèreté, vous avez une foi vive et une piété sincère, et que, toutes les fois que cela vous a été imposé en des cas graves, vous avez fait des efforts pour vous-dominer et soumettre vos désirs et vos caprices à la règle et au devoir. Vous y avez quelquefois réussi, et peut-être avec plus de mérite que d'autres. Vous avez aussi toujours eu du zèle pour la religion, de la régularité dans ses pratiques, et dans vos études de jeune fille vous vous êtes appliquée aux choses sérieuses, et vous y avez montré de l'aptitude.

Il est donc possible que Dieu ait touché votre âme d'une grâce nouvelle pour l'incliner vers lui, et l'attacher à son service. Vous le croyez, puisque cette pensée vous est venue, et qu'elle vous a préoccupée au point de sentir le besoin de me la communiquer en demandant conseil. Il y a en effet quelque chose de nouveau qui est entré dans votre esprit et qui attire votre volonté. Mais d'où vient ce nouvel attrait? Est-ce vraiment de Dieu qui vous appelle? Est-ce de votre imagination qui a subi un nouveau charme? Car, vous le savez, elle s'éprend aisément de ce qui est nouveau, et votre cœur court avec elle. Depuis quelques années je vous ai connu plusieurs passions, et plus d'un enthousiasme. Vous avez eu une passion historique, et alors il n'y avait à vos yeux d'intéressant que l'histoire. L'histoire seule, et encore la plus antique, avait votre prédilection. Puis est venu un enthousiasme littéraire, et alors vous n'eûtes plus de goût que pour la poésie et le XVIIe siècle. A cet enthousiasme a succédé l'engouement du moyen âge, et vous n'avez plus parlé que de féodalité, de vieux manoirs, de donjons, de chevaliers et de tournois, d'aventures d'armes et d'amour. Quand je vous ai quittée, c'était l'éloquence de la chaire, ou les sermons, qui avaient le privilége exclusif de votre admiration. Vous ne juriez que par Bossuet, vous ne vouliez plus lire que ses ouvrages, et certes je ne vous en ai point détournée: car j'aurais été capable d'en faire autant, tant son génie me paraît admirable!

Est-ce maintenant le tour de la vie religieuse, et ne dois-je voir dans votre préoccupation du moment qu'une vicissitude nouvelle de votre esprit mobile, tournant à tous les vents de l'horizon, jusqu'à ce qu'une influence supérieure le fixe au point de sa vocation véritable?

Ma chère Clémence, vous avez maintenant dix-sept ans, et ainsi je ne vous traiterai plus en enfant. D'ailleurs vous avez toujours été sincère dans vos goûts changeants, dans vos enthousiasmes successifs, et je crois y voir une âme qui, aimant le vrai, le beau et le bien, les cherchant sous toutes les formes de ce monde, s'agitera jusqu'à ce qu'elle les rencontre, et peut-être ne se reposera qu'en Dieu, qui en est le principe et le couronnement. Est-ce de cette hauteur que vous arrive aujourd'hui un souffle du ciel, et votre nouvelle aspiration, dont Dieu est l'objet, l'a-t-elle aussi pour cause? Cela est possible; comme aussi, cette fois encore, il se peut que votre pensée, et le désir qu'elle produit, ne soient qu'un mirage de l'imagination. C'est ce que je dois vous aider à reconnaître, par quelques paroles sérieuses qui vous expliqueront sommairement en quoi consiste la vie religieuse. Si vous voyez plus nettement ce qu'elle est et ce qu'elle exige, en revenant un peu sur vous-même, vous pourrez juger si c'est bien là ce que vous désirez, et si vous êtes capable d'y atteindre.

Comme vous le dites avec raison, ma chère enfant, la vie religieuse est la plus parfaite qu'on puisse mener sur la terre, et par conséquent la plus désirable en soi, puisque le bien seul, ou au moins l'apparence du bien, excite le désir, que le désir est plus vif à mesure que l'objet en est plus excellent, et qu'il n'y a rien au-dessus du souverain bien, qui est la source et la somme de tous les biens. Or, toute âme un peu noble, et la vôtre a certainement de l'élévation, aspire à la perfection, qui ne se trouve qu'en Dieu, le bien suprême, et par son union avec lui. Quand elle commence à entrevoir cette vérité, à sentir cet instinct sublime, ce qui arrive ordinairement à votre âge, dans son enthousiasme naissant elle voudrait se donner toute à Dieu et ne plus servir que lui. Elle voudrait faire déjà ici-bas ce qu'elle est appelée à faire dans l'éternité, ne plus vivre qu'en Dieu et pour Dieu, afin de participer à sa lumière, à sa vérité, à sa beauté, à sa bonté, à son bonheur et à sa gloire.

Il y a là un magnifique idéal, le plus élevé de tous, parce qu'il comprend tous les autres. Cet idéal a été réalisé sur la terre par la vie et la mort de Jésus-Christ, et le maître qui nous a enseigné cette perfection nous appelle tous à le suivre et à l'imiter. Donc tout chrétien qui a foi en sa parole doit tendre à s'en approcher, et pour cela mettre en pratique selon ses forces la doctrine qui nous en a indiqué la voie unique, le moyen infaillible, à savoir le renoncement à soi-même, l'abnégation de soi, pour accomplir en toutes choses la vérité, la justice et le bien, effaçant le moi et tout ce qui en ressort, et le sacrifiant à la volonté divine, qui est l'ordre suprême dans la création, la loi au-dessus de toutes les lois, et la condition absolue de la paix et du bonheur.

C'est cette immolation de soi, ce sacrifice de

l'égoïsme par le désintéressement et le dévouement de tous les jours jusqu'à la mort, que la vie religieuse doit accomplir. Comme la vertu n'a de force véritable et de mérite que par l'empire sur soi-même, par l'abnégation, et que les vertus diverses sont plus ou moins hautes, plus ou moins pures, en raison du degré de cette abnégation, la plus belle vertu, la plus parfaite, celle qui est le complément de toutes les autres, est la plénitude de la donation de soi-même à Dieu, et à ses semblables pour Dieu. En d'autres termes, elle consiste à aimer Dieu par-dessus tout, et son prochain comme soi-même, et plus que soi. C'est le premier commandement porté à sa perfection, et c'est pourquoi saint Paul a dit : « L'amour est la plénitude de la loi. »

C'est ce qui fait les héros, ma chère Clémence, à savoir le sacrifice de sa personne pour la justice, pour la vérité, pour le bien ; et à mesure que cette justice, à laquelle on se dévoue, est plus pure et plus large, à mesure que le bien, auquel on s'immole pour le faire régner sur la terre, est plus élevé, plus universel, l'homme s'agrandit, se spiritualise, et enfin il se divinise, quand tout cela est fait par le secours de l'Esprit divin et pour Dieu, qui est la vérité absolue, la pleine justice et le bien souverain.

C'est probablement ce que vous avez entrevu plus ou moins confusément. Votre cœur généreux s'est enflammé à la vue de la perfection chrétienne, que l'instruction religieuse, dont vous avez si bien profité, vous a fait concevoir. L'idéal de cette perfection, formé de bonne heure dans votre esprit, et qu'en ces derniers temps votre imagination de dix-sept ans a revêtu de toutes ses couleurs (et elle ne pouvait lui en donner de trop splendides), a éveillé dans votre âme, toute disposée à aimer, à aimer de toute sa puissance, et qui en sent vivement le besoin, un sentiment nouveau, qui l'a charmée en la pénétrant jusqu'au fond. Vous avez commencé d'aimer comme vous ne l'avez pas encore fait jusqu'ici, et, comme toujours, votre volonté s'est jetée tout entière du côté de votre amour : car dès qu'on aime, on tend à s'unir intimement à l'objet aimé. Alors, toute jeune et novice que vous êtes, vous avez suivi la logique de l'amour. Vous vous êtes dit au fond du cœur : « Je dois être tout entière à ce que j'aime ; si j'aime le bien pardessus tout, je dois m'y consacrer par mon esprit, par ma volonté, par mon corps, par toute ma personne, et je ne puis être heureuse qu'en m'y dévouant. Or, le bien par excellence, le bien souverain, qui est le principe et le complément de tous les biens, c'est Dieu, et Dieu seul ; donc, je dois me donner à Dieu ; donc, je dois entrer en religion. »

C'est très-bien raisonné, ma chère enfant ; et la conclusion me paraît sortir légitimement des prémisses. Reste seulement l'application de l'argument à la vie réelle, qui ne s'accorde pas toujours avec la spéculation, et lui échappe par quelque côté. Autrement il reste à savoir si votre volonté aura le courage et la force de suivre votre esprit dans sa voie transcendante, et si vous êtes capable de mettre en pratique ce que vous pensez si bien. C'est ce que nous verrons tout à l'heure, quand nous descendrons aux détails de la vie religieuse.

Je soupçonne aussi, et je ne crois pas me tromper, que votre goût nouveau pour le couvent, outre cette cause supérieure qui a pu l'exciter dans votre cœur sincèrement chrétien et capable d'admirer l'excellence de la perfection évangélique, a encore été aidé et fortifié par deux circonstances opposées, dont l'une, fort triste, vous inspirait de l'éloignement pour la vie du monde, pendant que l'autre au contraire vous poussait à entrer en religion, ou au moins vous attirait vers cette existence plus relevée et plus calme.

Il y a une grande infortune dans votre famille. Votre sœur, plus âgée que vous de dix années et que vous aimez tendrement, a été malheureuse en ménage, bien qu'elle ait fait un mariage d'inclination, et votre enfance, votre adolescence ont été attristées par ce spectacle continuel d'une union mal assortie, dont vous ressentiez chaque jour les pénibles effets. Tout ce que vous avez éprouvé à cet égard, pendant tant d'années, n'a pas dû vous disposer favorablement pour le mariage, et aujourd'hui que vous êtes capable de réfléchir à ce que vous avez connu, et à votre propre situation, en prévision d'un avenir qui s'approche, je comprends que vous ne soyez pas portée de ce côté, où vous n'avez vu que des luttes et des larmes. Votre imagination a de la peine à se figurer le bonheur dans un état qui a été pour ceux que vous aimez et pour vous-même si fertile en douleurs.

Je ne puis vous en blâmer, puisque en cela vous profitez d'une triste expérience. D'ailleurs on ne commande pas facilement à un cœur froissé, et qui a des répugnances raisonnables. Néanmoins ce serait mal raisonner que de conclure d'un fait particulier au général. Vous ne devez pas fuir le mariage parce que celui de votre sœur n'a pas réussi, et surtout il ne faut pas vous donner à Dieu uniquement par le dégoût des hommes et du monde, dont vous n'avez point encore fait l'expérience pour votre compte.

Souvent la peur d'un mal nous conduit dans un pire, et ce serait certainement le pire de tous les maux que de s'engager dans la vie religieuse sans une vocation bien décidée, et seulement pour se soustraire aux ennuis ou aux malheurs de la famille. A votre âge on est excessif en tout. Une impression pénible amène aisément une réaction extrême. Quand la barque penche d'un côté, on se précipite de l'autre, et l'on périt quelquefois là où l'on cherchait le salut.

Je trouve l'autre circonstance, qui a pu vous influencer en ces derniers temps, dans une indication de votre lettre. Vous me dites que depuis six mois, avec la permission de votre mère, vous vous occupez de bonnes œuvres au dehors ; et, comme vous ne pouvez aller seule chez les pauvres et les malades, vous accompagnez souvent les sœurs de charité, chargées de les visiter, et de leur porter des secours, des remèdes et des consolations. Les bonnes sœurs vous ont charmée par leur sollicitude pour les malheureux et par leur bienveillance à votre égard. Vous avez été touchée de leur dévouement, qui se fait tout à tous, et pénétrée jusqu'au fond du cœur par le calme de leur existence et la sérénité de leur personne. Elles vous ont paru belles d'une beauté surhumaine, de la beauté des anges du ciel, et involontairement vous avez comparé leur vie si simple et si relevée, faisant si peu d'embarras et cependant si utile, si pauvre à l'extérieur et si riche au dedans des grâces d'en haut, en un mot si heureuse d'un bonheur surnaturel par le dégagement même des choses de la terre, à ce que vous voyez tous les jours chez vous et autour de vous, où l'on est continuellement agité, troublé, torturé, si rempli d'inquiétudes toujours renaissantes et de prévisions funestes, en un mot si misérable au milieu des joies apparentes du monde, des dons abondants de la fortune, et de tous les raffinements du luxe.

Puis, je le vois encore par votre lettre, il y a une de ces sœurs qui vous a plu par-dessus les autres. Par ses manières, qui dénotent une bonne naissance et une éducation distinguée, et par un rapprochement d'âge, car elle n'a que quelques années de plus que vous, il s'est établi entre elle et vous une sympathie plus étroite, qui est devenue une sorte d'amitié. Votre âme expansive s'est ouverte, s'est versée dans la sienne, et, comme on est toujours porté à parler de ce qu'on désire le plus, votre cœur a parlé au sien de ce qui le préoccupe en ce moment. Elle connaît vos tristesses, vos aspirations, même vos rêveries. Elle a peut-être reçu la première confidence de votre passion nouvelle, et certes ses paroles ont dû vous encourager, en même temps qu'elle vous animait par son exemple.

Il n'y a point de mal en tout cela, ma chère Clémence, et je ne trouve point mauvais que la sœur vous ait influencée pour vous amener à la voie qu'elle suit, et qui est certainement la plus parfaite. Seulement, prenez garde de ne pas céder trop facilement à une influence, où la nature, par le charme de la sympathie et de l'affection personnelles, peut avoir autant et peut-être plus de part que la grâce, et ne vous croyez pas appelée de Dieu à la vie religieuse, uniquement parce que vous avez trouvé de la joie à faire quelques bonnes œuvres, et à converser pieusement avec de saintes et aimables filles. C'est pourquoi j'arrive maintenant aux conditions essentielles de la vie religieuse, à ses obligations positives et strictes, sans lesquelles on ne peut devenir une digne épouse de Jésus-Christ. Je vais donc vous les exposer brièvement, mais nettement, afin que vous vous examiniez consciencieusement en face de pareilles exigences, et que, laissant de côté pour l'instant la partie esthétique et romantique de cet état sublime, dont votre jeune imagination est surtout frappée, vous jugiez si vous êtes capable de les supporter et de les accomplir, non pas un jour ou plusieurs jours par quelques élans d'héroïsme, mais tous les jours et à tous les moments de votre existence, jusqu'à la mort.

La fin de la vie religieuse étant de se consacrer exclusivement au service de Dieu et du prochain, entraîne, comme moyen nécessaire, le renoncement au monde et à soi-même. « Que celui qui veut s'attacher à moi, a dit Jésus-Christ, fasse abnégation de lui-même, prenne sa croix, la porte tous les jours et me suive ! » Or, pour assurer ce renoncement, cette abnégation totale de soi, la chose la plus dure, la plus difficile à la nature, et qui s'opère par tous les degrés de la mortification, l'Église, après avoir mis à une longue épreuve les aspirants à la vie la plus parfaite, leur propose ce qu'on appelle les vœux de religion, par lesquels ils doivent s'engager pour un temps, ou pour toujours, à obéir à leurs supérieurs, à vivre dans la continence, et à se contenter du plus strict nécessaire. Ce sont les trois vœux d'obéissance, de chasteté et de pauvreté.

Le premier est certainement le plus difficile : car

il en coûte plus à l'homme de renoncer à la prétendue indépendance de sa raison et de sa volonté, qu'aux plaisirs des sens ou à la jouissance de la propriété. Il n'y a rien qui nous soit plus intime que notre volonté; c'est le moi dans ce qu'il a de plus profond, de plus personnel, et l'obéissance doit le soumettre à la volonté d'un autre, ce qui révolte notre orgueil. Or remarquez, ma chère enfant, qu'en religion, on doit obéir en conscience et sur tous les points. On a devant soi une règle qui détermine les mouvements de tous les instants, et, par-dessus la règle, la parole du supérieur chargé de l'appliquer et de l'interpréter. Ce n'est pas comme dans la famille, dans la maison de vos parents, où vous n'obéissez la plupart du temps qu'à peu près, ou même pas du tout, rusant de toutes manières pour éviter ce qui vous est désagréable, et parvenant souvent à vous faire dispenser même du devoir, à éluder, différer, atténuer ce qui vous est prescrit, à force de raisonnements, de distinctions, de discussions, ou enfin, au besoin, de caresses ou de larmes; en sorte que, en général, vous faites à peu près ce qui vous convient, et vous trouvez encore le moyen d'imposer votre volonté à tout ce qui vous entoure.

Au couvent, chère enfant, il n'y aura plus à raisonner, à discuter, à composer, et même, en vous conformant par les dehors à ce qu'on exige de vous, vous seriez encore coupable jusqu'à un certain point, si vous ne l'accomplissiez qu'à la lettre, sans y mettre tout votre bon vouloir. Du moins vous n'avanceriez pas dans la voie parfaite, qui consiste surtout à renoncer à sa manière de voir et à sa volonté propre.

Vous me direz peut-être que rien n'est plus doux que d'obéir à ce qu'on aime, et qu'aimant Dieu de tout votre cœur, il vous sera facile de lui rapporter tout et de tout supporter pour lui. Sans doute, si vous l'aimez véritablement, comme nous devons l'aimer, par-dessus toutes choses ! Mais où sont, jusqu'à présent, les signes que vous l'aimiez de la sorte, et que vous ayez reçu cette immense grâce ? Qu'avez-vous fait, jusqu'à ce jour, pour qu'on vous en croie capable ? Qu'avez-vous souffert pour son service, en témoignage de votre foi et de la sainte vérité ? Vous avez aimé vos parents qui vous aiment, quelques amis qui vous le rendent, et vous vous êtes occupée des pauvres en leur donnant de votre superflu, ce qui ne vous a pas imposé un grand sacrifice. Vous êtes aimable et charmante, quand vous avez besoin des gens et qu'on fait ce qui vous plaît. Je vous ai vue souvent de mauvaise humeur et boudeuse, quand on vous contrariait ; et vos parents eux-mêmes n'ont pas toujours été à l'abri de vos vivacités, de vos colères, quand leur volonté a tenté de dominer la vôtre et de la rappeler à l'ordre.

Puis, en religion, vous trouverez des supérieures entre Dieu et vous, entre vous et la règle. Quelque sages qu'elles soient, ou que vous le deveniez vous-même, il y a toujours de l'humain des deux côtés ; par conséquent des antipathies ou des sympathies. S'il y a antipathie, vous aurez bien de la peine à vous soumettre, et le sacrifice sera peut-être au-dessus de vos forces. Vous aurez mille raisons pour résister ou éluder, et si, en fin de compte, vous ne pouvez ni l'un ni l'autre, jugez de ce que souffre une nature qui se révolte en se voyant sous un joug qu'elle déteste. C'est l'enfer dans la maison de Dieu. S'il y a sympathie, vous risquerez d'obéir par affection naturelle, et ainsi pour votre jouissance; et alors, outre que vous perdrez le fruit principal de l'obéissance, puisqu'elle aura son motif dans l'amour de la créature, vous introduirez dans la communauté une cause de discorde, un principe dissolvant. Car les affections naturelles y amènent des relations particulières, des tendresses secrètes, qui nuisent à la charité générale, parce qu'on s'y recherche soi-même et non le bien de la communauté; et, de ces privautés, fléaux des maisons religieuses, et qu'il faut en extirper à tout prix si l'on veut les conserver pures et les maintenir dans l'esprit de leur institution, sortent des coteries, des jalousies, des scissions, et finalement la discorde.

Ne vous flattez donc point de l'illusion qu'il soit facile d'obéir. J'ai été consulté par beaucoup de personnes qui désiraient entrer en religion, et j'ai toujours remarqué que celles auxquelles l'obéissance paraissait si facile avant de l'avoir pratiquée, l'ont trouvée bien dure et même insupportable dans l'épreuve; tandis que d'autres, qui en avaient peur avant d'entrer au couvent et la regardaient comme leur plus grand obstacle, s'y sont mises avec courage malgré leur répugnance naturelle, et ont trouvé le fardeau doux et léger après l'avoir porté. Oui, ma chère enfant, rien n'est plus difficile, et j'ajouterai, rien n'est plus rare que de savoir obéir, en esprit et en vérité, surtout quand il faut le faire continuellement, comme dans la vie religieuse, sans récompense, sans exaltation, sans gloire, sans dédommagement d'aucune sorte, mais uniquement par devoir et en conscience. Les anciens disaient que la plus belle victoire est celle qu'on remporte sur soi-même. Or, pour obéir, comme on s'y engage par vœu en religion, il faut se combattre et se vaincre perpétuellement. Je livre ce premier point à votre réflexion.

Le second vous paraîtra sans doute moins difficile, car votre cœur innocent et pur n'a encore ressenti aucune atteinte de l'amour humain. Néanmoins, jusqu'à présent c'est plutôt une innocence d'ignorance que de vertu. Vous n'avez point encore été éprouvée de ce côté d'une manière sérieuse, à cause de votre âge, et parce que vous avez peu fréquenté le monde. Le peu que vous en avez vu n'a point excité en vous le désir d'en goûter davantage, n'y trouvant point de plaisir et craignant le danger. C'est quelque chose : mais l'épreuve n'est point suffisante. Votre cœur n'a pas encore parlé au milieu des hommes. Ce n'est pas une raison pour qu'il n'aime que Dieu et qu'il l'aime par-dessus tout. Il peut s'aimer beaucoup lui-même et n'aimer les autres que pour lui. Vous mettez, en effet, beaucoup d'ardeur dans vos affections naturelles et dans vos amitiés. Je vous ai déjà connu deux ou trois passions pour des jeunes filles de votre âge, et elles n'ont pas été sans orages. Ce n'est pas un indice que l'amour de Dieu règne seul dans votre âme, et qu'il pourra la remplir tout entière. Songez qu'au couvent les affections particulières sont défendues, même aux supérieures, et que les religieuses ne doivent s'aimer les unes les autres que dans l'amour commun de Jésus-Christ, ou dans la charité la plus pure et la plus élevée. On n'a pas d'amie en religion, on n'a que des sœurs, et si dans le mariage humain le cœur d'une femme doit être tout entier à son mari, en religion ou dans le mariage divin, il appartient sans partage à l'Époux céleste, et c'est une infidélité, une sorte d'adultère que de s'attacher d'amour à une créature, quelle qu'elle soit. Vous ne pourrez plus même aimer vos parents comme vous les avez aimés jusqu'ici. Il vous faudra renoncer à les voir selon vos désirs, et si même dans ces rapports, devenus plus rares, quelque chose troublait votre âme dans sa nouvelle position, il faudrait y renoncer ; car Jésus-Christ a dit : « Celui qui aime son père, sa mère, ses frères et ses sœurs plus que moi, n'est pas digne de moi. » Voyez, ma chère enfant, si, au besoin, vous seriez capable de leur faire cette peine et de la subir vous-même.

Reste le vœu de pauvreté, qui consiste, non pas précisément à ne plus rien posséder absolument, ce qui est impossible, mais à n'user de rien sans la permission des supérieurs et à vivre de la manière la plus simple, ne donnant aux besoins de l'existence que le strict nécessaire, et encore pas toujours, comme dans les ordres les plus sévères. Ainsi, vous serez habillée d'étoffes grossières, de bure, peut-être sans linge, comme chez les carmélites ou les trappistines. On vous imposera peut-être des jeûnes fréquents, une abstinence continuelle. Vous habiterez une cellule étroite et obscure. Vous coucherez sur la dure ou même sur une planche. Il vous faudra subir le froid et le chaud sans murmure, et vous n'aurez plus un objet à votre service que vous puissiez appeler vôtre, et approprier exclusivement à votre usage. Si vous vous attachez à quoi que ce soit, on vous l'ôtera, ne fût-ce que pour vous former au renoncement; et votre volonté, qui maintenant est si ardente à poser sa main sur les personnes et les choses pour s'en faire un domaine ou des instruments, n'aura plus à quoi se prendre et sera refoulée perpétuellement sur elle-même.

Vous vous croyez en état de supporter ce dénûment parce que, depuis que ce grand zèle des choses de Dieu vous a saisie, vous avez fait quelques réformes dans votre toilette. On dit même, par parenthèse, que vous la négligez trop, sans doute par anticipation. Vous avez commencé à vous habiller très-simplement, cela est vrai, mais à votre goût; et dans votre simplicité il y a encore de l'élégance. La nature s'y retrouve d'une autre manière, et il y a quelquefois une certaine vanité à se distinguer par le manque de recherche. Il y a des hommes qui brillent par leur absence, et on attire les regards en affectant de ne les attirer pas. Il y avait peut-être plus d'orgueil en Diogène dans son tonneau et avec ses haillons que dans Alexandre sous la pourpre.

En outre, accoutumée au luxe et aux douceurs de la maison paternelle, où l'on cherche tout ce qui peut vous être agréable, vous en êtes maintenant saturée, et vous n'y trouvez plus de goût. Que la privation vous en soit imposée, et peut-être l'appétit reviendra-t-il, ne fût-ce que par l'esprit d'opposition inné au cœur de l'homme depuis le péché. Les Israélites, qui avaient quitté l'Égypte avec tant de joie pour aller chercher la Terre promise, ne furent pas longtemps au désert sans regretter ce qu'ils avaient laissé, et ils se dégoûtèrent même de la nourriture céleste que Dieu leur donnait chaque jour miraculeusement dans leurs pérégrinations. Peut-être vous en arrivera-t-il autant, ma chère Clémence; et, avant d'entrer au désert et de quitter le monde où vous avez vécu si longtemps, il serait à propos de vous examiner sérieusement et de bien savoir ce que vous cherchez, afin de ne pas vous exposer plus tard à murmurer contre Dieu, à regretter ce que vous aurez quitté, et à dédaigner les grâces reçues.

Enfin, par-dessus tout cela, quand vous aurez achevé votre noviciat et prononcé vos vœux, on vous appliquera peut-être à des fonctions que vous n'aimerez pas. Vous avez du goût pour soigner les malades, et l'on vous mettra aux écoles. Vous préférez instruire les enfants, et l'on vous enverra dans un hôpital ou dans une prison. Vous avez du penchant pour la vie contemplative, l'on vous jettera dans la vie active, et, si cette dernière vous plaît davantage, on vous astreindra peut-être à l'autre. En un mot, on disposera de votre personne, de vos facultés, de votre temps, de votre travail, de vos forces, non pas d'une manière déraisonnable ou violente, mais dans l'intérêt de la communauté à laquelle vous appartiendrez, c'est-à-dire pour la plus grande gloire de Dieu qu'elle doit chercher avant tout, pour le bien du prochain auquel elle est consacrée. Tout se fera sans vous consulter, sans pactiser avec vos goûts, sans s'inquiéter de vos préférences, ne fût-ce que pour mettre votre obéissance à l'épreuve et vous exercer à l'abnégation. Vous serez comme le soldat sous les armes : on lui dit d'aller là et il y va, de venir ici et il y vient. Quand son chef a parlé, il doit marcher ou s'arrêter, même en face de la mort. Voilà, ma chère enfant, ce à quoi votre liberté doit se résoudre, ce qu'elle doit accepter. Voyez devant Dieu si vous vous en sentez capable.

Que conclurai-je de tout cela? car il faut que je vous donne une conclusion, puisque vous me consultez. Vous dirai-je que vous n'êtes pas appelée à la vie religieuse? Non vraiment : car, si cette pensée vous est venue à l'esprit et ce désir au cœur, il est possible que Dieu vous ait éclairée de sa lumière et touchée de sa grâce. Il choisit souvent des instruments que la prudence humaine ne peut soupçonner, soit parmi les plus faibles qu'il revêt de sa force, et sa puissance en éclate davantage, soit même parmi des vases de colère, dont il fait des vases de miséricorde par un miracle de sa bonté et pour manifester sa gloire. Car, si nous ne pouvons rien de bon par nous-mêmes, nous pouvons tout en celui qui nous fortifie. Saint Paul, en quittant Jérusalem avec la commission de persécuter les chrétiens, qu'il avait sollicitée et qu'il était bien décidé à exécuter dans toute sa rigueur, saint Paul, plein de fureur et de menaces, et entouré de soldats, complices et satellites de ses projets homicides, n'avait pas l'air à coup sûr d'un apôtre futur de Jésus-Christ sur le chemin de Damas; et, même après qu'il eut été renversé, converti et consacré, les fidèles avaient peine à y croire. Plus d'un religieux célèbre, plus d'un fondateur d'ordre a commencé par être un ennemi de Dieu, ou au moins un adorateur du monde. Certes, vos antécédents ne sont pas aussi fâcheux, et on peut revenir de plus loin que vous. Personne jusqu'à présent ne peut donc dire absolument que vous n'avez point de vocation.

Seulement, comme vous êtes très-jeune et en outre

d'un caractère léger, impressionnable et prompt à réagir, s'enthousiasmant facilement et poussant ses désirs jusqu'à la passion, ce qui pourrait vous faire illusion à cause de votre manque d'expérience, je vous dirai simplement :

Nous ne connaissons encore votre vocation à la vie religieuse que par ce que vous en dites. Votre vie jusqu'à ce jour ne nous en montre pas d'indices suffisants. Vous-même vous ne connaissez pas tout le sérieux de ce genre de vie, et vous ne l'avez peut-être jugé qu'à travers votre imagination et par un entraînement généreux de votre cœur.

Je viens de vous en exposer les conditions principales. Vous allez donc commencer à vivre en face de ces conditions, afin d'essayer sincèrement de les accomplir dans votre position actuelle et autant qu'elle le permettra.

Vous vous efforcerez dorénavant de pratiquer l'obéissance la plus exacte, à l'égard de vos parents, de vos maîtres, de tous ceux qui ont quelque autorité sur vous.

Vous garderez soigneusement vos sens, votre imagination et votre cœur, de tout ce qui pourrait en ternir la pureté.

Enfin, vous commencerez à vivre aussi pauvrement qu'il se pourra dans la maison paternelle, vous privant volontairement de tout ce qui ne sert qu'au plaisir, au luxe et à la vanité, vous réduisant aux choses nécessaires ou étroitement convenables.

Par cette triple mortification à laquelle vous vous astreindrez, vous essayerez de discipliner vos sens, votre raison et votre volonté. Vous verrez déjà jusqu'à quel point vous pourrez les réduire, et de cette manière, sans bruit, sans ostentation, sans mettre le monde dans vos confidences et surtout sans vous afficher, vous ferez très-simplement un apprentissage du renoncement à soi et au monde, et de l'abnégation religieuse. Quand vous aurez ainsi passé plusieurs années, jusqu'à votre majorité, par exemple, dans ces exercices renouvelés tous les jours, avec la prière constante que Dieu vous éclaire sur ce qu'il demande de vous, et qu'il vous fasse la grâce, en vous le montrant par des indications providentielles, de vous accorder aussi la bonne volonté et la force de l'accomplir, je vous le garantis, ma chère enfant, un jour ou l'autre vous saurez certainement à quoi vous en tenir, et alors vous entrerez avec confiance et courage dans la voie qui vous sera ouverte. Jusque-là, croyez-moi, n'inquiétez pas, n'affligez pas vos parents par des démarches hâtives ou des paroles inconsidérées, et ne vous compromettez pas devant le monde qui n'aime pas qu'on le quitte, et qui cependant vous jugerait sévèrement, si vous lui reveniez après avoir fait mine de le quitter.

LETTRE VII.

A UNE DEMOISELLE QUI VEUT SE MARIER CONTRE LE GRÉ DE SES PARENTS.

Votre lettre, ma chère enfant, m'a causé beaucoup de peine, d'abord par l'expression de la vôtre, et ensuite par la vue de la triste position où vous êtes engagée. Vous voici donc en désaccord avec vos parents sur l'acte le plus important de votre vie, et qui doit décider de votre avenir. Votre cœur s'est laissé prendre ou s'est donné sans avoir consulté ni votre mère, ni votre père, ni moi, ni personne qui pût vous donner un sage conseil, éclairer votre inexpérience, et maintenant vous venez nous dire : « J'aime ce jeune homme, et je sens que je ne puis être heureuse qu'avec lui. » Vos parents, auxquels la chose ne convient pas, ne veulent point y consentir, malgré vos prières et vos larmes, et vous voilà en guerre avec votre famille au dehors, et au dedans toute remplie d'une passion qui vous trouble, et dont les agitations, s'accroissant par les obstacles et par votre faiblesse, vous jettent dans une voie périlleuse, dont on ne peut prévoir l'issue. Ce n'est pas seulement votre bonheur ici-bas qui est compromis, c'est encore le salut de votre âme. Car qui peut dire au flot de la passion : « Tu n'iras que jusque-là ! » Et une fois abandonnée à la tentation, votre volonté, qui n'est plus maîtresse d'elle-même, peut être emportée plus loin que vous ne pensez. Une fois hors du sentier de l'ordre, il n'y a plus de limites ni de barrière. On est lancé dans l'indéfini du désordre, et ainsi vous jouez en ce moment tout votre avenir.

Vous savez, chère enfant, combien je vous suis attachée en Notre-Seigneur. Je vous ai conduite si longtemps dans la vie chrétienne, et, jusque dans ces derniers temps où j'ai été obligé de m'éloigner, vous m'aviez donné tant de consolations, que je serais désolé de vous voir faire naufrage au port. Or, ce port que je rêvais pour vous, c'était un mariage convenable sous tous les rapports, un mariage vraiment chrétien, qui répondît tout ensemble aux besoins de votre foi, à ceux de votre cœur et aux exigences de votre position dans le monde. Jugez de mon désappointement, quand j'apprends par votre lettre que vous vous êtes engagée, autant que vous le pouvez faire, à un jeune homme que vous connaissez à peine, sans nom et sans fortune, et qui n'a pu gagner votre affection que par des avantages extérieurs, ou des qualités plus brillantes que solides !

Vous le connaissez à peine : car, comme il n'est pas reçu dans votre famille, vous n'avez pu le voir qu'en passant, dans les réunions du monde, dans les salons, ou dans quelques rencontres fortuites ou arrangées, mais toujours hâtées et passagères.

Une fois éprise et par conséquent gagnée, vous n'étiez plus apte à le juger. Vous deveniez un témoin partial, infidèle de bonne foi, parce qu'il est trompé. Car on voit toujours d'un œil favorable ce qu'on aime. On se fait illusion à plaisir dès qu'on regarde à travers le prisme de la passion, qui confond dans ses couleurs éclatantes les vertus et les vices. La preuve, c'est que quand le prisme se brise, et cela arrive toujours, mais souvent trop tard, on ne voit plus à l'œil nu toutes ces perfections imaginaires qui charmaient tout à l'heure, et l'on a peine à retrouver les vestiges de ce qu'on avait tant admiré. Il est évident qu'un homme qui recherche une jeune personne, doit se parer à ses yeux, autant qu'il le peut, des qualités et des vertus qui peuvent la toucher. C'est une sorte de toilette morale qui est de rigueur dans ces circonstances, comme celle du corps. Vous n'avez pu voir que cela dans celui auquel vous vous êtes attachée, c'est-à-dire ce qu'il y a de plus superficiel, de plus conventionnel. Je vous le demande, est-ce là une expérience suffisante pour juger un homme auquel vous voulez livrer toute votre vie? Et croyez-vous que la beauté de son visage, sa tournure élégante, le son agréable de sa voix et même sa conversation plus ou moins spirituelle, qui vous ont séduite, puissent vous garantir les qualités solides du dedans, à savoir la piété, la probité et les sentiments élevés et délicats, qui seuls rendent un mariage vraiment digne et heureux?

Je crois à la sincérité de votre affection, puisque vous l'avouez tout haut; et certes cet aveu a dû vous coûter. Non-seulement vous l'avouez, mais vous semblez vous en faire gloire, ou du moins y avoir attaché votre destinée, puisque vous ne craignez pas à ce sujet de vous mettre en opposition déclarée avec vos parents, avec votre famille, avec tous ceux qui vous aiment le plus. Assurément vous n'iriez point à cette extrémité si votre cœur n'était pris, si vous n'étiez passionnée. Mais, chère enfant, la passion, si sincère qu'elle soit, peut être une folie, l'effet d'une surprise du cœur, d'un mirage de l'imagination. Elle peut donc n'être pas fondée dans la réalité, ou être mal fondée. Je ne connais pas celui qui est l'objet de la vôtre, et ainsi je me garderai bien de dire qu'en lui-même il n'en soit pas digne. Mais, par tout ce que vous m'écrivez, et en vertu de ma vieille expérience qui s'est trouvée mêlée à tant de choses, j'ai le droit de vous dire que vous marchez en aveugle; d'abord parce que l'amour soudain l'est toujours, et ensuite parce que réellement vous ne connaissez point à fond celui que vous aimez, ni dans son esprit, ni dans son caractère, ni dans ses habitudes, ni dans sa manière de vivre, et qu'ainsi votre attachement, qui aspire à lier à votre sort pour toujours un être dont vous ignorez l'intérieur, ne tient qu'à des apparences plus ou moins trompeuses et à des sympathies superficielles.

Quant à son affection pour vous, elle ne me surprend pas. Mais, je ne puis vous le cacher, elle m'est suspecte. Je la crois plus solide, plus raisonnable que la vôtre, en ce sens que non-seulement il est charmé de vos avantages extérieurs, mais qu'il peut encore être attiré par votre fortune, lui qui n'en a aucune, et par l'honneur de votre nom, puisqu'il n'en a point lui-même. Sa situation sociale n'est donc point au niveau de la vôtre. Ce jeune homme peut être honnête et avoir toutes sortes de mérites, je l'accorde.

Mais enfin, sans fortune et sans nom, il a son chemin à faire dans le monde, sa place à trouver, et l'on peut croire, sans lui faire tort, qu'un mariage riche et distingué ne lui paraît point inutile à cette fin.

A ces mots votre délicatesse va se récrier, et peut-être vous aurai-je blessée sans le vouloir, car Dieu sait que je ne voudrais pas ajouter à vos peines. Vous êtes convaincue, et devez l'être puisque vous l'aimez, que M. X.... est l'homme du monde le plus désintéressé et en même temps le plus fier, et qu'en voulant devenir votre époux, c'est votre personne qu'il recherche, et non votre fortune et une position. Sans doute il vous l'a dit cent fois et vous le croyez ; il le croit peut-être lui-même. Mais tous les amoureux parlent de la sorte. Il n'y a pas de gens plus désintéressés en apparence, jusqu'à ce qu'ils soient parvenus à leur but. Cependant, en général, il n'y a qu'eux de leur avis, et malheureusement aussi les personnes qui écoutent leurs protestations, et se plaisent à y ajouter foi. Vous voyez que vos parents ne partagent point votre opinion à cet égard, puisque, eux qui vous chérissent si tendrement et qui jusqu'à présent ont été si heureux de satisfaire presque tous vos désirs, résistent si vivement cette fois, et ne peuvent consentir à ce qu'ils appellent votre aveuglement et votre malheur. Je pense comme eux, ma chère enfant, en cette circonstance, bien qu'il m'en coûte de froisser votre cœur ; et, sans vous sermonner le moins du monde, m'adressant simplement à votre bon sens que je ne crois pas encore détruit par la passion, je veux vous dire amicalement la raison de ma désapprobation, et pourquoi je ne puis prendre votre parti dans cette affaire.

Il me semble que vous ne vous faites point du mariage une idée exacte, et qu'ainsi vous ne voyez pas en ce moment toutes les conditions qu'il requiert pour être un lien solide et heureux. L'union des cœurs, ou l'affection réciproque, est sans doute la condition principale, puisque les deux parties doivent s'engager de leur pleine volonté et par un consentement libre à vivre ensemble dans la communauté la plus intime, pour constituer une famille et élever les enfants qui naîtront de leur alliance. Mais cette affection, qui doit toujours être au fond de cet engagement, et que trop souvent, je le déplore, on subordonne aujourd'hui à des considérations d'un autre ordre, ne suffit pas non plus à elle seule pour garantir la moralité et la dignité du mariage. Car elle peut n'être qu'une flamme légère, allumée par les sens, par la concupiscence de la chair, par l'imagination, et alors elle risque de n'être pas plus durable que ce qui l'a produite. L'affection du cœur ne prend de la solidité que si elle est confirmée d'un côté par une estime mutuelle, et de l'autre par des garanties religieuses et sociales, dont les unes sanctifient l'engagement des volontés et les autres sanctionnent le contrat moral. En un mot, pour constituer un vrai mariage, il faut joindre à l'union des cœurs un serment religieux et un contrat civil. L'homme, composé d'une âme et d'un corps, s'il veut agir conformément à la dignité de sa nature et ne point se dégrader, ne doit rien faire sans remplir les conditions essentielles de sa vie morale et sociale, c'est-à-dire sans l'autorité de la loi divine et de la loi humaine. C'est pourquoi partout, même chez les païens, la religion bénit les mariages et la loi civile les ratifie. Chez les chrétiens, dans l'Église, où la parole et le sang de l'Homme-Dieu ont transfiguré et surnaturalisé tout ce qui est bien, le mariage est devenu, par la vertu divine qui scelle le consentement des époux, un sacrement, une chose sacrée, et il n'est valide et légitime qu'à cette condition. C'est pourquoi, d'après la loi religieuse et la loi civile, vous ne pouvez vous marier avant un certain âge sans le consentement de vos parents, qui répondent de vous devant Dieu et devant les hommes jusqu'à cette époque. Mais vous êtes loin de ce terme, ma chère enfant, et, si vous persistez dans votre désir et vos parents dans leur refus, qu'allez-vous devenir pendant cinq ou six années, en opposition permanente au milieu de votre famille, la rendant malheureuse par ce qu'elle appellera votre obstination, et vous faisant à vous-même l'existence la plus triste, la plus inquiète, la plus troublée, seule à la maison contre tous, désapprouvée par tous ceux qui vous aiment véritablement, et n'ayant pour soutien ou pour consolation au fond du cœur qu'un amour coupable, puisque vos parents le condamnent. Votre passion risquera chaque jour de devenir criminelle par tout ce que vous tenterez, et ce qu'un autre s'efforcera de faire ou de vous amener à faire, pour lui donner quelque satisfaction. Qu'arrivera-t-il, ma chère enfant, dans une situation aussi fausse, aussi tendue, si longtemps prolongée? Tout est possible, et il faut bien peu de chose pour amener un éclat, un orage, un coup de tête ou une faute, peut-être un crime. La passion contrariée s'accroît presque toujours; elle s'irrite par les obstacles. Le fruit défendu a ordinairement le plus de charme. Votre cœur est pur et honnête, je le sais; il sera préservé longtemps par la pudeur naturelle et par votre foi. Mais êtes-vous sûre que votre piété ne faillira pas, quand vous serez ouvertement et continuellement hors de l'ordre, quand vous violerez tous les jours sciemment et volontairement le devoir principal d'une fille chrétienne, en ne rendant point à vos parents l'honneur et l'obéissance qui leur sont dus? Et si ce frein vient à manquer, oh! ne comptez plus sur vous-même pour vous retenir sur la pente où vous glisserez! Votre vertu défaillera peu à peu sous les efforts redoublés de la passion. Songez d'ailleurs que par la passion même qui vous domine, vous ne vous appartenez plus. Vous n'êtes plus maîtresse de votre cœur, dont un autre s'est emparé, et celui-là, qui vous enflammera de l'ardeur de ses désirs, et que tous les motifs poussent en avant, vous entraînera peut-être plus loin que vous ne pensez, jusqu'à l'oubli ou le sacrifice de vous-même. « Car, dit la parole sacrée, celui qui s'expose imprudemment au danger y périra! »

Oh! certes, je prierai Dieu de toute mon âme pour qu'il n'en soit point ainsi, et, malgré mes inquiétudes, j'espère que vous serez préservée, et que votre famille n'aura point à rougir de vous. Mais enfin qu'arrivera-t-il alors? Êtes-vous sûre que celui que vous aimez se résignera à attendre si longtemps, et que sa constance égalera la vôtre? Oui, ou non; et dans les deux cas, votre position est cruelle.

Se décourage-t-il? vous voilà affichée, compromise par une passion romanesque qui, après avoir consumé en vain les plus belles années de votre jeunesse, rendra impossible, ou au moins très-difficile, un autre établissement. Vous passerez dans le monde pour une personne exaltée, qui met son imagination et ses sentiments au-dessus de ses devoirs, et la malignité de plusieurs donnera à entendre que vous n'êtes pas sortie intacte d'une liaison si longue et si agitée. Et vous, qui aurez aimé sincèrement, et qui aimerez peut-être encore quand vous ne serez plus aimée, car les cœurs de femme sont ainsi faits, vous vous dévorerez dans les derniers feux d'une affection brisée, et vous garderez au fond de l'âme une blessure longtemps saignante, que le temps pourra cicatriser, mais toujours prête à se rouvrir avec douleur par vos souvenirs et à la première occasion. Je ne veux pas vous peindre tout ce qu'il y aura dans votre cœur d'amertume et d'indignation, à vous voir délaissée par un homme que vous aviez élevé jusqu'à vous, et sacrifiée pour un ingrat ou pour un lâche.

Si vous persévérez tous les deux jusqu'au bout, alors à l'heure si impatiemment attendue comme l'heure de votre délivrance, et qui sera peut-être celle de votre servitude, il vous faudra vous présenter hardiment au magistrat et au prêtre, vos sommations respectueuses à la main, et vous leur direz : « Vous êtes obligés de me marier maintenant, malgré mes parents, malgré ma famille, malgré tous mes amis. » Peut-être serez-vous réduite à marcher seule à l'autel, ou entourée d'indifférents, pour accomplir un acte aussi solennel. Ou si vos parents, qui vous aiment si tendrement, consentent par pitié à ne pas vous abandonner en un tel moment, ils mêleront des larmes à leurs prières, et le jour de vos noces, qui était autrefois pour eux un objet d'espérance et de joie, sera enveloppé des voiles funèbres de leur douleur et de leurs tristes pressentiments. Ils vous conduiront à l'autel comme à une tombe, et ce sera pour eux le tombeau de votre dignité et de votre bonheur.

Puis lorsque, devant ce même autel, le prêtre proclamera à haute voix que, si dans l'assemblée quelqu'un connaît des empêchements légitimes à ce mariage, il doit se lever et parler; au fond de votre conscience, vous entendrez la voix de votre père, de votre mère, de tous les vôtres, qui protesteront en silence, au moins par leur chagrin, et ces protestations muettes, qui n'auront point de valeur devant les hommes, monteront devant le trône de Dieu, auquel on peut toujours en appeler. Quand le prêtre vous demandera : « Vous consentez à prendre pour époux M. X.... ici présent? » Tout haut vous répondrez *oui*, et tout bas, en vous-même, vous entendrez ces paroles : « Tu le prends malgré tes parents, et ainsi sur ta tête seule doivent retomber toutes les conséquences de ton choix, car toi seule l'as voulu, et malgré tous les tiens. »

Alors vous recevrez cette bénédiction nuptiale tant désirée, mais dans quelle disposition devant Dieu et les hommes ! Les sacrements, qui ont toujours leur vertu divine, tournent au malheur de ceux qui les reçoivent indignement, et le don de Dieu, dont on abuse, peut devenir une source de misère : comme son soleil et sa pluie, qui fécondent la nature, en certains cas brûlent la terre ou en corrompent les produits. Aurez-vous la conscience d'être agréable au Père céleste en un pareil moment, après avoir violé obstinément l'un de ses commandements les plus sacrés, celui qui est le fondement du bon ordre dans la famille et dans l'État : « Tu honoreras tes père et mère afin de vivre longuement? » Loin de leur accorder cet honneur, c'est-à-dire le respect et la déférence qui leur sont dus de droit divin, vous aurez déshonoré leur autorité en la repoussant, en la rendant impuissante par une volonté constamment opposée à la leur. Vous aurez, autant qu'il est en vous, détruit l'ordre et le bonheur de votre famille. Oh! ma chère enfant, quelle manière d'en commencer une nouvelle! et quelles bénédictions pouvez-vous attendre pour votre union et les enfants qui en sortiront, si vous agissez vous-même en enfant rebelle, ébranlant de vos propres mains la puissance que vous exercerez un jour? On est toujours puni par où on a péché. Nous sommes nous-mêmes, par nos fautes et leurs conséquences, les instruments de la justice divine à notre égard, nos propres bourreaux. N'est-il pas à craindre que vos enfants ne vous fassent subir un jour toutes les douleurs dont vous aurez accablé les auteurs de vos jours?

Cependant après les premiers mois, que vous irez sans doute passer à l'étranger pour être tout entière à votre amour satisfait, il vous faudra revenir à Paris et y former votre établissement. Alors commenceront pour vous de nouveaux soucis, auxquels vous ne songez nullement aujourd'hui que vous êtes absorbée par la passion. Votre père mécontent ne vous donnera juste que ce qu'il ne peut vous refuser, et votre futur n'a ni place, ni fortune. Je veux croire qu'il a de l'intelligence, de la capacité et du courage, et qu'ainsi il parviendra à se faire une position. Mais cela ne se fait pas en un jour, ni même en une année, et, en attendant, il faudra vivre et vivre honorablement aux yeux du monde, comme il convient à votre rang. Vous avez été habituée à une grande aisance, au luxe même, et vous vous trouverez dans la gêne. Un ménage à Paris coûte fort cher, surtout dans certains rangs de la société. Vous ne voudrez pas avoir l'air de déchoir, justement parce que vous serez déchue. Vous tiendrez tête à la mauvaise fortune, et, pour sauver les apparences et votre vanité, vous serez entraînée à dépenser plus que vous n'avez, et de là une inquiétude incessante, qui pourra dès le commencement troubler la paix de votre intérieur.

En outre, vous verrez peu vos parents, parce que la présence de votre mari ne leur sera point agréable. Vous serez gênée au milieu d'eux et de vos relations habituelles, et ainsi le cercle de votre société se réduira peu à peu aux amis de votre mari, lesquels n'étant point de la même condition que vous, n'auront ni vos goûts, ni vos habitudes, ni vos manières. Ils vous trouveront précieuse ou fière, et ils s'en plaindront à votre mari, qui vous le redira. Lui, de son côté, ne trouvant dans votre famille qu'indifférence glaciale ou hostilité secrète, vous entraînera dans sa compagnie ordinaire, et vous sentirez bientôt que vous avez abaissé votre situation et que vous n'êtes point dans le milieu qui vous convient. Vous serez donc froissée quand vous irez chez les vôtres, parce qu'on n'y traitera pas votre époux comme vous le voudriez. Vous serez blessée chez les siens, parce que vous n'y trouverez pas le ton et les égards auxquels vous êtes accoutumée, et vous vous heurterez l'un l'autre, parce qu'il vous rendra responsable des affronts qu'il aura à dévorer dans votre famille, et que vous vous plaindrez à votre tour de ce que vous aurez à supporter dans la sienne. Autre cause, qui ajoutera encore au trouble du ménage !

En un mot, ma chère enfant, vous serez déclassée, et vous en sentirez bientôt les inconvénients par toutes sortes de mécomptes, de déboires, de blessures et de piqûres d'épingle, qui vous rendront la vie dure, et dont cependant vous ne pourrez vous préserver, parce que ce seront les effets inévitables de la position fausse où vous vous serez placée vous-même. J'ai vu à l'épreuve plusieurs mariages de ce genre, et ils n'ont pas été heureux.

D'abord, l'enthousiasme du roman qui a précédé de plusieurs années une telle union, et où la passion s'est exaltée au plus haut degré par les obstacles (car l'homme n'aime passionnément que ce qu'il n'a pas, ou ce qu'il craint de perdre), cet enthousiasme, sans cesse excité et ravivé par les efforts et les émotions de la lutte, a nui d'avance à la réalité, et il tombe presque toujours, ou au moins se refroidit singulièrement, dès qu'on entre en possession de ce bien si longtemps rêvé, poursuivi, où on a placé tout son bonheur. On s'était figuré un héros ou un ange! On a tout fait pour entretenir cette illusion ; et puis, quand on se trouve en face l'un de l'autre toute la journée et sans contrainte, on est étonné de rencontrer un homme ou une femme comme un autre, quelquefois moindre qu'un autre, et certainement toujours au-dessous de l'idéal imaginé. C'est le désappointement ordinaire de ces mariages amenés à grand renfort de passion. On croyait entrer au ciel, et on se retrouve à terre; ce qui n'arrive pas aux alliances raisonnables, qui, sans exclure l'affection, accordent une plus grande part à l'estime, et donnent plus qu'elles n'avaient promis. Alors, au lieu de ce désenchantement, si cruel à son cœur qui a mis toute sa vie dans son époux, la femme, au contraire, découvre chaque jour avec bonheur, dans celui qu'elle aime, des qualités solides ou aimables qui justifient son choix, et la rassurent pour l'avenir.

Ensuite, la société a ses convenances, ses mœurs, ses habitudes, ses préjugés même, si vous voulez, comme elle a ses lois ; et, si l'on veut y vivre tranquille et avec honneur, il faut bien se garder de les violer ou de les heurter. Autrement on se lance dans une voie fausse, non frayée, dans une espèce de traverse, où l'on ne peut plus avancer qu'avec peine : et encore, en marchant on ne gagne rien, parce que ce chemin, tout hérissé d'obstacles, n'a point d'issue et ne mène à rien ; et, comme on s'est éloigné volontairement des routes tracées et des voies communes, on a peu de chances de trouver des secours et des renforts. On risque donc de s'y embourber et de s'y débattre toute sa vie.

Enfin, pensez aussi à vos enfants et à leur sort futur. Si vous avez un fils, il devra porter le nom plébéien de son père, et celui de sa mère ne servira qu'à faire ressortir la dégénération de sa naissance. Quelle figure fera-t-il un jour au milieu de votre parenté, où il ne sera reçu que par tolérance, où chaque rebut qu'il essuiera vous retombera sur le cœur, et vous fera plus vivement sentir et peut-être regretter l'imprudence ou la faute de votre jeunesse ? Votre fils lui-même ne pourra-t-il pas un jour vous adresser d'amers et de cruels reproches ? Mais enfin, si vous avez déchiré le cœur de vos parents par votre désobéissance, pourquoi à son tour votre fils ne briserait-il pas le vôtre par un outrage, indigne dans sa bouche, mais au fond mérité par sa mère ? Ainsi s'accomplit souvent la justice divine.

Si vous avez des filles, comment les établirez-vous avec un nom obscur et une fortune amoindrie? Il faudra donc aussi qu'elles épousent un bourgeois, ce qui sans doute ne serait pas en soi un malheur, si ce bourgeois est un homme honnête et capable; mais pour elles, et surtout pour vous, ce sera probablement une peine, puisque vous tenez aux grandes familles du pays, et que vous avez été habituée à l'éclat du nom et de la position sociale.

En vérité, ma chère Clémence, en face de tant d'inconvénients qui viendront chacun en son temps, soyez-en sûre (et c'est pourquoi j'ai à cœur de vous les signaler d'avance, pendant qu'il est encore temps de les prévenir), je ne comprendrais pas votre persistance dans cette voie, quelle que soit la passion qui vous préoccupe. Je ne concevrais pas non plus, si vous les exposez franchement à celui qui a captivé votre cœur, qu'il s'obstinât à vous posséder à ce prix. Je ne le connais pas, ou du moins je ne le connais que par ce que vous m'en avez écrit avec l'enthousiasme de votre amour; mais vraiment, s'il est, comme vous me l'assurez, aussi distingué par les sentiments du cœur que par les qualités de l'esprit, s'il a de l'intelligence, de la délicatesse et de l'honneur, il doit reculer devant votre abaissement et le sien. Car il s'abaisserait, s'il a quelque fierté dans l'âme, en vous épousant pour votre fortune ; et, aux yeux d'un homme de cœur, ce sera toujours une honte de devoir son élévation et son existence à l'affection surprise d'une jeune fille. S'il passe outre après cela, j'ose vous le dire, ce sera une lâcheté. Et alors quel époux vous aurez pour le reste de votre vie, et quel père auront vos enfants !

Peut-être à tout cela répondrez-vous, dans le délire de la passion que vous prendrez pour du dévouement, et vous vous en ferez gloire : « Eh bien, soit ! que tout cela arrive et plus encore, j'y consens. J'accepte tout, les disgrâces de ma famille, les humiliations, les déboires, la pauvreté même, et j'accepte pour lui. Il est doux, il est beau de se dévouer à ce qu'on aime, et je m'offre en victime afin d'assurer son bonheur. Au moins son cœur me restera ; il me dédommagera de toutes mes pertes, et, si je me donne toute à lui, comment ne vivrait-il pas tout entier pour moi ? Au défaut de son amour, auquel je crois comme au mien, l'honneur et la reconnaissance lui en feraient un devoir, et j'y compte ! »

Hélas ! ma chère enfant, je vous le dis avec peine, mais avec l'autorité que donne une longue expérience des hommes : n'y comptez pas. Il vous adore maintenant, je veux le croire ; il vous adorera encore pendant quelque temps, et vous jouirez avec transport de cette idolâtrie. Mais elle aura son terme comme tout ce qui n'est pas dans l'ordre, et parce que c'est une idolâtrie. On finit toujours par briser les idoles parce qu'elles sont les ennemies de la vérité, et plus on les avait encensées dans la démence de la passion, plus on les dédaigne quand leur prestige est dissipé. Or rien ne détruit plus vite le prestige de l'amour que la possession de la réalité. L'habitude de la jouissance émousse les désirs, et l'on n'estime plus au même prix le bien qu'on peut avoir tous les jours. Les hommes sont inconstants de leur nature, et vous en pourrez faire la triste épreuve plus tôt que vous ne pensez. Rien n'est plus instable que les passions humaines, surtout si elles sont excitées par la beauté ou les avantages extérieurs. Encore une fois, je vous le dis, cet homme ne vous a point assez vue pour vous connaître à fond et savoir tout ce que vous valez, et vous-même, sur ce point, vous n'êtes pas plus avancée à son égard.

Il n'y a donc entre vous que des semences légères d'affection qui ont levé promptement, parce qu'elles sont tombées en des terres peu profondes, dans les sens, dans l'imagination. Elles fleurissent maintenant, et leurs parfums vous enchantent. Mais c'est dans le mariage qu'elles devront porter leurs fruits, et je crains bien que les ronces et les épines de cette situation nouvelle ne les étouffent rapidement, parce qu'elles ont peu de racines.

Quant à l'honneur, qui doit vous le tenir attaché, c'est une pure illusion. On n'aime point par honneur, et les égards, qu'on peut avoir pour celle qu'on a aimée, ne sont plus de l'amour et ne vous satisferaient pas. Ce serait tout au plus la politesse dans le mariage, et rien n'est plus froid que la politesse, surtout entre d'anciens amis. Encore est-ce quelque chose, et vous serez peut-être trop heureuse de l'obtenir un jour.

La reconnaissance est un fardeau dont les hommes se débarrassent le plus vite qu'ils peuvent. Elle les charge et les humilie dans leur orgueil, surtout quand on leur rappelle les bienfaits reçus.

> Un bienfait reproché tint souvent lieu d'offense.

Je vous plains, si jamais vous êtes obligée d'en venir à ces récriminations, et d'en appeler au passé pour restaurer le présent. D'ailleurs votre mari subira comme vous les ennuis de votre fausse position, il en souffrira à sa manière, et ne se trouvant pas plus heureux que sa femme, il lés rejettera sur elle, parce qu'ils lui viendront de sa famille ; et ainsi, loin de vous tenir compte de ce que vous aurez fait pour lui, oublieux du passé et irrité du présent, il en arrivera peut-être à regretter sa liberté et à vous accuser de son malheur.

J'ai terminé, ma chère enfant, ma pénible tâche, et, aux efforts que j'ai dû faire pour vous éclairer sur votre situation et vous dire des vérités si dures, vous reconnaîtrez, je l'espère, combien j'aime votre âme, et voudrais la sauver de ce danger. Cependant il faut conclure par quelque chose de pratique, et voici ce que je vous propose.

Vous ne pouvez rien faire aujourd'hui de décisif pour réaliser vos désirs, puisque vous n'avez pas l'âge des sommations respectueuses. Consentez donc à subir une épreuve d'une année, pendant laquelle vous promettrez solennellement à Dieu et à vos parents de ne point revoir ce jeune homme, et de n'avoir avec lui aucune communication. Pour vous faciliter l'accomplissement de cette promesse, vos parents vous mèneront à l'étranger. Vous voyagerez avec eux, et il sera facile d'utiliser ce voyage. Vous pourrez, par exemple, visiter l'Italie, que vous avez toujours désiré voir, et qui vous fournira amplement de quoi vous occuper d'une manière intéressante et agréable, puisque vous avez le goût des arts, surtout de la peinture et de la musique. Je ne prétends pas vous guérir uniquement par des distractions. Elles réussissent peu avec les âmes vigoureuses, qui n'abandonnent facilement ni leurs idées ni leurs affections, quel que soit le milieu où on les place. Mais vous êtes chrétienne, vous avez une foi vive et la crainte d'offenser Dieu, comme vous l'avez prouvé en mainte occasion, et je suis convaincu que, si vous aviez la certitude qu'il désaprouve vos projets, vous y renonceriez. Eh bien ! il faut aller le consulter d'une manière extraordinaire en ce moment critique de votre vie. Vous irez à Rome, dans la capitale du monde catholique, comme en pèlerinage. Vous y ferez une bonne confession, où vous exposerez sincèrement l'état de votre âme, le péril où elle se trouve, et toute votre situation. Vous communierez au tombeau des Saints-Apôtres, et ensuite vous vous rendrez au sanctuaire de Lorette, pour invoquer le secours de l'Esprit divin, par l'intercession de la Vierge sainte, en laquelle vous avez toujours eu une grande confiance. Là encore vous prierez de tout votre cœur, afin d'obtenir la lumière d'en haut pour vous aider à reconnaître ce que vous devez faire, la bonne volonté pour vous y résoudre, et la force pour l'accomplir. Après tout cela, et quand ces conditions auront été loyalement remplies, si vous persistez, l'année écoulée, je vous promets de me mettre de votre côté, et je plaiderai votre cause auprès de votre famille ; car vous aurez subi une sérieuse épreuve qui doit abattre l'exaltation de votre imagination, et délivrer votre cœur du prestige de la séduction. Vous aurez dignement, chrétiennement combattu la passion par le devoir, et d'une manière ou d'une autre vous en mériterez le prix.

LETTRE VIII.

UN MARIAGE DU JOUR.

Vous me faites l'honneur de me consulter, madame, sur un mariage qui vous est proposé pour mademoiselle votre fille, et, comme je me suis longtemps occupé d'elle, vous désirez savoir si, d'après la connaissance que j'ai de ses penchants, de son caractère et de ses habitudes, je trouve ce parti convenable pour elle, et s'il peut tourner à son bonheur. Je vous dirai consciencieusement mon sentiment, madame, puisque vous me le demandez ; mais avec cette réserve, que ne connaissant point personnellement le monsieur dont il est question, je ne l'apprécierai en lui-même et dans ses rapports avec votre fille, qu'en raison des données que vous me fournissez. Cette opinion aura donc quelque chose de général et d'un peu vague, parce qu'elle portera sur la situation plus que sur les personnes, au moins sur l'une des personnes. Or, dans le mariage, où tout s'individualise, le caractère des parties fait immensément ; et souvent des qualités particulières peuvent compenser, ou même corriger, les vices ou les inconvénients de la position.

Le mariage étant une union entre deux personnes qui, pour constituer une famille, n'en doivent plus faire qu'une seule, suivant la parole divine : « Ils seront deux dans une seule chair; » pour juger de sa convenance, on doit examiner séparément les deux termes avant leur réunion, afin de s'assurer par le discernement et la comparaison de leurs qualités et de leurs défauts, et ensuite par l'appréciation de leur situation respective, s'il y a moyen de les unifier, et par conséquent s'il y a lieu de les lier l'un à l'autre pour leur bien commun, et pour la constitution solide de la famille qui doit en naître.

Je crois bien connaître votre fille, puisque je l'ai dirigée depuis sa première communion jusqu'à ces derniers temps. Je puis donc juger de ce qui lui convient, autant que les hommes peuvent apprécier ces choses toujours si délicates, si complexes, et où tant d'influences diverses, en bien et en mal, viennent se mêler et trop souvent déconcerter les prévisions et les calculs de la prudence humaine.

Thérèse a dix-huit ans, et, sans avoir une beauté régulière, elle a de l'éclat, de la distinction et quelque chose de très-agréable. Elle ne l'ignore pas, et elle aime que les autres le sachent et le reconnaissent. Sa physionomie et toutes ses manières montrent qu'elle cherche à plaire, mais elle y met autant de bienveillance que de coquetterie ; et, comme elle a le cœur bon et pur, elle cherche à plaire aux autres pour leur faire plaisir autant que pour s'en faire à elle-même. Ce sont les prémices d'une âme tendre, mais encore innocente, qui éprouve le besoin d'aimer sans savoir quoi, mais qui deviendra ardente, quand elle trouvera son objet et pourra s'y attacher. Ajoutez à cela des sens délicats, un tempérament nerveux, une imagination vive, et vous avez tout ce qu'il faut pour faire une femme passionnée.

En outre, elle a l'esprit vif. Elle discerne rapidement ce qui convient et ce qui ne convient pas, et trouve aisément les meilleurs termes pour le dire. Elle a bientôt saisi les faiblesses, les travers, les ridicules de ceux qui l'entourent, et, si la prudence ou la charité ne la maintenaient, elle deviendrait facilement caustique et mordante. Intelligente et instruite, elle tiendra un jour sa place avec distinction dans la société et dans les conversations du monde. Elle pourra même y briller, ce qui est un avantage dangereux pour une femme.

Sa conscience est suffisamment formée, d'un côté par une raison droite et par les bons instincts de son cœur, qui ont été cultivés de bonne heure en elle, de l'autre par l'instruction religieuse qu'elle a reçue pendant longtemps, et qui, en fortifiant sa foi, lui a donné le goût et l'habitude de la vertu. Elle connaît ses devoirs, et a la bonne volonté de les remplir. Mais la force ne répond pas toujours à sa bonne volonté; et quand elle se passionne, ce qui arrive souvent, le sentiment et l'imagination vivement excités, et qui la dominent au premier moment, peuvent l'entraîner à une démarche ou à une parole inconsidérée qu'elle regrettera plus tard. En outre, sa piété, qui est sincère, n'est pas profonde. L'esprit du monde partage son âme avec l'esprit de Dieu, et comme tant de personnes de la société, tout en fréquentant l'église et accomplissant exactement les obligations ordinaires, elle espère accommoder les préceptes de la foi chrétienne avec les exigences du monde, et avoir juste autant de religion qu'il en faut pour ne pas s'y perdre et pour en jouir. Évidemment, à moins d'une grâce particulière, elle serait grandement exposée dans une tentation violente, et je ne voudrais pas la voir dans une lutte directe et déclarée entre sa passion et son devoir. Elle se sauvera surtout par la fuite des occasions.

Quant à sa position extérieure, vous la connaissez mieux que moi. Votre fille sera richement dotée, et elle a devant elle l'espérance d'une immense fortune. C'est pourquoi, indépendamment de ses avantages personnels, elle est fort recherchée. On vous demande sa fortune encore plus que sa personne, et assurément, comme d'ailleurs votre lettre me le donne à penser, vous ne vous faites point illusion sur les motifs du prétendant nouveau, pas plus qu'il ne s'abuse sur les vôtres.

Il est, me dites-vous, d'une famille ancienne, mais appauvrie par les révolutions. Votre famille est nouvelle, et elle s'est enrichie par l'industrie. Vous occupez tous les deux une position considérable dans la société, lui par un nom illustre, ce qui a toujours une grande valeur dans l'opinion des hommes; vous par la considération et l'influence que donne l'opulence. En vous rapprochant, chacun de vous cherche ce qui lui manque : l'un de quoi soutenir son nom, l'autre de quoi rehausser sa situation; et à ce point de vue les alliances de ce genre, qui confondent les notabilités du pays et les appuient les unes par les autres, me paraissent très-convenables, humainement parlant, si les conditions morales n'en sont point exclues. Vous serez certainement heureuse que votre fille devienne marquise, et le marquis qui l'épousera aura à son tour la satisfaction d'ajouter à la noblesse de son titre l'importance d'une fortune considérable, qui lui procurera les moyens d'en soutenir et d'en déployer l'éclat. Depuis deux siècles il s'est fait beaucoup de mariages de cette sorte, et, sauf quelques inconvénients inhérents à toutes les choses humaines, je crois que tout le monde y a gagné, et le pays plus que tout le monde. De cette manière le travail est devenu aussi une source d'ennoblissement, et ce n'est pas la moins respectable, et, par cette communication réciproque des bénéfices matériels de la richesse et des avantages moraux de la noblesse, il s'établit dans la société moderne entre les classes supérieures une espèce d'égalité et de solidarité, qui augmente leur force et leur influence par leur association.

Ainsi, sous ce rapport, je ne puis que vous approuver. Mais là n'est pas toute la question, et mon embarras, ou plutôt mon inquiétude, commence à une autre considération.

Votre marquis n'est plus un jeune homme. Il avoue aujourd'hui trente-huit ans, et soyez sûre que le jour du contrat, quand il faudra exhiber les papiers nécessaires, vous en verrez paraître plus de quarante. Mais alors il sera trop tard pour reculer, et l'on passera outre pour éviter les graves inconvénients d'une rupture. Je suppose donc qu'il a quarante ans, et votre fille en a dix-huit : voilà ce qui m'effraye. C'est une jeune personne qui commence à vivre, et vous l'attachez à un homme qui a vécu, et probablement trop vécu : car on a toujours des raisons pour se marier si tard, et vous savez quelles sont ordinairement ces raisons chez les hommes du monde, ceux-là surtout qui y ont marqué d'une manière ou d'une autre.

C'est l'habitude des plaisirs faciles, qui ne gênent en rien, et traînent après eux toutes sortes de désordres aussi ruineux pour le corps que pour l'âme. Ce sont des liaisons, souvent renouvelées, où l'on a épuisé sa jeunesse et sa fortune, et, quand l'âge ou l'ennui en amènent la satiété ou la fatigue, ou encore si l'on ne peut plus suffire à cette existence dispendieuse, on songe à faire une fin, comme on dit, et l'on se résigne au mariage : non pas précisément pour mener une vie plus réglée, mais pour échapper aux conséquences, parfois très-pressantes, d'un passé orageux dont on veut sortir honorablement, c'est-à-dire par un pont d'or, qui rétablisse des affaires délabrées et fonde une existence nouvelle.

Or, par un bon mariage, comme celui dont il est question, on gagne à la fois une riche dot et une charmante femme, à laquelle on apporte en échange un nom et un blason; ce qui peut l'enchanter à son tour. Mais aussi, trop souvent, sous cet éclat extérieur il y a une santé ruinée, un cœur fané, une âme desséchée, en un mot les tristes restes du monde et du plus mauvais monde.

Je ne connais pas ce monsieur et je n'en puis juger que par ce que vous m'en dites. Il paraît qu'il a la tenue et l'usage de la haute société, un ton parfait et des manières distinguées, ce qui ne me surprend pas dans un homme de condition. Mais qu'y a-t-il sous ce vernis, et que trouverez-vous plus tard au dedans? Hélas! c'est ce qu'on ne sait qu'à l'épreuve, et, quand l'épreuve est faite, il n'y a plus à revenir. La chaîne est rivée, et l'esclave doit marcher avec ses fers et traîner son boulet.

Vous me dites qu'il a été longtemps au service. Assurément j'estime grandement l'état militaire, qui est un dévouement perpétuel, un sacrifice incessant au pays, pendant la guerre. Mais en temps de paix, et surtout quand elle dure longtemps, ce que Dieu veuille, c'est le métier le plus insignifiant que je connaisse; et l'oisiveté, qui est la mère féconde de tous les vices, y affaiblit les esprits et trop souvent pervertit les âmes. La vie de garnison est une triste vie, surtout pour les officiers; et, quand on l'a menée jusqu'à quarante ans, il est difficile de contracter de nouvelles habitudes et de se redresser dans une existence plus sérieuse et plus occupée. Le pli est pris, et ce n'est pas à cet âge qu'on peut le changer.

Cependant je mets les choses au mieux, et je suppose que votre prétendant n'a ni les défauts ni les habitudes de beaucoup d'officiers de son âge; qu'il n'a pas mené une vie désordonnée, comme c'est l'usage en pareille situation, et enfin qu'il veut se marier pour se ranger tout à fait, et devenir un époux fidèle et un bon père de famille. Voilà des sentiments louables, tels que vous pouvez les souhaiter, et je vous félicite bien sincèrement s'il en est ainsi.

Mais, hélas! vous ne pouvez pas faire qu'il n'ait quarante ans et votre fille dix-huit! Vous ne pouvez pas faire qu'il ne commence à décliner physiquement, tandis que sa jeune femme, qui n'est pas encore entièrement formée, est dans le développement de sa vie et de sa beauté. Vous ne pouvez pas faire qu'un cœur de quarante ans, qui a passé par toutes les épreuves de l'existence, batte à l'unisson d'un cœur de dix-huit, qui en goûte les prémices. Vous ne pouvez pas faire qu'une jeune imagination, qui rêve encore l'idéal, qui voit l'avenir à travers un prisme brillant, s'accorde avec un esprit positif, désenchanté du monde par l'expérience, et qui n'y trouve plus de joie que dans la jouissance matérielle et dans l'or qui la procure, ou peut-être dans l'ambition et la vaine gloire. Qu'y aura-t-il donc de commun entre ces deux êtres que le mariage va enchaîner, et qui n'auront ni les mêmes sentiments, ni les mêmes goûts, ni les mêmes pensées, ni les mêmes aspirations? Ils se confondront pendant un temps dans l'ivresse du mariage, et votre fille, pure et sans expérience, croira d'abord que c'est là ce qu'on appelle l'amour. Si elle a le bonheur de devenir mère, elle en goûtera avec joie le sentiment délicieux, et son cœur y sera absorbé pendant les premières années avec toute sa puissance d'aimer, surtout si elle nourrit et élève elle-même ses enfants. Encore je crains fort que cette jouissance ne lui soit pas laissée : car, dans la haute société et même dans la moyenne, il n'est plus de bon ton ni de mode de nourrir ses enfants. Le sein qui les a portés ne peut plus les allaiter. Il n'y a plus guère que les femmes pauvres qui en aient la force, parce qu'elles n'ont pas les moyens de faire autrement. Les médecins interdisent l'allaitement aux femmes riches, et les maris sont de leur avis, les uns et les autres pour des raisons à eux particulières. Les jeunes mères finissent par s'y rendre, à cause de leur beauté qu'il faudrait négliger, de leurs relations du monde qui seraient interrompues, et qui ont, à ce qu'il paraît, plus d'importance ou plus de charme à leurs yeux que ce devoir sacré et si doux imposé par la nature.

Bref, après quelques années de mariage, et quand elle aura épuisé tout ce que sa situation pourra lui donner de jouissances, quand l'habitude l'y aura rendue moins sensible ou même indifférente, quand ses sens auront été satisfaits sans que son cœur le soit, et que le plaisir de s'entendre appeler madame la marquise aura perdu son charme avec sa nouveauté, elle sentira du vide dans son intérieur et ne saura plus comment le combler.

La société de son mari, même en le supposant rempli d'égards pour elle, ce qui n'arrive pas toujours, ne lui suffira pas.

S'il l'aime, ce dont on peut douter, puisqu'il l'aura épousée pour sa fortune, ce sera plutôt en père qu'en époux, et en effet il pourrait être son père. Elle aura en lui un protecteur et non un ami de cœur, et sa protection incessante s'exercera jusque dans les plus petites choses par des observations perpétuelles, qui, la tenant sans cesse en émoi, en inquiétude, lui ôteront toute spontanéité, toute liberté d'esprit, et finiront par l'aplatir, par l'hébéter, si elle veut s'y conformer et faire tout ce qui lui est prescrit. Elle sera toujours à l'école, et son mari deviendra son pédagogue, ce qui ne le rendra pas plus aimable à ses yeux. Hélas! ce n'est pas ce qu'elle avait rêvé dans son jeune âge, et comme la réalité qui l'accable lui paraîtra différente de l'idéal qu'elle avait entrevu! Elle n'osera peut-être pas s'avouer à elle-même qu'elle s'est trompée, qu'elle a été trompée; mais, à coup sûr, elle sentira la tristesse du mécompte, et, ne pouvant communiquer sa peine, elle la laissera retomber sur son cœur et la dévorera en silence.

S'il ne l'aime pas, il la laissera se gouverner à sa guise, lui demandant seulement de le laisser tranquille, et de ne pas compromettre son nom. Alors elle fera ce que font dans sa situation la plupart des jeunes femmes qui n'ont jamais aimé leur mari, ou qui ne l'aiment plus. Elle se jettera au dehors pour y chercher des distractions, peut-être des consolations, et on en trouve toujours quand on les cherche.

Ici est le moment critique pour la vertu des jeunes femmes. A cet endroit de leur route sur la mer du monde, il y a un écueil où plusieurs échouent.

Thérèse sera alors dans tout l'éclat de sa beauté, dans le plein épanouissement de sa vie, et elle aura acquis assez d'expérience pour juger sa situation, et ce qu'elle en peut espérer ou craindre. Par ses avantages extérieurs et par son esprit elle sera remarquée dans le monde, elle y fera sensation, et tous la regarderont : les femmes, qui la jalouseront, pour l'observer et la trouver en défaut; les hommes, qui la rechercheront, pour attirer son attention et lui plaire. C'est un véritable malheur pour une femme honnête que d'être remarquable par les charmes de sa personne. Elle devient le point de mire de tout ce qui l'entoure, soit d'une vaine curiosité ou de l'envie qui se jouent de sa réputation, soit de désirs et de convoitises qu'elle excite quelquefois sans le savoir, en sorte que par sa présence seule elle trouble beaucoup d'existences, qui à leur tour peuvent troubler la sienne. Je dis quelquefois; car le plus souvent elle le sait très-bien, et elle en jouit comme d'un triomphe. Mais c'est un triomphe qui la plupart du temps, et d'une manière ou de l'autre, lui coûte cher.

Thérèse aura ce triomphe, je n'en doute pas, et je crains bien qu'elle n'en ressente l'exaltation, et surtout qu'elle n'en subisse les dangers. S'abandonnant au monde à cause du vide de son âme et pour y trouver de quoi le combler, elle s'y agitera beaucoup pour s'y divertir; elle poursuivra les plaisirs les plus vifs de la société avec une sorte de fureur, en paraissant enchantée et le manifestant au dehors par une gaieté exagérée, par un entrain forcé; et cependant, à travers ces semblants de la joie et du bonheur, il percera toujours, quoi qu'elle en ait, dans son air, dans ses mouvements, dans ses actions, dans ses paroles, dans toute sa personne, quelque chose de triste, de découragé, qui indique un cœur non satisfait et un besoin caché qui ne trouve pas son objet. Cette teinte de mélancolie au milieu des joies du monde est un attrait de plus, pour ceux-là surtout qui se posent si volontiers en consolateurs des jeunes femmes incomprises, et elle éveille l'espérance en même temps que le désir ; car elle montre que la place n'est pas prise, et excite à s'en emparer.

Votre fille, en se faisant femme du monde pour vivre de quelque chose, parce que son mariage l'aura laissée vide au dedans, y sera donc entourée de tentations, de séductions, et malheureusement elle aura pour les combattre moins de force que dans les premières années de son mariage. Alors elle était soutenue par son innocence, par son ignorance du mal, et un mot inconvenant l'eût indignée. Après sept ou huit ans de mariage, elle aura perdu de sa timidité, et l'expérience lui aura donné plus d'assurance, sinon plus de hardiesse. Ce ne sera plus la jeune fille qui, en s'unissant à l'homme que ses parents lui ont donné, croyait trouver en lui l'objet des rêves de son imagination et des pressentiments de son cœur. C'est une jeune femme affligée au fond, ou même dépitée d'avoir éprouvé un mécompte si cruel, qui néanmoins ne désespère pas encore de son idéal ni du bonheur qu'elle lui demande. Ce n'est plus même la jeune mère qui vient de ressentir les douceurs de la maternité, et qui pensait tout à l'heure qu'elles suffiraient à remplir son cœur. Elle s'est accoutumée à ces joies, et, toutes vives qu'elles soient, elles lui laissent encore quelque chose à désirer, quelque chose qu'elle ne peut s'avouer, et qu'elle cherche cependant sans oser le nommer. C'est une jeune femme dans la plénitude de son existence, dont tous les instincts ont été excités sans être satisfaits, dont les sens ont parlé sans que le cœur ait répondu, parce qu'elle n'a pas aimé de cœur; et ce langage du cœur, qu'elle n'a pas encore entendu ni parlé, elle le murmure sourdement dans sa poitrine oppressée, cherchant un écho qui le lui renvoie plus distinct et plus expressif.

Cependant, comme elle comprendra sa situation et que l'expérience lui aura appris à se contenir, elle ne s'abandonnera pas à ses impressions ni à leur entraînement, comme une jeune fille. Elle en jouira au dedans sans les laisser paraître au dehors, et elle commencera la pratique de cet art, ou, si vous voulez, de ce manége si ordinaire aux femmes de cet âge et dans cette position, qui veulent plaire et attirer les hommages sans se compromettre, et qui se croient honnêtes et pures, tant qu'elles ne sont que coquettes et légères. Sans doute ce n'est pas encore la chute, mais c'est la pente qui y mène, et, une fois sur cette pente glissante, qui peut dire : « Je n'irai que jusque-là ? »

J'aime à croire qu'elle saura s'arrêter à temps, malgré tant de choses qui la pousseront, les sens, l'imagination, la vanité, le vide du cœur, le besoin d'amour, et enfin les séductions qui l'entoureront, les attaques dont elle sera l'objet, et les mauvais exemples qu'elle aura sous les yeux. J'aime à croire que sa conscience, le sentiment de ses devoirs, la foi jurée, l'attachement à ses enfants, l'honneur de sa famille et du nom qu'elle portera, et par-dessus tout la crainte de Dieu et de ses jugements, l'empêcheront d'aller jusqu'au bout et de s'abandonner à une passion criminelle, dont les joies perfides et violentes, parce qu'elles viennent du désordre, finissent toujours par la honte et le malheur. Elle restera honnête, je l'espère, avec tant de motifs et d'occasions de ne l'être pas. Mais alors voyez quelle sera sa vie au milieu du monde où son mari l'entraînera sans cesse probablement, parce qu'il sera fier de la beauté et des succès de sa femme, quoique exposé à tous les emportements de la jalousie, si cette beauté produit trop d'effet, et si le succès trop décisif, tourne en conquête. Ce sera pour elle le supplice de Tantale au milieu des eaux qui, fuyant ses lèvres ardentes, enflamment la soif qu'elles refusent de satisfaire. Son existence qui, au dehors, paraîtra prospère parce qu'elle aura un beau nom, une grande fortune, un mari haut placé, des enfants qui promettent, en un mot tous les biens extérieurs de ce monde, au dedans sera triste, vide, desséchée, parce que dans son intérieur elle ne trouvera point un cœur qui réponde à son cœur, une âme qui comprenne la sienne, un amour qui complète son amour. Elle pourra rester honnête, mais elle sera malheureuse : et Dieu veuille qu'elle ne soit que malheureuse!

Mais quoi! direz-vous peut-être, est-ce que les magnifiques avantages qu'elle possédera, un grand nom, de la considération, de la puissance, toutes les jouissances de la richesse et du luxe, et enfin, ce qui est au-desus de tout cela, des enfants chéris, ne pourront pas remplir son âme et suffire à son bonheur? Beaucoup de personnes s'estimeraient heureuses à moins de frais; et n'y aurait-il pas de la démence à rendre inutiles tant de dons excellents, parce qu'on manque d'un bien chimérique qu'on a rêvé? Ne peut-on vivre et bien vivre sans amour?

Oui madame, on le peut, même dans le mariage, et cela se voit parfois dans des cas semblables. On peut vivre convenablement ensemble, honnêtement même, sans s'aimer l'un l'autre, à force d'efforts réciproques, de concessions journalières, d'égards forcés, de prudence vigilante, de réserve calculée, et de dissimulation perpétuelle. On se fait une raison, comme on dit, et, avec de la patience et un peu d'adresse, on peut s'en tirer sans encombre, ou du moins sans scandale. Puis l'habitude vient appliquer son ciment sur ce qui ne tenait guère par soi-même, et consolide l'état de la famille. Mais je vous le demande, est-ce là tout le bonheur que vous voulez donner à votre fille? Le mariage ne doit-il plus être l'union des cœurs, et, quand la parole divine en l'établissant a dit que «l'homme et la femme seraient deux dans une seule chair, » croyez-vous qu'elle n'ait pas entendu qu'ils seraient aussi deux dans un même esprit, dans un même cœur? Et comment voulez-vous que deux cœurs soient unis sans amour ? Certes je ne prétends pas que le mariage ne comporte aucune autre condition, et qu'il faille négliger les autres convenances de position, de fortune ou de caractère. Mais j'affirme que l'entente des âmes est la condition principale, le fondement même de l'union conjugale. Là où elle manque, rien ne peut la remplacer, et le mariage qui en sera privé ne sera moralement ni solide ni heureux.

Il ne faut pas se jouer, madame, des lois de la nature, et toutes les conventions factices, tous les arrangements artificiels de nos sociétés ne prévaudront jamais contre elle. Vous pourrez les éluder, les contrarier, les violer, mais vous ne les changerez, vous ne les détruirez jamais. C'est un ressort puissant, qui se détendra toujours, quand on cessera de le comprimer. Ainsi est le cœur de la femme qui veut se marier, parce qu'elle a besoin d'un amour humain. Il faut qu'elle aime celui qu'elle épouse, pour que son cœur soit satisfait. Sinon, il lui restera toujours un vide, un besoin secret, une inquiétude sourde, une aspiration cachée, qui la poussera au désordre si elle cherche son bonheur inconnu en dehors de ses engagements sacrés, ou qui la rendra malheureuse, parfois jusqu'à la démence, si elle veut rester honnête.

Si j'en avais le temps, madame, je pourrais vous citer bien des faits à l'appui de ce que je viens de vous dire. Vous y verriez que les femmes de trente ans, même de quarante, sont les plus dangereuses pour les jeunes gens qui débutent dans le monde. Vous y verriez que les vieilles filles qui ont aspiré au mariage, sans pouvoir y parvenir, conservent le besoin et le désir de l'amour jusqu'aux approches de la vieillesse. Vous y verriez des femmes qui ont été mariées pendant trente ans, mères de plusieurs enfants et grand'mères, s'éprendre d'amour à cinquante ans, parce qu'elles n'avaient point aimé jusque-là, et donner au monde, qui ne les connaît pas et s'en moque, le spectacle ridicule et le scandale d'une ardeur surannée et d'une passion romanesque en cheveux blancs. Tout cela se voit journellement dans la société, et ce que je vous ai dit l'explique.

Voilà, madame, ce que vous avez à redouter en mariant votre fille qui a dix-huit ans avec un homme qui en a quarante. Il veut de l'argent, vous voulez un nom : vous aurez l'un et l'autre ce que vous cherchez. Mais votre fille n'aura pas ce qu'elle désire, ce qu'elle a droit de demander, un époux jeune comme elle et qui lui apporte la plénitude de sa jeunesse, la fleur de sa vie, un cœur qui batte à l'unisson du sien, une âme qui l'aime d'amour et qu'elle aimera de toute sa puissance. Si néanmoins elle accepte cette union disproportionnée, vous aurez les uns et les autres les conséquences de ce que vous aurez voulu, les honneurs d'un grand nom, les avantages d'une grande fortune; mais le bonheur de l'union des cœurs, vous ne l'aurez pas, et cependant, sans cette condition essentielle, un mariage ne peut être vraiment heureux.

Telle est, madame, ma réponse à votre consultation. Je ne puis que vous dissuader d'une alliance où le principal est sacrifié à l'accessoire, et qui met le bonheur ou le malheur de toute la vie comme enjeu en face d'un coffre-fort ou d'un blason. Si l'homme ne vit pas seulement de pain, il ne vit pas non plus d'or ni de vaine gloire; et les âmes, pour être heureuses dans le mariage, ont besoin d'une autre nourriture, qu'elles doivent se donner l'une à l'autre par une tendresse et un dévouement réciproques.

Cependant je n'ai pu vous parler que d'une manière générale, et les généralités ne s'appliquent jamais exactement à tous les cas particuliers. Il y a toujours des exceptions aux lois de ce monde et une certaine latitude dans leur exercice. Ainsi, par exemple, si votre prétendant, malgré son âge, est assez aimable, assez séduisant pour plaire à votre fille, et si elle parvient à l'aimer plus, ou du moins autant que son titre; si lui, de son côté, malgré sa vie antérieure et sa longue expérience, est vraiment amoureux de votre fille et l'aime plus, ou du moins autant que sa fortune, la condition principale de l'amour conjugal sera remplie au moins partiellement; et alors, sans être entièrement exempt d'inquiétudes sur l'avenir, à cause de la différence si grande des âges qui entraîne celle des goûts, des caractères et des habitudes, je verrais au moins dans cette alliance plus de convenance morale, quelque chose de plus digne des deux côtés, et un gage mutuel de bonheur.

LETTRE IX.

A UNE NOUVELLE MARIÉE.

J'ai été un peu surpris, je l'avoue, mais heureux de recevoir déjà de vos nouvelles, ma chère enfant: surpris, parce que je vous avais crue tout absorbée par les délices de votre mois de miel, et heureux, parce que votre lettre m'a prouvé que vous ne l'étiez point, ou du moins pas assez pour mettre de côté les choses sérieuses, et négliger votre avenir. Je reconnais là votre bon esprit, qui ne se laisse point éblouir par les enchantements du moment, ni fasciner par le charme d'une possession nouvelle.

Vous vous sentez si heureuse que votre bonheur vous effraye, et vous me demandez naïvement de vous indiquer les moyens de le faire durer longtemps, de le faire durer toujours. Votre mari, me dites-vous, est parfait pour vous. Il consulte tous vos désirs, il les prévient même, et ne songe qu'à ce qui peut vous être agréable. Son affection pour vous se manifeste à tout instant et de toutes les manières, et comme vous l'aimez autant qu'il vous aime, et que vous croyez avoir trouvé en lui ce que votre imagination rêvait, ce que votre cœur désirait, l'union de vos âmes, qui est complète et sans nuage, produit le bonheur de chacun de vous, qui fait aussi le bonheur de l'autre.

Il en va ordinairement ainsi, ma chère enfant, dans les premiers temps du mariage, surtout s'il est bien assorti, et si l'amour est réciproque. Jouissez-en donc, puisque Dieu vous accorde ce bienfait. Mais jouissez-en chrétiennement, c'est-à-dire en lui rapportant cet amour dont vous êtes l'objet et celui que vous accordez légitimement à une créature, et en les faisant servir l'un et l'autre, autant qu'il dépendra de vous, à sa gloire et au bien véritable de votre âme et de celui que vous aimez.

Vous vous êtes donnée à votre époux, non pour son plaisir seulement ni pour le vôtre, mais dans un but supérieur, à savoir de fonder une famille, où Dieu sera honoré et servi, ou au moins de travailler de toutes vos forces au bonheur de votre mari dans ce monde et dans l'autre. Telle est maintenant votre vocation. Votre conscience vous le dit au milieu des jouissances de votre nouvel état, et vous sentez que vous ne pouvez la remplir, si vous ne continuez à posséder le cœur de votre époux et sa confiance. Vous ne vous faites pas l'illusion dont sont dupes tant de jeunes femmes, s'imaginant qu'elles seront toujours adorées comme aux premiers jours, et plus tard, quand elles sentent le refroidissement, elles tombent dans la tristesse et le découragement. Elles ne se croient plus aimées, parce qu'elles le sont autrement. Faute de comprendre cette autre manière, qui devient l'affection habituelle du mariage, elles ne font pas ce qui est nécessaire pour opérer convenablement cette transformation, et alors, par leurs exigences déraisonnables, qui ne peuvent plus être satisfaites, elles se trouvent malheureuses et accusent leurs maris de ce qui est leur propre faute.

Votre bonheur peut donc durer, chère madame, mais sous une autre forme et par d'autres moyens. Il s'accroîtra même, parce qu'il deviendra plus intime, et que l'âme y aura plus de part que le corps. Les joies sensibles s'affaiblissent par l'habitude. Il en est autrement des plaisirs de l'esprit et du cœur; ils s'augmentent en se multipliant. L'exercice les rend plus faciles et plus vifs, et ils ne donnent jamais plus de bonheur que s'ils s'élèvent jusqu'à la vertu, qui est l'habitude du bien. C'est que tout ce qui vient des sens est périssable comme le corps dont ils sont les organes, tandis que ce qui vient de l'âme est immortel comme elle.

Voilà ce que vous sentez déjà confusément. Vous comprenez que l'enivrement actuel ne peut durer longtemps, et que le prestige de cette sorte d'idolâtrie, dont vous êtes maintenant l'objet, se dissipera bientôt par la vie de tous les jours. Vous voulez donc établir entre votre mari et vous un lien plus solide, qui vous assure la possession de son cœur et vous l'attache foncièrement. Vous désirez gagner son estime pour garder son affection, et vous me demandez ce que vous avez à faire pour cela. Je vais vous le dire en quelques paroles, qui, je l'espère, vous montreront distinctement ce que votre conscience et votre bon sens vous font entrevoir.

1° Avant tout, chère madame, je vous engage à relire attentivement, à méditer sérieusement les chapitres des épîtres de saint Paul, où il parle spécialement du devoir du mariage. Vous y ajouterez la lecture méditée du chapitre de l'introduction de la vie dévote dans lequel saint François de Sales explique à Philothée en quoi consiste l'honnêteté de l'union conjugale. Les paroles si graves de l'apôtre vous apprendront d'une manière générale ce que vous devez savoir à cet égard, et celles de l'évêque de Genève, plus explicites et cependant si réservées, vous feront entendre suffisamment, comme il en avertit Philothée, ce qu'il ne voulait pas dire, et ce que je ne puis non plus vous écrire.

2° Devant le monde et en société, soyez calme et réservée, et tout en conservant vis-à-vis de votre mari une contenance affectueuse et prévenante, restez toujours modeste et digne dans votre extérieur et dans vos discours, comme il convient à une femme chrétienne. Ne montrez pas au dehors par des caresses ou des privautés l'amour qui est dans votre cœur. Il en deviendra plus vif pour être plus contenu, et votre époux en cherchera plus ardemment le témoignage, quand vous serez seule avec lui. Réservez pour la vie intime les marques de votre tendresse, et ne profanez pas devant le monde les sentiments les plus doux de votre cœur.

Surtout n'affectez pas, comme tant de jeunes femmes le font maladroitement, d'être toujours auprès de lui ou de l'avoir toujours à vos côtés, en sorte qu'il y aura une scène, s'il veut aller seul quelque part pour une affaire ou pour un plaisir. Les hommes sont d'abord flattés de cette exigence, qui semble prouver qu'on ne peut se passer d'eux. Mais bientôt ils s'habituent à ces démonstrations, et elles leur deviennent une servitude. Ils se regardent comme à la chaîne, et l'envie leur vient de la secouer, justement parce qu'on veut les y tenir. Du côté de la femme, il y a le désir exagéré de posséder exclusivement ce qu'elle aime, même dans les plus petites choses, la crainte de le perdre pour un moment, et enfin un commencement de cette jalousie naturelle qui accompagne toujours la possession.

Tout cela se fait instinctivement, et ainsi d'une manière peu raisonnable, et qui tourne la plupart du temps contre sa fin. On se lasse vite l'un de l'autre, quand on est toujours ensemble, et rien n'est plus propre à amener cette lassitude qu'une prétention tyrannique à ce sujet. C'est pourquoi il est très-malheureux, pour un nouveau ménage, que le mari n'ait rien à faire. Il s'affadit auprès de sa jeune femme que le devoir ne l'oblige pas de quitter, qu'il n'ose abandonner pour son plaisir, et il s'ennuie de son bonheur dont il est saturé. Si, au contraire, il a au dehors des obligations à remplir, des affaires à soigner, il part avec regret et revient avec joie. Il est plus empressé au retour par la privation subie, et, quand il est éloigné, son amour se ravive et s'entretient par le désir. Il songe avec plaisir à l'objet de son affection, quand il en est séparé, tandis que, s'il l'a toute la journée sous les yeux, il pensera à autre chose.

Soyez donc raisonnable sur ce point, et, par une tolérance bien entendue, dans les premiers temps, préparez la transition inévitable à un autre ordre de choses; car le besoin d'être perpétuellement ensemble n'existe guère qu'au commencement, et il se perd bientôt par l'habitude. C'est un mécompte parfois cruel pour les jeunes femmes, quand elles s'aperçoivent d'un changement de ce côté. Elles se croient alors négligées ou délaissées, et, si elles laissent voir leur peine, qui dégénère facilement en reproche ou en récrimination, elles risquent de l'augmenter, surtout quand la jalousie y mêle son amertume. C'est souvent par cette voie que le trouble entre la première fois dans un nouveau ménage. Vous vous épargnerez ce tourment en en supprimant la cause dès le principe. Vous n'obligerez pas votre mari à ne pas vous quitter, mais vous saurez le retenir auprès de vous, autant qu'il sera nécessaire, par l'attrait d'une affection toujours gracieuse, et, s'il doit s'éloigner pour une affaire ou même pour un plaisir, son cœur gravitera encore invisiblement autour de vous pendant l'absence, et votre douce attraction le ramènera bientôt à son centre. C'est la meilleure manière et la plus sûre.

3° En ce moment votre époux fait tout ce que vous voulez ; vos désirs sont des ordres pour lui, et il n'aime que ce qui vous est agréable. Vous complaire en tout est sa règle; car il est dans l'enchantement d'une possession nouvelle. Vous êtes pour lui une sorte de divinité dont il est idolâtre, et son amour est une espèce de culte. Tout cela ne durera pas longtemps, chère madame, au moins à ce degré. L'adoration passera, même si l'amour lui survit, et vous descendrez bientôt de l'autel où sa passion vous a exaltée, pour redevenir une simple mortelle qui, devant reprendre sa place et ses devoirs, trouvera dans son adorateur de quelque mois un maître parfois violent, ou qui ne sera pas toujours commode.

Ayez donc devant les yeux ce changement de régime qui ne peut tarder beaucoup, et sachez vous y préparer, d'un côté, en ne vous laissant point aller, dans l'enivrement du culte du jour, à l'entraînement de vos désirs et de vos caprices; de l'autre, en entrant le plus tôt que vous pourrez dans la ligne de vos obligations, et en prenant tout de suite et franchement la place que vous devez occuper. Les jeunes femmes qui dans les commencements, abusant du prestige qu'elles exercent, tyrannisent leurs maris pour faire acte de puissance ou satisfaire leur imagination, gâtent souvent leur avenir par cette imprudence. Elles payeront plus tard leurs fantaisies, et le mari qui leur passe tout aujourd'hui parce qu'il est encore sous le charme, ou parce qu'il les traite en enfants gâtées, les traitera plus tard en enfants mutins, qu'on châtie pour les ramener à l'ordre. Il vaut mieux n'en pas sortir, pour n'avoir pas la peine d'y rentrer, surtout de cette manière. Vous y trouverez plus de vrai bonheur et plus de dignité.

4° Ne soyez jamais négligée sur votre personne ni dans vos alentours. Vous devez plaire à votre mari, et pour cela il faut qu'il vous trouve agréable à voir, surtout quand plus tard l'habitude de la vie commune le rendra, non pas indifférent, mais moins empressé. Une bonne tenue, même dans la familiarité de la vie intime, vous assurera cet avantage. Que la décence et la propreté la plus délicate président aux soins du corps, et écartez soigneusement tout ce qui peut être désagréable ou répugnant. Le désordre dans le ménage produit bientôt l'éloignement et le dégoût. Gardez pour vous, autant que vous le pourrez, les secrets de votre toilette, et n'en laissez paraître que les résultats.

Habillez-vous suivant votre position et en raison de la société que vous êtes obligée de voir, et tâchez, sans cependant vous y astreindre absolument, de porter surtout ce qui est le plus au goût de votre mari. Il sentira par là que c'est à lui que vous cherchez à plaire, que vous vous parez pour lui être agréable, et il en sera flatté. Soyez très-simple dans votre intérieur quand vous ne recevez pas, mais toujours soignée, élégante et de bon goût. Les toilettes simples, mais bien ajustées et surtout bien portées, sont les plus charmantes. Ornez-vous richement quand vous allez dans le monde, s'il le désire, et il le voudra certainement pour faire paraître votre beauté dont il sera fier. Les maris sont flattés quand on admire leurs femmes. Ils aiment à la montrer avec tous ses avantages et dans tout son éclat, pour jouir de l'effet qu'elle produira, et trop souvent, dans cette espèce d'exhibition qu'ils font au profit de leur amour-propre, ils jettent sans le savoir les semences de leurs inquiétudes et de leur malheur, soit par un succès qui dépasse leur attente et trouble leur tranquillité, soit par la vaine complaisance qu'y prennent leurs femmes, et les goûts de luxe, d'éclat et de dépense, qui en sont la suite. C'est encore une des portes par où le désordre et la désharmonie s'introduisent dans les jeunes ménages, et presque toujours, il faut le dire, la première faute en est au mari.

Défiez-vous donc du prestige des salons, et ne vous laissez point exalter par la sensation que vous pourrez y produire. Montrez à votre mari que vous y allez surtout pour lui faire plaisir et honneur, et ne vous laissez pas entraîner à cette sorte de fascination que la splendeur ou le charme de ces réunions opère ordinairement sur les jeunes femmes. Prenez garde surtout de ne pas envier les parures plus riches ou plus brillantes que les vôtres, et qu'une rivalité puérile ne vous pousse point à l'emporter sur les autres, comme il arrive trop souvent. De là un assaut de toilettes qui s'exagèrent en éclat et en dimensions par l'émulation jalouse : assaut ruineux à soutenir et qui, n'ayant d'autre motif que la vanité, ne peut amener que du mal, à savoir : la coquetterie, l'envie et la discorde. Rappelez-vous qu'une femme chrétienne ne doit se parer que pour plaire à son époux, et que tout ce qu'elle fait au delà, pour attirer les regards et l'admiration des hommes, la prépare ou l'entraîne au désordre.

5° Un des meilleurs moyens d'échapper à la dissipation extérieure, et de ne pas être emportée par le torrent du monde, bals, spectacles, concerts et fêtes de tout genre, c'est de vous mettre le plus tôt possible à la tête de votre ménage, et de vous efforcer de devenir une bonne maîtresse de maison, qui, s'occupant sérieusement de son intérieur, veut y mettre de l'ordre et de l'aisance, comme il est dit de la femme forte de l'Écriture. Donc, aussitôt que votre lune de miel sera écoulée et que vous aurez achevé vos visites aux parents et amis, ce qui amène des distractions continuelles, établissez-vous solidement dans votre maison et commencez à régler chaque chose, le train de chaque jour, la tâche des domestiques, le menu de la table et ce qui se rapporte aux besoins de chacun. Rendez-vous un compte exact des dépenses journalières, et tout en pourvoyant largement au nécessaire, et même à l'agréable dans une certaine mesure, retranchez le superflu et ne tolérez pas le gaspillage. Tel maître, tel valet; si vous avez de l'ordre, vos gens en auront, et avec des dépenses bien réglées, des travaux bien surveillés, vous ferez moitié plus avec moins de frais, et vous vivrez plus honorablement.

Soignez surtout avec attention, avec affection, tout ce qui se rapporte aux besoins de votre mari, afin qu'il trouve sans le chercher, sans même le demander, ce qui lui est nécessaire chaque jour. Il s'habituera ainsi à compter sur vous. Vous lui deviendrez une petite providence ; il ne pourra plus se passer de vous et il s'attachera encore à sa femme par ce côté, qui est l'un des plus importants du ménage, parce que sa femme se sera rendue indispensable ou du moins très-utile à sa vie quotidienne. Les hommes, qui ne sont pas faits pour les soins domestiques, aiment beaucoup à trouver sous la main, et tout préparé, ce qui leur est nécessaire, et à n'avoir pas à s'en occuper après l'usage. Rien ne contribue plus efficacement à entretenir l'harmonie et la paix du mariage, à en fortifier les liens, à en resserrer l'attachement, que l'habitude si chrétienne de se servir l'un l'autre et de se soutenir mutuellement.

Les riches, qui ont des valets et des femmes de chambre, se font servir par ces mains mercenaires, et ne se rendent point l'un à l'autre de ces petits services intimes, qui font l'occupation et la joie de l'intérieur. Ils ont tort, surtout les femmes, que ces soins regardent plus spécialement. Elles perdent par cette négligence le moyen le plus efficace peut-être de s'attacher leur mari, au moins dans l'avenir, quand l'amour aura jeté son feu, et que l'affection commune doit tourner au solide. Si opulente qu'elle soit, reine si vous le voulez, la femme doit toujours être épouse et mère ; ce sont ses plus beaux titres, et elle n'en fera jamais assez pour les porter dignement. S'occuper activement de son mari, de ses enfants, de sa maison et de ses domestiques, est pour elle un devoir essentiel, dont l'accomplissement intéresse sa conscience plus encore que sa fortune et son bonheur matériel. J'en connais de très-riches, de très-belles, de très-spirituelles, et qui ont de grands succès dans le monde, ce qui n'est pas difficile avec ces avantages réunis, et qui n'ont jamais renoncé à cette tâche. Elles en tirent leur principale gloire, et c'est en même temps la meilleure garantie de leur autorité chez elles, et de leur influence sur l'esprit de leurs époux. Celles qui la négligent ou la dédaignent, s'en trouvent toujours mal; car le mari ne voit plus à quoi lui sert sa femme, surtout s'il y a de la froideur entre eux, et l'union, qui pouvait encore s'entretenir par un intérêt commun, au défaut de l'amour, s'affaiblit chaque jour et se détruit. Chacun finit par vivre de son côté dans la même maison, et l'on ne se voit plus qu'à table et au salon, selon que les convenances l'exigent. Ici c'est presque toujours la faute de la femme, qui, ne voulant ou ne sachant point se rendre utile ni agréable à son mari dans son intérieur, l'en dégoûte peu à peu et l'en éloigne.

Vous ne commettrez point cette faute, chère madame, et dès le début vous prendrez cette bonne position, de diriger, de bien ordonner votre maison, et de la rendre agréable par l'esprit et les talents dont vous êtes douée, afin que votre époux s'y plaise plus qu'ailleurs, et ne songe pas à chercher des distractions au dehors. Vous en retirerez plusieurs avantages. D'abord vous diminuerez les frais par une sage économie, par une surveillance bien entendue, et, avec une modeste fortune bien administrée, vous serez plus à l'aise que certains riches dont les dépenses excèdent les revenus, et qui sont toujours dans la gêne au milieu de l'opulence. Puis votre mari, qui vous verra à l'œuvre et vous jugera par les résultats, prendra confiance dans votre savoir-faire, et il ne vous marchandera pas l'argent, parce que vous lui en rendrez un compte exact, et qu'il le saura bien employé; ce qui vous épargnera des ennuis si communs dans le ménage, et qui le troublent souvent. Il finira par recevoir et payer de confiance, et peut-être vous abandonnera-t-il tout le gouvernement intérieur de la famille. Vous lui en deviendrez plus nécessaire, et il aura plus de plaisir à rester chez lui, parce qu'il y trouvera l'agrément réuni au confortable, et surtout l'ordre et la paix.

Cependant il ne vous suffit pas d'être bien avec votre époux, ce qui vous sera facile, puisque vous l'aimez comme il vous aime. Dans ce cas on est toujours disposé à toutes les concessions, prêt à tous les sacrifices. Il faut encore, pour assurer votre union et prévenir ce qui pourrait la troubler, que vous vous mettiez en bons termes avec ses parents, avec ses amis, et surtout avec sa mère. Faites tout ce qui sera en votre pouvoir pour ne pas entrer en lutte avec elle à propos de votre mari. Dans vos rapports journaliers, employez toute la prudence, toute la déférence dont vous serez capable, et même toute votre charité. L'opinion générale que les belles-mères et les brus ont de la peine à s'accorder n'est point vaine. Elle est fondée en nature, et il en sera ainsi jusqu'à la fin du monde, parce que jusque-là il y aura des mères et des épouses qui se disputeront le même cœur, le cœur d'un fils et d'un époux. Elles y ont des droits toutes les deux, et ces droits irrités, ou exagérés quelquefois par la concurrence ou la passion, entrent en collision et se déclarent la guerre à la moindre occasion. De là des tiraillements pénibles dans la famille, qui détruisent la paix de l'intérieur, et rendent malheureux celui que deux affections naturelles et légitimes se disputent et s'arrachent. C'est la pire des luttes, parce qu'il y a de la justice des deux côtés, et que les torts sont la plupart du temps dans des nuances subtiles, ou des excès de tendresse qu'il n'est pas facile de discerner et encore moins de blâmer.

N'engagez ce combat à aucun prix. Au nom du respect filial, faites toutes les concessions possibles à l'amour d'une mère, assez malheureuse déjà de voir son fils passer de ses bras dans les vôtres. Vous avez pour vous la possession, qui lui a échappé, et c'est un grand avantage; la condition de celui qui possède est toujours la meilleure. Laissez tomber beaucoup de paroles et de procédés désagréables, inspirés par le regret et par un peu de dépit : c'est une question de temps, et l'avenir est à vous. Aidez par votre patience, par votre douceur, les bénéfices du temps; soyez même un peu victime aux yeux de votre mari dans l'occasion, mais sans vous plaindre; et surtout gardez-vous bien de lui dire jamais du mal de sa mère, car vous blesseriez sa piété filiale. L'indignation qu'il en ressentirait, exalterait sa tendresse pour sa vieille mère, qu'il croirait méconnue ou maltraitée, et il vous ferait sentir un jour ou l'autre que le cœur de l'homme tient plus profondément et plus longtemps à celle qui l'a mis au jour et dont il a le sang dans ses veines, qu'à la femme à laquelle il a donné son nom.

Enfin il y a un article très-grave, que j'ai réservé pour le dernier, afin d'y attirer toute votre attention, et parce que le bonheur de votre mariage en dépend, et plus que cela, votre bonheur éternel et le salut de votre époux, dont vous répondez maintenant jusqu'à un certain point. Ici, plus qu'ailleurs, vous avez besoin d'un conseil, et je dois vous indiquer la voie à suivre dans une affaire aussi délicate.

Votre mari, à ce que vous me dites, est un très-honnête homme, incapable de faire du tort et même de la peine à son prochain, et qui a des sentiments élevés. Il croit en Dieu, en la Providence, et respecte tout ce qui est beau, juste et vrai. Mais il ne pratique pas sa religion, soit par manque de foi, soit par respect humain, soit qu'il ne juge pas cette pratique nécessaire aux hommes d'une raison éclairée, et qui ont de la force de volonté. Mais il vous a promis de ne jamais vous gêner, ni vous ni vos enfants, en ces sortes de choses. Il tient même à ce que vous accomplissiez les devoirs religieux dont il se dispense, et certes il a bien raison; car c'est pour lui la plus sûre garantie de votre vertu et de son repos. Mais je voudrais qu'il eût doublement raison, au lieu d'être inconséquent en regardant comme inutile pour lui ce qu'il croit nécessaire pour vous.

En attendant, vous voici unie pour la vie à un homme qui n'est chrétien que de nom, puisqu'il n'en remplit pas les obligations essentielles; et ainsi, aux yeux de Dieu, et de l'Église, c'est un chrétien infidèle, qui laisse s'éteindre en lui la vie surnaturelle, dont il a reçu le germe au baptême, et la nourriture à sa première communion. Son âme est donc maintenant dans les ténèbres, dans la mort spirituelle, parce qu'elle est séparée de Jésus-Christ et de son Église, et il y resterait à jamais, s'il venait à mourir dans ce triste état.

Certes, vous aimez votre mari encore plus dans son âme que dans son corps. Vous seriez désolée que cette chère âme fût perdue à jamais, et la pensée d'en être séparée dans l'éternité vous serait un désespoir. Donc il faut vous efforcer de la ramener à la religion pour la faire rentrer dans le chemin de l'éternelle vie. Votre amour vous le dit et votre devoir vous y oblige : car, puisque dans le mariage deux personnes n'en font plus qu'une dans une seule chair, et que la personne se compose d'une âme et d'un corps, elles ne doivent pas être unies seulement dans la chair, mais encore dans l'esprit et dans l'âme. Pour le moment, voici la moitié de vous-même qui ne sent pas, ne pense pas, ne voit pas comme l'autre moitié, laquelle sera déchirée et en souffrance tant que l'union restera incomplète, et qu'il y aura un obstacle ou une séparation entre vous. Mais si votre union n'est pas entière, votre bonheur ne le sera pas non plus, et il restera dans votre mariage, au point le plus intime de votre alliance, un vide, une défectuosité, une scission.

Cela est grave, et de ce point noir, presque imperceptible aujourd'hui au fond de votre horizon, sortira peut-être plus tard un grand orage, si l'on ne parvient à le dissiper. Dieu seul, sans doute, peut vous aider par sa grâce en cette conjoncture, puisque lui seul donne la foi; mais vous pouvez beaucoup pour attirer et seconder la grâce, d'abord par votre fervente et continuelle prière pour ce cher incrédule, ou au moins cet honnête païen; puis par quelques paroles dites à propos et du fond du cœur, pour lui exprimer votre douleur de son état, vos inquiétudes de l'avenir, et la joie que vous auriez à voir disparaître ce seul nuage dans votre amour, cet obstacle unique à l'union parfaite de vos âmes. Il vous aime tendrement, et dans ces premiers temps surtout, où il n'ose rien vous refuser, peut-être obtiendrez-vous quelque chose pour le rapprocher de l'Église et de ses pratiques.

Mais le meilleur moyen de le toucher à cet égard et de rouvrir son cœur à la foi, sera votre exemple; et cela, non pas seulement par l'exactitude de vos observances religieuses, dont il ne comprend pas le sens ni l'efficacité, mais par vos actions de chaque jour, par toute votre conduite, par votre patience, votre douceur, votre résignation, votre charité pour lui et pour les autres, surtout les jours où vous aurez été vous confesser et communier. S'il voit que ces actes pieux vous sont utiles en vous rendant plus forte contre votre caractère, contre les tentations, et qu'ainsi il en profite aussi en vous et par vous, d'abord il s'estimera heureux d'avoir une femme pieuse, vraiment chrétienne, et que sa piété bien entendue rend une épouse sûre, vertueuse et aimable. Puis, si vous continuez à l'édifier par l'application de vos croyances religieuses à votre vie du dedans et du dehors, il finira peut-être, avec l'aide de vos prières, à vouloir de la religion pour son compte, et à chercher directement à la source le bien qui lui en revient par votre intermédiaire.

Attaquez-le donc, chère madame, et sans qu'il

s'en doute, de tous les côtés à la fois, par une prière fervente, par des paroles de cœur et des observations faites à propos, et surtout par vos bons exemples. Il faut que vous lui soyez une démonstration vivante de l'avantage qu'il y a à être un bon chrétien par sa foi et dans sa conduite. Seulement soyez discrète, et allez-y largement avec lui. Ne lui proposez pas d'abord des choses non exigées, et qui lui paraîtraient puériles, parce qu'il n'en comprendrait pas l'utilité. Surtout ne vous laissez point aller devant lui aux scrupules et aux petites dévotions, comme vous en aviez l'habitude autrefois. Faites-vous violence sous ce rapport, pour ne pas le scandaliser, et ainsi l'éloigner de la vérité. Ne lui donnez pas à penser, en vous voyant agir, que la dévotion affaiblit l'esprit, ôte le bon sens, et que, quand on a soumis son intelligence à la foi, et sa volonté à l'obéissance, on devient, en s'abêtissant, incapable de penser par soi-même et d'agir suivant sa conscience. Ce serait une erreur funeste, que vos exagérations entretiendraient dans son esprit, et, avec une bonne intention mal entendue, vous contribueriez alors à fortifier son opposition ou son indifférence, et vous manqueriez ou au moins vous reculeriez le but désiré. Il y a bien des hommes dans le monde qui sont dégoûtés de la religion par la piété de leurs femmes, c'est-à-dire par une dévotion formaliste et minutieuse, qui s'attache au dehors plus qu'au dedans, à la lettre plus qu'à l'esprit. Sans doute que pour plusieurs c'est plutôt un prétexte qu'un motif véritable; mais ne lui donnez pas même ce prétexte, et que votre foi vive et réalisée par vos œuvres passe dans son cœur avec votre amour qui lui est si dévoué. Aimez-le surtout pour le bonheur de son âme, et devenez son ange visible sur la terre.

Je m'arrête, bien que je puisse encore vous en dire long sur ce chapitre, qui est un des grands chapitres des mariages de nos jours. Mais on ne peut pas tout dire, encore moins tout écrire, et vous avez assez d'intelligence pour comprendre ce que je n'ai pas dit.

Si vous suivez sérieusement et avec persévérance les quelques conseils contenus dans cette lettre, à savoir : si vous êtes chaste et digne dans le mariage; si vous ne fatiguez point votre mari par vos exigences ni par vos caprices ; si vous n'abusez point de son amour, qui vous idolâtre aujourd'hui, et qui, plus tard, peut briser son idole; si vous vous attachez à lui être toujours agréable par votre bonne tenue sur vous-même, et dans tout ce qui vous entoure; si vous vous mettez sérieusement à la tête de votre maison, pour lui devenir utile en même temps qu'agréable; si vous êtes affable, prévenante pour les siens et surtout pour sa mère ; si enfin, tout en priant constamment pour lui, vous lui donnez l'exemple d'une piété solide et de la vertu chrétienne, non-seulement vous conserverez son affection, mais encore vous l'augmenterez; vous la rendrez durable, inébranlable, parce qu'elle sera fondée sur l'estime, et qu'il vous respectera autant qu'il vous aimera. Voilà comment vous le gagnerez à Dieu, en le gagnant pour vous-même.

LETTRE X.

A UNE JEUNE MÈRE.

Vous m'annoncez que vous serez bientôt mère, chère madame, et votre lettre est déjà toute remplie du parfum et des joies de la maternité. Oh! oui, c'est une grande chose que d'être mère, c'est-à-dire de devenir le réceptacle et comme un temple de Dieu, où s'accomplit le mystère de la création, où s'allume le flambeau d'une nouvelle vie, où le Verbe divin unit une âme à un corps pour en faire un homme, et l'éclairer de sa lumière, quand il arrivera en ce monde.

Vous allez ressentir la joie d'Ève, qui s'écria avec transport, quand elle enfanta son premier-né : « Je possède un homme par la grâce de Dieu! » Mais comme elle aussi, et à cause d'elle, vous enfanterez dans la douleur et dans l'angoisse, et votre bonheur brillera au milieu des larmes.

Ayez bon courage, et, tout en supportant les peines inséparables de votre situation, et que la faute de la première femme a attirées sur toutes ses filles, rappelez-vous avec reconnaissance que vous êtes chrétienne, c'est-à-dire une femme régénérée par le sang de Jésus-Christ, réconciliée avec le ciel par le sacrifice de l'amour, et alors remettez avec confiance votre âme et celle de votre enfant entre les mains du Père céleste. Recommandez-le à Marie, qui a été l'instrument de notre salut, comme Ève celui de notre perte, à Marie, qui a réparé par sa soumission ce que la première femme avait perverti par sa désobéissance; et quand, après les tortures de l'enfantement, on vous présentera le fruit de vos entrailles, le gage de l'amour de votre époux, dans le premier transport de votre joie maternelle, dans votre premier embrassement, offrez-le à Dieu qui vous l'a donné en le faisant sortir de votre propre vie, qui tout à l'heure le fera participer à la sienne par la grâce du baptême. Promettez-lui, sur votre lit de douleur et de bonheur, de vous dévouer tout entière à cette grande œuvre, qu'il daigne accomplir en vous, à savoir, de former un homme et un chrétien, c'est-à-dire plus qu'un homme, puisque le chrétien participe en Jésus-Christ à la vie divine.

Cependant si la maternité a ses joies, et ce sont les plus vives, les plus profondes de ce monde, elle a aussi ses devoirs et sa responsabilité. Vous commencez à vous en inquiéter, et vous me demandez si vous êtes obligée en conscience de nourrir votre enfant. Je réponds nettement : oui, si vous le pouvez; oui, car c'est votre enfant, le produit de votre sang, votre sang même et votre chair, l'os de vos os, votre vie. Il a donc le droit de s'alimenter à la source même où il a reçu l'existence, à moins qu'elle ne soit tarie, ou trop appauvrie, et certes aucune nourriture ne peut mieux lui convenir que l'extrait même du sang dont il a été formé.

Dans toute la nature, les êtres vivants nourrissent leurs petits ; il y en a même, dit-on, qui s'ouvrent les veines pour les abreuver de leur sang. Pourquoi la femme, qui doit être la plus parfaite des mères, puisqu'elle est une créature raisonnable, faite à l'image de Dieu, ferait-elle moins que les animaux, et serait-ce par hasard un privilége de son intelligence et de sa moralité, que de violer les lois de la nature, et de se soustraire à ses obligations? Que deviendrait le genre humain, s'il fallait deux femmes pour élever un homme, l'une pour l'enfanter et l'autre pour le nourrir? Celles qui allaiteraient les enfants des autres, que feraient-elles des leurs? N'y a-t-il pas quelque chose d'immoral, d'ignoble même à frustrer ses propres enfants de la nourriture qui leur appartient, pour fournir un lait mercenaire à des étrangers? N'est-ce pas vendre son sang, sa vie, le sang et la vie de son enfant?

Triste conséquence, et malheureusement trop commune aujourd'hui, de la faiblesse ou de la vaine délicatesse des femmes des villes, et qu'il ne faudrait tolérer que dans une nécessité extrême. Ce qui devrait être l'exception est devenu à peu près le droit, ou plutôt le fait commun. Dans certaines conditions de la société, on ne met plus en question si la mère nourrira son enfant, ou on ne pose la question que pour la forme, pour l'acquit de sa conscience, pour se faire démontrer qu'on ne le peut pas. Ce qui revient à dire que les dames des villes ne sont plus capables d'être complétement mères ; qu'il n'y a plus que les femmes de la campagne qui en aient la force, sans doute parce qu'elles n'ont pas les moyens de payer une nourrice. Les riches ont toute autre chose à faire qu'à allaiter leurs enfants, et la société raffinée où elles vivent leur impose des obligations plus sacrées, des convenances plus impérieuses que la nature! Eh bien! ici encore, je dirai avec le Fils de Dieu: Heureux les pauvres; parce qu'ils n'ont pas la facilité de se dispenser de leur devoir; parce que leur indigence, exposée à moins de tentations, et ne pouvant satisfaire de vains désirs et des caprices insensés, les force à suivre les lois de la nature et la volonté de Dieu!

Je suis convaincu que votre bon sens vous a dit tout cela, que votre conscience est d'accord avec votre bon sens, et que votre cœur, ému par l'instinct maternel qui s'éveille en vous, en a dit plus encore. Vous voudriez allaiter votre enfant. Il vous sera dur qu'on l'arrache de vos bras pour l'attacher au sein d'une étrangère, et, comme vous le portez maintenant dans vos entrailles, le nourrissant de votre propre substance, vous voudriez l'alimenter de votre lait, et lui donner seule tout ce qui lui est nécessaire. Ces sentiments agitent déjà maintenant votre âme, et ils la troubleront bien plus encore quand le moment sera venu.

Je ne mets point en suspicion votre bonne volonté; car je vous sais assez chrétienne pour accomplir vos devoirs, quoi qu'il vous en coûte, si cela dépend de vous.

Mais vous n'êtes point la maîtresse en cette circonstance. Il y a l'opinion de votre mari, de votre mère, de vos parents, de toutes les dames de votre connaissance, qui sont appelées au conseil, ou qui s'y convoquent elles-mêmes. Il y a, par-dessus tout, l'avis de l'accoucheur et des médecins, qui voient quelquefois ces choses d'un point de vue spécial. De toutes ces voix il va se former une discussion incessante, jusqu'au moment de votre délivrance, où s'agitera, non pas la question de principe, dont on ne parlera même pas, mais celle d'opportunité, qui sert presque toujours à rendre inutile ou inapplicable le principe qu'on n'ose point contester. On s'évertuera à vous prouver que vous ne pouvez point nourrir, qu'il y aurait imprudence à le faire, dans l'intérêt de votre enfant comme dans le vôtre ; et, à force de raisons de toutes sortes, on finira, sinon par vous convaincre, au moins par vous entraîner.

Vous m'avez transmis les principales raisons qu'on oppose à votre désir. Examinons-les ensemble.

On prétend que vous n'êtes point assez robuste, et que, si vous vous mettez à nourrir, le lait vous manquant bientôt, vous serez forcée de cesser ; et l'on dit qu'il vaut mieux ne pas entreprendre ce que vous serez obligée d'interrompre, d'autant plus que vous serez prise au dépourvu pour le choix d'une bonne nourrice.

J'accorde qu'il vaut mieux ne pas faire que de mal faire. Mais, je vous le demande, êtes-vous donc si faible que de ne pouvoir remplir une fonction que la nature vous impose ? Il me semble que jusqu'à présent vous vous êtes assez bien portée, et je ne sache pas qu'on ait encore mis ce prétexte en avant pour vous empêcher d'aller assez souvent au bal, au spectacle, en d'autres réunions, où vous passiez une partie de la nuit à danser ou à vous divertir.

On se porte toujours assez bien pour les choses qui plaisent, et on ne retrouve sa faiblesse et ses langueurs que pour ce qui est pénible. J'ai souvent été étonné d'apprendre que des jeunes femmes qui se disaient malades, ou au moins souffrantes, et qui passaient la journée sur une chaise longue, ou se traînant languissamment dans leurs appartements, trouvassent tant de vigueur, tant de ressort, pour supporter les ennuis d'une toilette interminable, d'un trajet plus ou moins long en voiture, et surtout pour s'agiter, tourbillonner, et *galoper* toute la nuit dans une salle de bal, où l'air échauffé et vicié par tant d'émanations malsaines aurait dû leur donner des attaques de nerfs ou les asphyxier. Mais qu'il s'agisse de sortir pour remplir un devoir, ou même de se remuer pour le soin de leur maison, elles n'ont plus de forces ; elles se posent ou s'étendent en victimes, et il faut absolument écouter leurs gémissements et les plaindre.

Vous n'allez pas jusque-là, je le sais, et les fatigues de vos plaisirs ne vous ont jamais empêchée de remplir vos devoirs. Pourquoi commenceriez-vous aujourd'hui, qu'il s'agit de l'un des plus sacrés ? Renonceriez-vous à la plénitude de la maternité par la peur de vous rendre malade ? Mais c'est votre état d'être mère, puisque vous êtes épouse ! Dieu, qui vous a destinée au mariage, vous a mise à votre place, comme le soldat posté en sentinelle est à la sienne. Votre consigne est d'y rester et d'y faire ce qui vous a été prescrit, je ne dirai pas au péril de votre vie (vous voyez que le soldat est plus héroïque que vous), mais du moins au prix de quelques sacrifices, inséparables de la position.

D'ailleurs il y a dans l'amour, et surtout dans l'amour maternel, d'immenses ressources, et votre tendresse pour votre enfant ne fera que s'accroître en le soignant. Le moral a une prodigieuse influence sur le physique, et la femme la plus faible, quand elle est passionnée ou veut fortement quoi que ce soit, trouve dans l'exaltation de son désir une énergie incroyable qui décuple sa force, et la rend capable d'efforts prodigieux ou d'une patience admirable. Je ne pense pas même que, constituée comme vous l'êtes, vous ayez besoin de tant d'énergie. Le corps se fortifie par l'exercice bien réglé de ses fonctions. Il s'agit seulement d'y mettre de l'ordre et de la mesure; et d'ailleurs, la joie intime que vous éprouverez tous les jours, à chaque moment, à soigner ce cher enfant, qui ne vivra que par vous et ne connaîtra que vous, vous fera oublier bien des fatigues, ou même vous empêchera de les ressentir.

Vos médecins prétendent que, comme vous êtes blonde et d'un tempérament lymphatique, il faut donner à votre enfant un lait plus substantiel, et qui corrige le vice physique transmis par votre sang. Aussi veulent-ils vous donner une nourrice brune et d'un tempérament bilieux. En vérité, la science est parfois un peu niaise, ou trop prétentieuse. Ces messieurs croient-ils ordonner les choses mieux que la nature ou la Providence, et faudra-t-il désormais donner tous les enfants des blondes à des brunes, et ceux des brunes à des blondes, afin d'avoir des hommes robustes ? Leurs combinaisons et leurs calculs seront-ils plus efficaces que les rapports établis par la nature elle-même, et en viendra-t-on à soutenir que le sang de la mère dont l'enfant est sorti lui est moins assimilable ou moins convenable qu'un sang étranger? Croyez-moi, chère madame, puisque, quel que soit votre tempérament, vous vous êtes bien portée jusqu'à ce jour, et que votre grossesse a été heureuse, si Dieu vous a accordé le bonheur d'être mère, il vous donnera aussi le moyen de l'être jusqu'au bout et de supporter les fatigues de la maternité. Ayez seulement de la bonne volonté et de la confiance en son secours, et non-seulement ce secours ne vous manquera pas pour remplir un devoir si naturel, mais encore il vous donnera plus de force, plus de fraîcheur, plus de vie, et aussi plus de grâce aux yeux de votre mari.

Maintenant voulez-vous que je vous dise les véritables motifs qui sont derrière ceux qu'on met en avant, sans oser les avouer, parce que la conscience les désapprouve, et qu'ils sont inspirés par un intérêt propre? Peut-être votre esprit s'est-il attaché à l'un ou à l'autre presque sans le savoir, pour influencer votre volonté; car à la plupart de nos actions il y a plusieurs motifs, et ce n'est pas toujours le plus en évidence qui détermine au fond. De là de prétendues vertus, qui ne sont que des vices, et des actions, condamnables en apparence, qui ont du mérite devant Dieu.

Si vous nourrissez, il faudra vivre en nourrice, à cause des soins continuels réclamés par l'enfant, et pour ne pas gâter votre lait. Donc vous devez vous renfermer dans votre intérieur, et vous dévouer exclusivement aux fatigues, aux veilles, et à la sollicitude de la nourrice. Cela n'arrangera ni votre mari, ni vos amis et connaissances, ni votre société habituelle, ni peut-être vous-même. Plus de visites, plus de soirées, plus de spectacles, plus de bals, plus de concerts. Il faudra dire adieu pour une année ou deux aux plaisirs du monde; et cela, après une première année de mariage, et quand vous en avez été le plus comblée. C'est une existence austère et morne, après une vie joyeuse et brillante. Vos amis la redoutent pour eux et pour vous, parce qu'elle vous enlèvera à leurs réunions et leur fermera votre salon. Votre mari craint peut-être la solitude de son intérieur, et vous, qui aimez un peu le monde et beaucoup votre mari, vous avez l'appréhension secrète qu'il ne s'ennuie chez lui, et que l'attirail d'une nourrice et les cris d'un enfant ne l'éloignent de sa maison et ne le poussent ailleurs.

Vous avez encore une autre inquiétude, qui vous tourmente davantage. Vous craignez de ne plus lui être aussi agréable en remplissant vos fonctions maternelles, d'un côté parce que votre toilette sera moins élégante, votre personne moins attrayante, et, de l'autre, parce que la vie de votre enfant vous réclamant pour un temps tout entière, vous ne pourrez plus être à lui comme auparavant. Vous aurez donc, croyez-vous, moins de moyens de l'attirer et de le retenir. Puis, peut-être n'êtes-vous pas non plus sans crainte pour votre beauté, dont les formes peuvent s'altérer, les traits grossir, et qui, dans tous les cas, ne sera pas soignée comme auparavant.

Enfin, peut-être encore votre nature délicate a-t-elle peur de cette vie continuelle de privations pour une petite créature qui aura toujours besoin de vous, même pendant son sommeil, afin de la protéger et de la garder. Elle devra tout recevoir de vous, sa nourriture qui vous épuisera, tous les soins de son corps qui vous occuperont sans relâche, des précautions perpétuelles pour lui épargner du mal, et dans ses souffrances inévitables des remèdes, des caresses, mille petites choses, qui souvent ne serviront à rien qu'à vous fatiguer et à vous décourager. Il est certainement plus commode de remettre tout cela à une mercenaire qu'un peu d'argent dédommagera de ses peines, et qui se dévouera à tant par mois.

Je conviens que toutes ces choses sont pénibles, et je ne m'étonne pas qu'une jeune femme du monde s'en effraye; car dans le monde on cherche avant tout ce qui est agréable, et l'on a horreur de la peine et de la douleur. C'est l'esprit du monde, ou l'égoïsme perfectionné par la réflexion. Mais avouez que, dans ce cas, il serait plus immoral que dans tous les autres. Il serait monstrueux, car il serait dénaturé.

En effet, ce qu'il y a de plus beau, de plus relevé dans l'ordre de la nature, c'est l'instinct maternel, justement parce qu'il est plus fort que l'instinct de la conservation propre, ou l'amour de soi. Chez presque tous les animaux, les mères oublient le soin de leur existence pour conserver celle de leurs petits, et les plus faibles, les plus timides, affrontent les dangers et les ennemis les plus terribles dans l'intérêt de leur jeune famille. Est-ce que la femme civilisée, qu'on appelle la femme du monde, en ferait moins pour ses enfants que des êtres sans intelligence? ou la raison dans ce cas ne lui servirait-elle qu'à dépraver les instincts de la nature ou à les éluder? Serait-ce là un produit, un avantage de la civilisation?

Mais si cette femme est chrétienne, comme vous l'êtes, n'a-t-elle pas pour accomplir ses devoirs naturels, quoi qu'il lui en coûte, des motifs plus nobles et plus efficaces que des instincts ou des penchants? N'a-t-elle pas sa foi qui lui enseigne que, déchue par la désobéissance, elle ne peut se relever que par la soumission? Que, comme femme, elle doit porter plus particulièrement les suites de la faute de la première femme, ou l'anathème jeté sur Ève et ses filles, qui les condamne à enfanter dans la douleur et à être soumises à l'homme dans le mariage? qu'ainsi, ni comme épouse, ni comme mère, ce n'est point son plaisir qu'elle doit chercher avant tout, mais son devoir, puisque dans ces deux états il y a une expiation à subir, une peine à porter et un avenir à préparer? Cet avenir, c'est le salut de son âme, ou le retour à la vie divine perdue par la révolte de nos premiers parents, et rendue par le sacrifice et les mérites de Jésus-Christ, mais à la condition de profiter de ses grâces par la bonne volonté, et de suivre le Sauveur dans le chemin de la croix et par l'abnégation de soi-même, si l'on veut le retrouver dans la gloire du Thabor et du ciel.

Or l'épouse chrétienne ne peut sauver son âme sans travailler de toutes ses forces au salut de son mari et de ses enfants. Elle doit tout faire, en tant que chrétienne, pour parvenir à cette fin, qui seule relève et sanctifie le lien conjugal et la maternité. Voilà ce qui fait la pureté, la sublimité du mariage chrétien, et c'est pourquoi saint Paul dit qu'il est un grand sacrement en Jésus-Christ et en son Église. Il ne doit pas seulement fournir des enfants à la famille, des citoyens à l'État, des populations à la terre; mais, dépassant toutes les sphères de l'ordre naturel, il donne des fidèles à l'Église, qui est la famille humaine régénérée, des sujets au royaume de Dieu, des enfants au ciel, ou des frères et des cohéritiers à Jésus-Christ. C'est dans cette vue que les époux chrétiens doivent s'unir et vivre ensemble, et alors, s'ils agissent suivant leur foi, ou si leur foi vivante se réalise par leurs œuvres, tout en jouissant de leur amour réciproque, qui a été béni par Dieu, dans leurs âmes et dans leurs corps, ils ne doivent jamais oublier que les joies du cœur et de la chair ne sont qu'un moyen, légitime s'il mène au but, coupable s'il s'en éloigne, et qu'ainsi c'est un devoir sacré pour eux de tout subordonner à la fin supérieure de leur union.

C'est pourquoi, chère madame, vous devez soigner le corps de votre mari et de votre enfant, pour aider au salut de leurs âmes : car l'âme ici-bas ne peut rien sans le corps, et par conséquent vous accepterez avec résignation, avec amour, les sacrifices imposés à l'épouse et à la mère. Vous saurez renoncer au monde et à ses plaisirs pour un temps, si le bien de votre enfant l'exige, et pour lui donner la nourriture qui lui convient le mieux : car en conservant son corps, en le rendant sain et robuste, vous préparerez à son âme un bon instrument, avec lequel elle devra travailler à son perfectionnement et à son salut. Vous renoncerez pour un temps aux plaisirs sensibles du mariage, par conscience et pour l'amour de votre enfant, et cette pieuse abstinence rendra du ressort à votre esprit, le retrempera, et lui donnera plus d'empire sur les instincts de la chair. Ce sera comme un temps de purification et de retraite. Vous accepterez les fatigues, les peines, les veilles, tous les soins de la maternité, non-seulement par l'instinct naturel de la mère, qui s'oublie spontanément pour ses enfants, mais par un sentiment profondément chrétien, qui voit aussi dans le mariage une image de la croix de Jésus-Christ, un crucifiement qu'il faut subir avec lui et pour le salut de la famille, si l'on veut profiter, soi et les siens, des bienfaits de la rédemption, parce qu'on aura participé aux douleurs du sacrifice.

Je pense vous avoir montré pourquoi, femme chrétienne, vous devez allaiter votre enfant, si vous le pouvez, et je crois que vous le pouvez ; car les objections qu'on oppose à votre bonne volonté ne sont pas sérieuses. Votre conscience vous y obligerait donc, si vous étiez maîtresse de vous-même. Mais vous ne l'êtes pas ; il vous faudra obéir aux médecins et à votre mari, s'ils prennent une décision contraire. C'est ce qui vous excusera aux yeux de Dieu, si vos représentations sincères ne sont point écoutées.

Il nous reste à considérer maintenant les conséquences de cette décision, pour votre enfant d'abord, car c'est lui qui est le plus en question dans cette affaire, pour vous ensuite et pour votre intérieur. Il est bien entendu que je ne puis vous présenter ici que des considérations générales qui seront plus ou moins modifiées en bien ou en mal par votre position.

Qu'est-ce qu'une nourrice ? Une seconde mère, tant que l'enfant a besoin de son lait. Par la force des choses, elle est substituée à la mère donnée par la nature, puisqu'elle en remplit les fonctions en nourrissant l'enfant et en le soignant. Est mère qui nourrit.

Votre enfant va donc sucer le lait d'un autre sein que celui qui l'a porté, le lait d'une étrangère! Il va s'assimiler dans sa première alimentation la substance, la vie d'une autre femme; car le lait est une sécrétion du sang, et dans le sang est la vie avec ses qualités ou ses vices. Qu'y aura-t-il dans ce sang que vous allez faire boire à votre enfant? Vous l'ignorez, et votre médecin n'en sait pas beaucoup plus que vous à cet égard. Il verra si cette femme est fraîche, grasse; si elle mange bien, digère bien, dort bien; si elle a la poitrine bien conformée et du lait en abondance, et s'il n'aperçoit aucune trace de maladie ancienne, aucun indice ou symptôme de maladie présente ou future, il vous la garantira.

Il ne peut pas faire davantage; et cependant que de choses invisibles peut contenir le sang de cette femme, qui a été pénétré lui-même par le sang de son mari! Que de virus, de miasmes, de principes secrets de maladie peuvent le vicier, sans qu'il en paraisse rien au moment où vous la prendrez, et qui se développeront peut-être plus tard, quand on ne songera plus à l'examiner, ou quand le mal sera fait! Les maladies qui affectent le plus profondément les sources de la vie et qu'on croit avoir guéries, laissent toujours des traces après elles, et cette pauvre créature ne peut-elle en avoir reçu le principe ou les suites par des désordres antérieurs? Je connais une personne qui a été tourmentée toute sa vie par des dartres, dont le virus lui a été transmis avec le lait de sa nourrice. Les médications les plus énergiques n'ont jamais pu l'en délivrer; elle portera ce feu dans son corps jusqu'à sa mort, et avec ce feu toutes les ardeurs physiques et morales qu'il produit, c'est-à-dire un tempérament irritable et une activité inquiète et fiévreuse. Voilà donc toute une existence viciée et torturée par le lait d'une nourrice! Qui vous assure que vous serez plus heureuse, et que votre enfant ne sera pas infecté par celle qui doit réparer sa vie?

Mais ce n'est pas tout. L'homme est composé d'une âme et d'un corps, et ces deux parties de son existence sont intimement liées dans l'unité de sa personne par l'action de la vie, qui les pénètre, les mêle sans les confondre, en sorte qu'il y a action et réaction incessante du physique sur le moral et du moral sur le physique. Or c'est surtout par le sang que ce rapport intime s'effectue; et ainsi, de même que la qualité du sang influe sur les facultés intellectuelles et morales pour les aider ou les entraver, de même à leur tour l'esprit et le cœur, avec leurs vertus et leurs vices, avec leurs habitudes et leurs passions, modifient le sang et lui impriment des dispositions favorables ou contraires à leur exercice.

Votre médecin, qui aura examiné le corps de cette femme, et qui déjà ne peut pas vous dire ce qu'il y a dans son sang, la connaîtra-t-il mieux sous le rapport moral, et pourra-t-il vous répondre de ses penchants, de son humeur, de son caractère, de ses vices ou de ses vertus? Vous n'aurez sur ce point important que des renseignements superficiels, et ainsi vous abandonnerez l'âme de votre enfant à toutes sortes d'influences que vous ne soupçonnez même pas. En même temps que son sang pourra être gâté par celui de sa nourrice, son cœur aussi, par l'intermédiaire de ce sang, imprégné de mal par une mauvaise volonté, pourra absorber des germes de passions funestes, ou au moins être prédisposé à toutes sortes d'excès.

Avec son lait la nourrice lui donnera ses soins, des soins maternels qui vous appartiennent, et, quand vous voudrez y prendre part, ce ne sera jamais qu'en seconde ligne.

L'enfant ne connaît que celle qui le nourrit ; elle est sa providence et son monde. Sa première affection, les prémices de son amour seront pour une étrangère. Il ne sera tranquille et souriant qu'avec elle ; il ne voudra que ses caresses et ses baisers ; elle seule pourra l'apaiser quand il criera, le soulager quand il souffrira, et, si quelque chose l'effraye, c'est son sein et non le vôtre qui lui servira de refuge. La parole de sa nourrice aura sur lui plus d'influence que la vôtre, et quand il commencera à la sentir et à la comprendre, ce qui arrive plus tôt qu'on ne pense, c'est l'esprit de cette femme grossière qui éveillera son esprit ; c'est son âme inculte, sinon vicieuse, son âme toute remplie de préjugés, de superstitions et de sentiments vulgaires, qui pénétrera la première l'âme de votre enfant et y imprimera son caractère.

Qu'on ne dise point que, tant que l'enfant est à la mamelle, il n'a ni pensée ni volonté. Il pense et sent à sa manière, mais à coup sûr il pense, quoique bien faiblement, puisqu'il répond à vos paroles ; il veut, et très-énergiquement, puisqu'il résiste à vos volontés. Il se fâche, s'indigne, se révolte, quand on le contrarie, et il manifeste son opposition d'esprit et de volonté par des cris, des trépignements et des coups. Il a donc déjà besoin d'être gouverné, instruit, discipliné, et cette première éducation, la plus importante peut-être, parce que venant la première elle s'imprime comme sur une cire molle et fait le fond de toutes les autres, vous l'abandonnez à une paysanne ignorante, qui, dominée par ses instincts naturels, élèvera votre enfant à peu près comme les animaux soignent leurs petits.

J'aimerais mieux, je l'avoue, si cela se pouvait, que le pauvre enfant suçât le lait d'une chèvre ou d'une brebis; au moins il n'y aurait à craindre aucune influence vicieuse, ni pour le physique, ni pour le moral. Ce serait tout simplement une alimentation comme avec du pain, de la viande ou des fruits. Le cœur ni l'esprit ne seraient exposés à aucune contagion, et rien d'humain ne viendrait se mêler à la substance humaine que vous lui avez donnée. On éviterait surtout l'action si puissante de la parole, déplorable quand elle est vicieuse, et même si elle n'est que sensuelle et insignifiante: car c'est par la vertu de la parole que l'intelligence est excitée, fécondée et développée; et jugez quelle vertu spirituelle il y aura dans le parlage de votre nourrice! Sans compter sa mauvaise prononciation et son patois, qui ont aussi leur influence, imaginez les niaiseries, les sottises, les contes absurdes qui vont assaillir l'oreille délicate du nourrisson, et un peu plus tard, quand il commencera à réagir par son attention, pensez à tout ce qu'elle lui chantera, lui bavardera, soit pour le calmer s'il pleure, soit pour l'endormir s'il est agité, soit enfin pour se soulager elle-même en versant au dehors, par un flux de paroles, dont elle inondera le pauvre enfant, le trop-plein de son activité oiseuse. Quelle école de langage et de pensée!

Et aussi, hélas! quelle école de moralité, quand, ne pouvant venir à bout du poupon par les moyens ordinaires (et si vous n'êtes pas là, ce qui arrivera trop souvent, puisque vous ne nourrirez point pour continuer à aller dans le monde), elle s'emportera, le brusquera, le frappera peut-être, et par ces manifestations brutales, qui exciteront dans l'enfant une réaction violente, elle allumera en lui le feu de la colère, du ressentiment, de la mauvaise volonté; elle lui insufflera l'esprit d'opposition et de révolte!

Voilà les conséquences possibles, probables même, pour votre enfant. Voyons pour vous.

Ce pauvre petit être qui vient de sortir avec douleur de vos entrailles, après avoir vécu si longtemps avec vous dans la communauté de vie la plus intime, lui qui, si on le laissait faire, conduit par la nature, chercherait votre sein et se coucherait dans vos bras, on va le contrarier dans son mouvement spontané, qui le pousse vers vous, et il faudra l'arracher de vos embrassements pour l'attacher au sein d'une autre. Cela vous brisera le cœur, la première fois surtout, et bien des jours encore. On s'y habitue, je le sais; on finit même par trouver plus commode ce qui était si poignant d'abord. C'est un malheur de plus, parce que la tendresse maternelle, brisée dans son premier mouvement, et ternie pour ainsi dire dans sa fleur, perd certainement de sa délicatesse et de cette sainte jalousie qui fait qu'elle veut être tout pour son enfant, et qu'il soit tout à elle. La maternité s'affaiblit en ne remplissant pas ses fonctions, qui la ravivent et l'accroissent.

Puis le lait que la nature vous a donné, pour que vous le donniez à votre tour à l'être qui est né de vous, qu'en ferez-vous? Ce fleuve de vie, qui circule dans votre poitrine, et qui doit aboutir à cette existence nouvelle, pour la rafraîchir, la sustenter et la développer, où ira-t-il se perdre? Il faudra donc en détourner le cours, puisque les hommes ne veulent pas qu'il aille là où la nature le portait. Croyez-vous qu'il soit sans danger de troubler l'ordre de la nature et d'en combattre les lois? « On le fera passer, » diront l'accoucheur et la garde-malade. On le fera passer sans doute, mais où et comment? Il ne me convient pas d'entrer ici dans des explications médicales, qui, vous le savez, ne me sont pas étrangères, et qui d'ailleurs pourraient vous effrayer. Tout ce que je puis vous dire, c'est qu'on ne le fait jamais si bien passer, qu'il n'en reste quelque chose qui va porter le désordre en d'autres régions de l'organisme, quand il ne reflue pas sur la source même dont on refoule le cours; et de là tant de maladies organiques auxquelles sont sujettes les jeunes femmes d'aujourd'hui qui ne nourrissent point leurs enfants. La nature ne perd jamais ses droits, et, quand la liberté de l'homme les viole, ce n'est jamais impunément; elle s'en venge tôt ou tard.

Enfin, et c'est une dernière considération, qui concerne votre intérieur et qui a aussi son importance, vous risquez d'introduire dans votre maison un grand embarras et une cause de discorde. Vous n'avez point l'expérience de ces choses, et vous ne vous doutez pas de ce qu'est une nourrice. Demandez-le aux dames de vos amies qui en ont fait l'épreuve.

Une nourrice dans un ménage n'est pas une domestique de plus, comme vous l'imaginez peut-être; c'est souvent une maîtresse en face de la maîtresse, et plus puissante qu'elle, parce qu'elle sait très-bien qu'elle a pris sa place dans sa fonction la plus importante, et elle s'en prévaut le plus qu'elle peut. Elle sait qu'elle a entre les mains la joie, le bonheur, l'espoir, la vie du jeune ménage ; et avec votre enfant dans ses bras et suspendu à son sein, elle vous bravera, vous, votre mari et tout le monde, parce que vous avez tous besoin d'elle, et qu'en ce moment votre destinée est dans ses mains. Elle usera et abusera de sa position insolemment et bêtement ; car il n'y a rien de plus insolent que ce qui est bête. Elle exigera toutes les douceurs en nourriture, en vêtements, et pour tous les besoins de son existence ; elle aura chaque jour des prétentions nouvelles auxquelles vous n'oserez pas résister, de peur de la perdre et de changer le régime de votre enfant. Vous craindrez de la contrarier en quoi que ce soit, pour ne pas la rendre malade et gâter son lait. Elle sera votre tyran, et vous passerez par tout ce qu'elle voudra, si capricieuse et si exigeante qu'elle soit, parce que vous tremblerez pour la vie de son nourrisson.

Un malheur en amène un autre. Si vous n'avez pas su, pu ou voulu rester la mère de votre enfant, si vous avez donné votre place à une autre, vous perdrez aussi dans une certaine mesure l'empire de votre intérieur, et vous ne serez pas non plus la maîtresse de la maison. Elle mettra la discorde entre vos domestiques, d'abord par la jalousie qu'elle excitera à cause des douceurs dont on l'accable et de la préférence qu'on lui donne à chaque occasion. Puis, forte de l'héritier qu'elle tient dans ses bras et qui ne vit que par elle, elle se fera servir comme le maître futur du logis, dont elle a le dépôt; et tout ce que les autres lui refuseront pour son avantage ou son agrément, elle prétendra qu'on en prive son nourrisson, et que c'est lui, en fin de compte, qui en pâtira. Il est évident qu'avec de telles raisons elle vous fera toujours céder, car elle vous tient le couteau sur la gorge; et tremblante pour le bien-être de votre enfant, surtout quand il aura quelque indisposition, et à plus forte raison si sa vie était en danger, non-seulement vous lui accorderez tout ce qu'elle demandera, mais encore vous obligerez les autres serviteurs à la contenter, s'il est possible.

Vous trouverez peut-être, ma chère enfant, en lisant ma lettre, que j'ai un peu forcé le tableau des inconvénients; je ne le crois pas, parce que j'ai vu tout ce que je vous ai dit, et j'ai peint d'après nature. Seulement, comme je vous en ai avertie en commençant, je ne prétends pas qu'il en soit toujours et partout ainsi, et vous pouvez tomber sur quelque modèle de nourrice qui vous donnera moins d'embarras. Mais les modèles sont rares, surtout parmi les femmes de ce genre; et les ennuis que je vous ai annoncés, qui sont tous possibles, sont encore très-probables pour la plupart. En vérité, en laissant même de côté la voix de la nature et celle de la conscience, ne serait-il pas plus sage et d'un intérêt mieux entendu de remplir son devoir?

Je me résume pour donner une réponse catégorique à votre consultation. La conscience vous fait-elle un devoir de nourrir votre enfant?

Oui, si vous le pouvez: Dieu, qui vous a rendue mère, vous en impose toutes les fonctions, et celle-ci est un droit et un devoir.

Le pourrez-vous ? Je le crois, parce que, jusqu'à présent, vous vous êtes bien portée, et je ne vois pas pourquoi votre santé souffrirait de l'accomplissement d'une fonction naturelle à la femme. Celui qui vous a donné la mission de la maternité vous donnera aussi les moyens et la force de la remplir. Je crains bien plus pour votre santé dans le cas contraire.

Les raisons qu'on met en avant pour vous détourner de votre devoir me semblent peu fondées, et celles qu'on n'articule pas, et qui sont les véritables, sont immorales.

Cependant, comme après tout il s'agit ici d'une affaire en grande partie matérielle et physiologique, qui n'est pas du ressort de la religion, excepté en ce qui intéresse la conscience, après vous avoir représenté ce que je crois votre devoir comme mère chrétienne, je me garderai bien de décider contre l'avis de ceux qui sont juges compétents en ces sortes de choses, et je ne veux nullement empiéter sur les droits de la médecine. J'ai dû seulement vous dire les ennuis, les embarras et les peines de tout genre, peines de cœur, peines d'esprit et peines de corps, auxquels vous vous exposerez, si vous cédez à une autre, sans nécessité absolue, la mission sacrée que Dieu et la nature vous ont donnée.

LETTRE XI.

A UNE MÈRE SUR L'ÉDUCATION DE SA FILLE.

Vous êtes au moment de prendre une résolution importante, madame, en ce qui concerne l'éducation de votre fille, et vous me demandez un conseil qui vous aide à discerner la meilleure voie à suivre, et contribue à tranquilliser votre conscience par l'autorité dont vous vous appuyerez. Cela est grave, madame, et vous me permettrez avant tout de ne pas engager ma responsabilité dans le parti que vous choisirez. Comme l'affaire sur laquelle vous me consultez est en grande partie spirituelle, puisqu'elle peut tourner au salut ou à la perte d'une âme, et que depuis longtemps vous voulez bien invoquer mon secours dans les embarras ou les inquiétudes de votre conscience, je ne puis vous refuser mon avis, et c'est un devoir de mon ministère de vous aider en cette circonstance, quoi qu'il arrive. Je vous dirai donc mon sentiment en toute simplicité, mais en vous laissant parfaitement libre de faire comme vous l'entendrez. Car, en définitive, c'est aux parents qu'il appartient de décider ces choses, et personne n'a le droit de se mettre à leur place en ce qui regarde le soin de leurs enfants. Ce n'est donc pas le prêtre, avec son autorité, qui va vous parler; c'est un ami qui vous connaît, vous et votre famille, depuis longtemps, et que sa longue expérience rend capable de vous donner quelques indications utiles, en ce moment critique, pour mener à bonne fin l'éducation de votre enfant.

Adèle a dix ans : c'est l'époque d'études plus sérieuses et de la préparation à la première communion. C'est pourquoi vous sentez le besoin de la soumettre à un régime plus sévère et mieux suivi, qui cultive son esprit, forme sa volonté et développe son âme, pour en faire une jeune fille intelligente et aimable, et plus tard une femme chrétienne et une bonne mère de famille. Où trouverez-vous ce nouveau régime? chez vous, ou dehors? Chez vous, vous en chargerez-vous seule, ou prendrez-vous une gouvernante? Au dehors, où la placerez-vous? dans une pension laïque, ou dans un couvent? Voilà, je crois, toutes les faces de l'affaire et toutes vos questions.

On dit généralement qu'une fille ne peut être mieux qu'auprès de sa mère, et qu'ainsi elle doit être élevée par elle. C'est une phrase faite qui a un fond de vérité, comme tout ce qui est proverbial, mais que néanmoins il ne faut accepter qu'avec des restrictions et dans certaines conditions.

Cela n'est pas toujours vrai, même au physique, puisqu'il y a des cas où la mère ne peut pas allaiter son enfant : à plus forte raison au moral. La mère, sous ce rapport, peut n'avoir pas ce qu'il faut pour élever sa fille, ou bien elle peut se trouver dans une situation telle, ou mener une telle conduite, qu'il soit avantageux à sa fille de ne point rester à ses côtés. Comment, en effet, préserver l'innocence d'un enfant et la former à la moralité, si elle a sous les yeux de mauvais exemples, si la discorde règne entre les parents et éclate chaque jour, ou même si la maison est mal tenue, et que le désordre y domine? Ne vaut-il pas mieux cent fois, dans ces cas, la transporter dans un autre milieu, où elle trouvera ce qui lui manque auprès de sa mère, et surtout où elle ne rencontrera pas ce qu'il faut éviter de montrer ou de laisser voir à une jeune fille, si l'on veut l'élever dans l'ignorance du mal et dans la pratique de la vertu?

Je sais que chez vous elle n'aura point sous les yeux de mauvais exemples, et que la paix règne dans votre intérieur. Mais elle y trouvera au moins un grand mouvement et de la dissipation; car, à cause de la position de votre mari et de la multiplicité de vos relations, vous voyez beaucoup de monde, vous en recevez beaucoup. Vous passez souvent la soirée dehors, au spectacle, au bal, dans d'autres réunions. Qui surveillera votre fille pendant ces visites perpétuelles à recevoir ou à faire, et surtout dans les longues heures de la soirée? Vous me direz qu'on la couchera avant votre départ, et qu'alors elle sera gardée par le sommeil. Mais auparavant ne verra-t-elle pas vos apprêts de toilette? ne s'en occupera-t-elle pas comme de la chose la plus intéressante? et il n'y a rien en effet qui intéresse plus une jeune fille. Ne se demandera-t-elle pas quand elle pourra se faire belle comme vous, pour aller se montrer au dehors? et ainsi n'exciterez-vous pas de bonne heure en elle, par des tentations souvent répétées, des penchants et des goûts qui ne viendront que trop tôt, et qui la rendront coquette avant l'âge ?

Puis le lendemain matin, fatiguée que vous serez de la veille et pour vous être couchée trop tard, comment la ferez-vous lever de bonne heure, pour lui donner l'habitude de la vigilance, combattre la paresse et la mettre au travail? Quand vous serez occupée avec elle dans la matinée ou dans l'après-midi, ne risquerez-vous pas d'être à chaque instant dérangée par les nécessités du ménage, par un ordre à donner, par un achat à faire, par une visite qui survient, enfin par tous les accidents de la vie domestique et mondaine? L'enfant sera enchantée de ces traverses, qui interrompront la leçon et lui fourniront des distractions. Mais, en attendant, elle ne travaillera pas, elle ne prendra point l'habitude d'une application sérieuse et soutenue, et ainsi son esprit restera mobile comme son imagination, distrait comme ses sens, léger comme son attention; elle n'apprendra rien, ou peu de chose.

Cependant, si elle profite peu pour l'instruction, pensez-vous qu'elle gagnera davantage pour la moralité? Elle n'entendra rien de mauvais ni de déshonnête, je le veux; et encore êtes-vous bien sûre de vos domestiques, et ne risque-t-elle pas d'être avec eux plus qu'avec sa mère, puisque vous êtes souvent et longtemps dehors? Elle restera donc avec une femme de chambre, avec une bonne, et Dieu sait quelles conversations s'établiront entre une petite fille curieuse et de grandes filles ignorantes et sans éducation, qui ont aussi leurs passions, et feront tout ce qu'elles pourront pour se désennuyer en vous attendant.

Puis, les jours où vous avez du monde à dîner, votre fille sera à table. Elle passera aussi au salon, au moins pour quelque temps, et elle assistera et peut-être prendra part à la conversation. Or, vous savez ce qu'est en général la conversation du repas et du salon. On parle de toutes choses, du bien et du mal, du mal plus que du bien, parce qu'il est plus amusant, c'est-à-dire parce qu'il flatte ce mauvais penchant inné à tout homme, et surtout à l'homme civilisé, de dénigrer son prochain pour se relever soi-même, et de signaler les défauts, les vices ou les ridicules des autres, pour faire ressortir ses propres vertus, ses qualités personnelles ou celles qu'on croit avoir. Ou bien, on parlera de spectacles, et par conséquent, d'acteurs, d'actrices, de chanteurs, de chanteuses, de danseuses, et de toutes les vanités et immoralités qui s'y rattachent. On parlera de bals, de soirées, du luxe qu'on y a déployé, des toilettes les plus remarquables par leur richesse, leur élégance, ou leur ridicule; des aventures qui s'y sont passées; de M. ou de Mme X.... qui ont été le lion ou la lionne de la fête; des rencontres qui y ont eu lieu; des projets de mariage qui s'y sont formés; du jeu effréné auquel on s'est livré, du gain énorme des uns, de la perte considérable des autres, etc., etc.

Que vous dirai-je? vous savez tout cela mieux que moi, puisque vous y êtes encore mêlée si souvent. Or, votre fille entendra ces choses, et bien d'autres, à votre table, dans votre salon, au moins une fois par semaine, puisque vous recevez tous les huit jours. Elle les écoutera avec d'autant plus d'avidité, de curiosité, qu'elles seront nouvelles et plus brillantes. Croyez-vous que ces semences, jetées dans son imagination de jeune fille par tous les vents de la conversation, y resteront stériles? Elles y germeront, soyez-en sûre, et les racines s'enfonceront dans sa mémoire et dans son cœur; et comme ces germes et leurs racines seront continuellement entretenus, hâtés et nourris par les mêmes causes, ils produiront, avant le temps, des fruits de sensualité, de vanité, de mondanité, qui pourront gâter sa jeunesse et peut-être toute sa vie. Les habitudes de l'enfance sont les plus tenaces, et, quand l'esprit et le cœur ont été modelés et comme pétris de bonne heure par l'esprit du monde, qui s'est pour ainsi dire mêlé à leur substance, il est bien difficile de les en séparer. Or, rien n'est plus opposé à l'esprit chrétien, qui peut seul cependant, au moins par sa prédominance, former des jeunes filles pures et modestes, et des femmes honnêtes et sûres.

Autre embarras pour habituer votre fille à la règle et au bon ordre! Vous aurez parfaitement ordonné la journée avec ses moments de travail et de repos, vous aurez promis une récompense après le devoir accompli, et vous espérez que tout va marcher en ordre, mais vous avez compté sans vos hôtes. Voilà une visite qui survient, et on ne peut la refuser. C'est un parent, un ami, une connaissance intime, une personne influente; on l'introduit, et voilà tout votre échafaudage du jour renversé. Ou bien c'est une affaire qui arrive inopinément, et il faut sortir: et ainsi, presque chaque jour, par une cause ou par une autre, l'arrangement du temps est troublé, la discipline suspendue, en sorte que, le cadre étant toujours mouvant, rien ne peut s'y mettre ou rester à sa place. L'esprit de l'enfant, habitué à voir la règle se plier à toutes les circonstances, ne sera jamais discipliné; il n'apprendra ni à être conduit, ni à se conduire lui-même. Comment pourrait-il, au milieu de cette instabilité perpétuelle, contracter des habitudes d'exactitude et de régularité?

Il faut donc, madame, si vous voulez diriger l'éducation de votre fille, commencer par réformer votre maison et votre train de vie. Il faut renoncer, pendant plusieurs années, à ce qu'on appelle la vie du monde, et vous renfermer presque exclusivement dans votre intérieur, pour remplir les fonctions de gouvernante, ou plutôt pour agir en véritable mère, qui, se dévouant tout entière à son enfant, après lui avoir donné l'existence et l'avoir nourrie de son lait, veut parfaire son œuvre, la plus belle des œuvres, en lui communiquant, autant qu'il dépend d'elle, la vie de l'esprit et de l'âme. Si vous en avez la bonne volonté et le courage, certes, ce n'est pas moi qui vous en dissuaderai. Mais cela conviendra-t-il à votre mari et au monde qui vous entoure?

Cependant, même avec cette bonne volonté, tâchons de ne pas nous faire illusion, afin de ne point entreprendre ce que nous ne pourrions mener à bonne fin : car une pareille imprudence serait préjudiciable à l'éducation de votre fille, et empirerait la situation.

Cette enfant, qui est pleine d'intelligence, a aussi un caractère difficile et une volonté très-prononcée. Je vous ai entendue souvent parler de sa pénétration et de ses reparties, et vous vous en réjouissiez à juste titre. Je l'ai mise moi-même à l'épreuve, et j'ai été surpris de sa facilité à comprendre et à apprendre. Par contre, que de fois je vous ai vue déplorer sa désobéissance, son obstination, sa mauvaise tête, son désir de dominer tout ce qui l'entoure et de n'agir qu'à sa guise, et alors son opposition à tout ce qui l'arrête ou la gêne, son indignation au moindre obstacle, l'impertinence avec laquelle elle reçoit souvent les observations ou les reproches qui lui sont adressés, même par sa mère, qu'elle ne respecte pas plus que les autres. Vous vous en êtes désolée maintes fois et presque découragée.

Comment ferez-vous donc maintenant pour regagner le terrain perdu? et qui vous rendra cette autorité indispensable pour diriger une éducation, et que vous avez déjà laissée échapper de vos mains? Vous avez été trop faible jusqu'à présent, et elle s'en est prévalue. A force de ruse et d'opiniâtreté de son côté, et par un excès d'indulgence et de faiblesse du vôtre, elle est devenue plus forte que vous dans vos rapports mutuels, et vous finissez presque toujours par faire ce qu'elle veut, pour vous délivrer de ses importunités, ou par peur de sa mauvaise volonté. Vous êtes à bout de voie maintenant avec elle, et vous voudriez recommencer une nouvelle route. Je suis convaincu que vous n'iriez pas loin, et qu'ainsi il vaut mieux ne pas tenter ce qui n'a aucune chance de réussir. Le prestige de votre puissance maternelle est évanoui. La jeune fille connaît toutes vos faiblesses, et elle continuera d'en abuser. Les rôles ont été intervertis entre vous, et vous n'êtes plus capable de la faire descendre de la supériorité où vous l'avez laissée monter. Il faut qu'elle passe sous une autre discipline, qui la dompte par la crainte et le respect. Il faut, comme dit la parole sacrée, que son cou roide soit courbé par le joug de la règle, imposé et maintenu par une main ferme, qui lui apprendra à obéir, à respecter, à aimer même : car les enfants volontaires n'aiment qu'eux-mêmes.

Eh bien! direz-vous, si ma position et ma faiblesse m'empêchent de remplir convenablement ma tâche de mère en élevant moi-même ma fille, je puis prendre une gouvernante, plus énergique, plus habile que moi, et qui n'aura que cela à faire. Au moins je garderai mon enfant auprès de moi, et, comme toute la sévérité reviendra à celle qui doit la diriger, je n'aurai plus que les douceurs maternelles, et elle m'aimera plus encore que par le passé. J'aurai accompli mon devoir, et mon cœur de mère ne sera plus si souvent brisé.

Soit! prenez une gouvernante. Mais, croyez-moi, regardez-y à trois fois avant de la prendre : car, ici encore, s'il y a quelquefois des avantages, il y a souvent de graves inconvénients que vous ne soupçonnez peut-être pas, et que je dois vous signaler.

Vous aurez, dites-vous, une institutrice qui saura prendre et exercer sur votre fille l'empire que vous n'avez pas. Je suppose que vous la trouviez telle, et c'est une supposition bien chanceuse; si capable que soit cette personne, elle ne pourra rien si vous ne la soutenez. Car, en définitive, dans les cas difficiles il y a toujours appel à l'autorité des parents, et, quand vous serez placée entre votre enfant qui se révolte ou qui pleure, et une femme étrangère qui voudrait la mettre à la raison, aurez-vous plus de courage que vous n'en n'avez aujourd'hui, et serez-vous capable de maintenir la règle en dépit des larmes ou des caresses qui vous attendriront, ou de la révolte ouverte qui vous effrayera? Si vous cédez une fois, surtout au commencement, la gouvernante ne pourra plus gouverner, et la place ne sera point tenable pour elle.

Si vous tenez bon, et que son influence s'établisse, elle parviendra peut-être, si c'est une femme d'esprit, à se faire aimer de son élève en gagnant sa confiance, et alors elle aura moins besoin de vous. Elle pourra même s'en passer tout à fait ou à peu près, à cause de l'empire qu'elle aura pris sur le cœur de son élève, et ce sera peut-être vous, à votre tour, qui aurez besoin de sa médiation pour obtenir ce que vous désirez de votre fille. Qu'en dira votre cœur maternel, qui verra une étrangère plus puissante sur la volonté de son enfant que sa propre mère? Ne serez-vous pas un peu dans le cas de ces femmes qui ne veulent pas ou ne peuvent pas nourrir leur enfant, et qui ont la douleur de le voir attaché au sein d'une autre, et donner ses caresses et son premier amour là où il trouve sa première joie? Êtes-vous bien sûre que vous ne deviendrez pas jalouse de celle qui vous rend un si grand service, et que, dans cette disposition que vous ne vous avouerez pas, mais qui n'en sera pas moins réelle, vous ne vous laisserez point aller, je ne dirai pas à contrarier une influence si utile, mais au moins à n'être pas toujours fâchée de petits incidents ou de quelques collisions, qui relèveront votre autorité éclipsée en diminuant celle de l'autre? De là, plus de faiblesse pour votre fille, que vous essayerez secrètement de ramener à vous, et une certaine défiance de l'institutrice qui vous fera ombrage.

Si vous rencontrez une bonne gouvernante, vraiment capable de ses fonctions, vous devez la laisser faire et ne pas vouloir sans cesse mêler vos idées aux siennes, ni traverser son action par la vôtre. L'ordre une fois établi et les rapports bien déterminés, il faudra les respecter, quoi qu'il arrive dans votre intérieur. Autrement vous ne seriez pas plus avancée qu'auparavant, et vous auriez une personne de plus à conduire, donc plus de difficultés, sans recueillir aucun avantage. Pourrez-vous ainsi vous abstenir dans votre esprit et dans votre volonté? Ne penserez-vous pas souvent, ou au moins quelquefois, que la gouvernante est trop sévère ou trop relâchée, qu'elle voit la chose du mauvais côté, qu'elle prend des mesures inopportunes ou maladroites, et qu'elle fait beaucoup d'embarras pour un mince résultat? N'aurez-vous pas la tentation de le laisser apercevoir ou de le dire à ce qui vous entoure, voire même à son élève, dans un moment de tendresse et d'abandon, ou pour la consoler de quelque disgrâce? Alors l'enfant sentira qu'il y a scission entre sa mère et sa gouvernante; elle ne manquera pas d'y appuyer pour l'agrandir. Elle se jettera instinctivement entre les deux pour les séparer davantage, s'appliquant avec ruse à les neutraliser l'une par l'autre, pour les dominer toutes deux : ce qui ne lui sera pas difficile, puisqu'elle vous sentira secrètement de son côté. Ici encore, par ce petit manége de la mère et de la fille, la gouvernante sera rendue inutile.

Si elle a de l'intelligence et du cœur, elle ne voudra pas rester dans une position fausse, où l'on a besoin d'elle, tout en redoutant son influence et l'empêchant de réaliser le bien qu'on lui demande et que sa conscience l'oblige à faire. Elle vous quittera donc, et ce sera à recommencer avec une autre. Ou bien, si la place est bonne, pécuniairement parlant, et qu'elle en ait besoin pour elle ou pour sa famille, ce qui est le cas le plus fréquent, elle fera contre fortune bon cœur. Elle se résignera à laisser passer bien des choses qu'elle ne peut empêcher, et, sous le prétexte qu'elle a la main forcée, et que votre influence paralyse la sienne, vous renvoyant dans sa conscience toute la responsabilité du bien que vous empêchez, du mal que vous occasionnez, elle ne songera plus qu'à s'accommoder avec tout ce qui l'entoure, père, mère, et enfants, pour n'avoir pas la vie trop dure au milieu de vous et conserver son traitement. Alors elle servira de peu de chose à votre fille, et ne sera utile qu'à elle-même et aux siens.

Hélas! madame, je ne puis vous le cacher, c'est le cas le plus ordinaire. Songez donc à quoi il faut être réduit pour faire un métier si difficile et en général si ingrat! En entrant dans une famille pour instruire et élever des enfants qui restent à la maison sous la main des parents, on se met au service de la famille, et souvent c'est un service plus dur et plus humiliant que la domesticité. Les serviteurs ont leur place bien marquée et leur travail réglé. Le précepteur ou la gouvernante, placés entre les maîtres et les valets, et de plus en butte à la mauvaise humeur et à la malice des enfants, sont à peu près à la disposition de tout le monde : des parents qui les payent pour les mettre à leur place et qui les entravent par leur folle tendresse ou leur jalousie; des enfants avec lesquels il faut lutter sans cesse, et qui les harcèlent de leurs caprices et de leur mauvaise volonté ; et enfin des domestiques qui les jalousent, et leur font sentir leur dépendance, pour les rabaisser jusqu'à eux par toutes sortes d'avanies. Si, dans une telle situation, on veut faire sérieusement son devoir, on aura tout le monde contre soi, et, à moins de circonstances exceptionnelles qui donnent de l'autorité et de l'influence, on réussira peu ; et, de guerre lasse, on finira par laisser aller, en sauvant les apparences le mieux possible. Les parents, dans ces cas, ne veulent pas être trop bien servis : car ce serait au prix de continuels sacrifices que leur aveugle tendresse redoute ; et les enfants, qui le comprennent, cherchent toujours à mettre la sévérité du maître aux prises avec la faiblesse de leurs père et mère, sûrs que dans le combat la victoire sera toujours de leur côté. Aussi, pour des personnes qui ont du caractère et de la capacité, la position n'est pas supportable ; et, si la nécessité les oblige parfois de l'essayer, elles ne songent qu'à la quitter dès qu'elles en trouveront une plus digne ou plus fructueuse.

C'est pourquoi, sauf les exceptions, et j'ai connu des institutrices fort honorables, qui ont été très-utiles aux familles auxquelles elles se sont dévouées, la plupart sont des personnes d'une capacité médiocre, ou même nulle, sans idée ni expérience de l'éducation, et qui s'y livrent parce qu'elles n'ont pas d'autres ressources pour gagner le pain du jour et celui de l'avenir. Comme toute veuve qui n'a pas de quoi vivre tente d'établir une école primaire ou un petit pensionnat, si elle n'a pu obtenir un bureau de poste ou de tabac ;

ainsi, chaque jeune fille qui a reçu quelque instruction dans un couvent, ou même dans un ouvroir où elle a été élevée par charité, aime mieux être gouvernante que femme de chambre, et cherche à se placer dans l'éducation. C'est encore la ressource des demoiselles élevées aux frais de l'État, et qui n'ont pas de dot pour se marier, ou de celles dont les familles ont été ruinées, et qui tâchent de soutenir leurs parents ou leurs frères et sœurs. Assurément je ne les blâme point : je les loue, au contraire, de tâcher de s'employer utilement pour gagner leur vie et être utiles à leur famille. Je veux seulement vous dire qu'en général il n'y a pas beaucoup à attendre de personnes ainsi disposées, et dont l'influence sur les enfants doit se ressentir de leur position pénible, et des motifs qui les portent à l'accepter et à la garder.

Reste une dernière considération, qui a bien son importance, et que je livre à vos réflexions.

Vous allez introduire dans votre intérieur une personne étrangère, et cette personne, par sa situation et la nature de ses fonctions, par sa familiarité avec votre enfant et les conversations de tous les jours, va être initiée à toutes vos affaires, à votre intimité. Elle vivra constamment de votre vie; elle saura tout ce qui se passe chez vous, dans votre ménage, dans la famille, et ce qu'elle ne pourra voir ou entendre, elle le devinera, ou le supposera. Je ne sais jusqu'à quel point il peut vous convenir d'avoir sans cesse au milieu de vous un témoin de vos actions, de vos relations avec votre mari, vos parents et vos connaissances, surtout si elle est curieuse et peu discrète, ou faute d'entente et de convenance, elle ne doive pas rester longtemps chez vous.

Puis, quel âge aura votre institutrice? Elle ne peut pas être vieille ni même d'un âge mur. A ces époques de la vie, on ne peut plus supporter cette servitude, et d'ailleurs on n'est plus capable d'en exercer les fonctions. Il n'y a que l'extrême besoin qui puisse y décider. En général, il faut de la jeunesse pour instruire la jeunesse. L'âge mur en est trop éloigné par ses habitudes et ses goûts, pour sympathiser avec les enfants et exciter leurs sympathies. Il ne peut prendre part d'une manière vivante ni à leurs plaisirs ni à leurs peines. Une gouvernante trop âgée paraît refrognée et pédante : vous aurez donc une jeune fille ou une femme encore jeune. Si c'est une jeune fille, vous risquez d'avoir deux éducations à faire au lieu d'une. Souvent c'est une enfant de vingt ans, chargée d'en conduire une de dix, et vous trouverez difficilement à cet âge la raison, le calme et la patience nécessaires pour discipliner une petite fille. Puis, cette jeune personne aura les instincts et les besoins de la jeunesse. Elle voudra s'amuser, rire, plaisanter, comme il convient à son âge. En tant que femme, elle cherchera à plaire; et, si elle est jolie, gracieuse, aimable, elle tendra instinctivement ses filets au milieu de vous. Vous aurez donc une responsabilité à subir à cet égard, et ce sera une fille de plus à surveiller; car vous ne voudriez pas avoir des histoires romanesques dans votre maison. Cependant on y reçoit beaucoup de monde, et les occasions ne manquent pas à qui les cherche.

Si c'est une femme encore jeune, il y aura peut-être plus de dangers, surtout si elle est instruite, spirituelle et adroite, comme doit être une gouvernante pour réussir. Si à cela elle joint des avantages extérieurs, des dehors gracieux, une conversation intéressante, elle saura se rendre nécessaire dans votre intérieur, où elle répandra de la gaieté et de la vie, et ainsi elle y sera goûtée et recherchée. On ne pourra plus se passer d'elle.

Chère madame, je ne voudrais pas vous donner de vaines inquiétudes, et produire un mal en tâchant d'en empêcher un autre. Je sais que votre mari vous aime et vous estime, et il ne vous a jamais donné lieu de douter de lui. Mais enfin, souvent notre sagesse est plutôt l'effet des circonstances que de nos efforts, et c'est pourquoi il est toujours prudent d'éviter les occasions du mal et de ne point chercher le danger. Pourquoi l'exposer à une tentation continuelle, en lui mettant sans cesse sous les yeux, auprès de lui, une femme séduisante, même quand elle ne tenterait pas de le séduire, et plus séduisante peut-être parce qu'elle n'y penserait pas ?

Les hommes sont légers et inconstants; ils aiment les plaisirs nouveaux, et l'habitude les rend peu à peu froids ou indifférents à ce qu'ils ont le plus aimé et qu'ils possèdent depuis longtemps. La nouveauté excite le désir, la difficulté l'irrite; et, comme l'espérance ici-bas nous rend plus heureux que la réalité, on est toujours porté à désirer et à poursuivre quelque chose pour animer l'existence et lui donner plus de charme.

Imaginez donc quelle serait votre situation dans une pareille conjoncture, possible après tout, bien que non vraisemblable. Néanmoins cela s'est vu, pour la honte et la ruine des familles. Rappelez-vous cette histoire lamentable, qui a effrayé la France, le monde entier, il y a douze ou quinze ans. Le crime, parti d'en haut, y a été si horrible, qu'on l'a regardé comme un funeste présage de la tempête qui allait fondre sur le pays et bouleverser la société. Un mari, égaré et poussé par une passion criminelle, a poignardé sa femme après une lutte désespérée, pour devenir libre d'en épouser une autre, et cette autre était la gouvernante de ses filles. Le malheureux s'est empoisonné pour échapper à l'infamie du supplice; et ainsi le jour où cette créature est entrée comme institutrice dans cette maison, l'adultère, le meurtre, le poison et l'enfer tout entier y sont entrés avec elle. Je ne prétends point, madame, que les choses aillent toujours à cette extrémité. Mais quand elles n'iraient pas jusque-là, n'y en aurait-il pas encore assez pour troubler votre intérieur, vous torturer le cœur, et vous faire répandre bien des larmes?

J'examinerai dans une prochaine lettre les autres solutions possibles de la question si grave qui vous préoccupe en ce moment, et que vous ne pouvez plus tarder à résoudre.

LETTRE XII.

A UNE MÈRE SUR L'ÉDUCATION DE SA FILLE.

Nous avons reconnu, madame, que vous ne pouviez continuer vous-même l'éducation de votre fille, d'un côté à cause de votre position sociale, qui vous empêche d'y consacrer tout votre temps et d'y donner les soins nécessaires, soins qui doivent se multiplier à mesure que l'enfant grandira, et de l'autre, parce que votre faiblesse maternelle a tellement compromis votre autorité, que vous n'obtenez plus ni crainte, ni respect, ni obéissance. D'où il suit que, si vous voulez garder votre fille auprès de vous, il faut appeler à votre aide une gouvernante, et je vous ai montré les chances et les inconvénients de ce parti. Il ne reste plus qu'une solution : c'est de vous en séparer momentanément, et d'achever son éducation dans une institution de demoiselles, ou, comme on dit vulgairement, de la mettre en pension. C'est ce dernier parti que nous allons examiner aujourd'hui.

Ici encore, madame, il y a des avantages et des inconvénients, soit dans la chose elle-même, soit dans ses rapports avec les personnes. Ce qui est utile à l'une peut ne pas convenir à l'autre, et tel remède qui réussit parfaitement en des circonstances données, n'a aucun succès, ou même est nuisible, en d'autres circonstances. Assurément, si dans la famille se trouvait la femme forte de l'Écriture sainte, ou, par un rare bonheur, quelqu'un qui en tînt la place, il serait déraisonnable d'éloigner la jeune fille de la maison maternelle, puisqu'elle y trouverait tout ce qu'enseigne une bonne éducation, et l'esprit de famille en plus. Mais si tout cela manque à la maison, s'il n'y a personne pour gouverner l'enfant, ni mère assez forte, ni gouvernante assez capable, l'esprit de famille lui-même, qu'on vante beaucoup et à juste titre quand il est bon, n'existera pas ou sera faible, peut-être funeste, parce qu'il n'y aura dans la famille ni autorité, ni ordre, ni discipline, conditions sans lesquelles il est impossible d'élever et de former la jeunesse. Il faudra donc les chercher ailleurs.

Le principal avantage de la pension est justement d'éloigner l'enfant de sa famille, où, sa volonté dominant la faiblesse de ses parents, il ne peut apprendre ni à obéir ni à respecter la loi. La loi pour lui, c'est la volonté de son père, de sa mère, de sa gouvernante. Il sait comment s'y prendre pour y échapper ou l'éluder; et, comme chaque jour il voit cette loi faiblir ou céder devant ses efforts ou ses caprices, il s'habituera à croire qu'il est le maître, et qu'en ce monde c'est la volonté la plus forte ou la plus tenace qui fait la règle.

Il n'en va point ainsi dans une pension. La règle est posée devant la multitude, et elle ne s'incarne pas dans une personne, qu'on peut faire changer ou fléchir. Elle est établie par l'ordre et la force des choses, et, sans la voir personnifiée, on la sent partout. Il faut graviter autour d'elle, tourner dans son orbite, et, si l'on résiste à ses mouvements en restant en arrière ou en marchant de travers, on se trouve déplacé, gêné, froissé par tout ce qui vous entoure, et l'on porte le désordre et le trouble avec soi partout où l'on agit. On apprend donc tout naturellement, et par la position même, à marcher en ordre et dans la direction droite.

En outre il y a égalité devant la loi ; car elle s'applique uniformément à tous, et les exceptions, qui font toujours mauvais effet sur le grand nombre qui n'en profite pas, sont nécessairement rares. Dans la famille, au contraire, tout est exceptionnel, ou plutôt c'est l'observation de la règle qui est l'exception. Il se trouve toujours, soit dans l'humeur des parents, soit dans les caprices des enfants, soit dans les accidents du ménage ou les événements de la société, de quoi empêcher, suspendre ou atténuer l'exercice de l'autorité et l'exécution du commandement.

Mais l'enfant une fois enrégimenté sous la règle et maintenu par la discipline, est obligé de prendre des habitudes d'ordre, d'exactitude, de régularité, de soumission et de patience. Il lui en coûte sans doute, surtout au commencement. Mais c'est justement parce qu'il lui en coûte, qu'une direction ferme lui est nécessaire pour briser sa volonté propre et la plier au joug de la loi, qui seule procure la vraie liberté. Car il n'y a point de liberté véritable hors de l'ordre, il n'y a que de la licence; et le pire esclavage est dans l'entraînement du caprice ou dans l'emportement de la passion.

Il y a encore cet avantage, qu'en apprenant pratiquement le bon ordre par l'application égale de la règle à tous, l'enfant apprendra aussi la justice par le contact de sa volonté avec des volontés égales, qui n'ont aucune raison de reculer devant la sienne; et comme chacune est armée d'une force menaçante, il doit faire des concessions, s'il ne veut pas être victime; son intérêt bien entendu le porte à devenir équitable. A l'encontre de la famille, où il sait que chacun lui cédera un jour ou l'autre, avec ses égaux il n'y a point d'arrangement possible, s'il n'y met sa part; et, pour qu'on respecte ses droits, il est obligé de respecter ceux des autres. Sinon, s'il veut faire le despote, comme il arrive aux enfants gâtés, et satisfaire ses désirs aux dépens d'autrui, il lui en coûtera cher; la justice populaire l'aura bientôt mis au ban de la petite société.

Enfin, dans un établissement public, il y a plus de chances de recevoir une instruction forte et soignée, et d'en profiter par un travail plus sérieux et mieux soutenu. Les leçons particulières, parfois utiles pour aider la faiblesse et fixer l'inattention, sont en général plus relâchées et moins élevées. Le maître a toujours plus d'ardeur et d'entrain avec plusieurs élèves, et l'émulation de ceux qui l'écoutent rejaillit jusque sur lui. Puis, il y a de l'excitation parmi les condisciples, et le désir de savoir s'accroît par l'envie de dépasser les autres et d'arriver au premier rang : car en toutes choses l'homme a le besoin de s'élever et l'instinct de la grandeur. Penchant utile, s'il n'est pas exagéré jusqu'à la passion : car, en stimulant vivement l'esprit contre l'inertie du corps, il favorise l'exercice de l'intelligence et l'énergie de la volonté.

A l'émulation de savoir se joint celle de bien faire, si, par une direction intelligente et par des récompenses convenablement placées, on sait encourager les efforts des enfants vers le bien, efforts qui redoublent par l'excitation des bons exemples, par l'admiration des supériorités. L'enfant élevé avec beaucoup d'autres n'est point tenté de se croire une petite perfection, comme cela arrive ordinairement dans la famille, grâce à l'idolâtrie des parents. Au collége ou en pension, il a toujours devant lui quelqu'un qui peut le surpasser; et quand il arrive à la première place, c'est avec peine, et il doit s'évertuer pour s'y tenir. Il apprend donc une certaine humilité, ou au moins de la modestie, par la vicissitude des succès et des revers; il apprend en même temps qu'on ne parvient que par son travail, et qu'on déchoit si l'on se relâche : ce qui n'est pas un mauvais apprentissage pour la vie du monde.

Eh bien! madame, qu'en dites-vous? tout cela ne semble-t-il pas convenir à votre fille, qui ne sait pas encore obéir à sa mère, qui trouve mille raisons pour ne pas faire ce qu'on lui commande, et dont la dernière raison est l'impertinence, si l'on veut la réduire, à moins qu'elle ne trouve plus à propos de fondre en larmes, ce qui est le grand moyen de ruiner votre fermeté, quand il vous arrive d'en avoir? Croyez-vous qu'il ne lui serait pas utile de se trouver en face d'une règle qui ne fléchisse pas, d'une autorité qui ne recule pas, d'une discipline qui l'enveloppe toute la journée et dans tous ses mouvements ? Il y a là tout ce qu'il faut pour briser sa volonté et la soumettre à la loi ; et tôt ou tard, si vous voulez lui épargner le malheur, il faut que ce brisement se fasse et qu'elle soit domptée. Croyez-vous qu'il ne lui serait pas avantageux d'apprendre la justice et la modération par la collision avec ses égales, et d'entrer ainsi dès son enfance dans le droit commun qui doit régler toute sa vie ? Croyez-vous que la haute opinion que la petite personne a d'elle-même (et ce n'est pas sa faute, la pauvre enfant, puisque l'aveugle tendresse de ses parents l'adule, et que les amis de ses parents, c'est-à-dire toutes les personnes qu'elle voit, font chorus avec eux et la proclament une perfection, surtout quand il y a dîner ou soirée à la maison) ; croyez-vous, dis-je, que cette illusion de sa perfection ne tombera pas bien vite au milieu de ses compagnes, à la première piqûre d'épingle qui percera le ballon gonflé, ou par les chocs de tous les instants qui le mettront en pièces ? Les enfants entre eux sont des enfants terribles, et leur bon sens et leur naïveté, qui ont toute leur verdeur et leur spontanéité, font bonne et prompte justice des petits despotes et des idoles.

Vous me direz qu'il y a aussi des inconvénients à la vie de la pension, surtout pour les jeunes personnes : je l'accorde, puisqu'il y en a partout en ce monde. Le plus grand que j'y trouve, c'est que les jeunes filles, surtout quand elles grandissent et commencent à se former, par leur réunion même et leur vie commune, trouvent les occasions et la facilité de s'apprendre les unes aux autres ce qu'elles doivent ignorer. Si dans le nombre quelques-unes ont de mauvais penchants ou de funestes habitudes, le mal peut se gagner plus aisément par la contagion, et gâter le troupeau. Les causeries particulières surtout sont à craindre, et c'est pourquoi les loisirs des récréations doivent être convenablement employés par des jeux de toutes sortes, qui détendent et occupent l'esprit par le mouvement et la fatigue du corps. Il faut jeter au dehors la surabondance de la vie, pour qu'elle ne fermente point à l'intérieur. A cet âge, à la pension ou dans la famille, vous ne pourrez empêcher l'imagination des jeunes filles de travailler. Elles seront partout plus ou moins romanesques, c'est-à-dire se complaisant à lire, à raconter ou à se représenter des aventures singulières, des affections exaltées dont elles sont les héroïnes, et qui supposent des héros ; et, dans ce mirage de leur esprit et de leur cœur, elles croient entrevoir le bonheur de l'avenir. Quelles que soient les illusions, ou, si l'on veut, les hallucinations de cet esprit romanesque dans la retraite d'un pensionnat et par le commerce habituel des jeunes personnes entre elles, je les crois encore moins dangereuses à cette époque que le contact continuel avec le monde et tout ce qui se passe au sein de la famille.

D'ailleurs, dans une maison bien tenue, où règne un bon esprit de religion et de moralité, avec une discipline sérieuse et une surveillance vigilante, il est facile de prévenir ou d'atténuer ces inconvénients. Tout y est réglé et disposé à cette fin ; et par l'ordre même de l'institution, les causes les plus ordinaires du mal et les occasions de la tentation sont écartées. C'est à quoi on ne pense guère dans la famille : ou quand on y pense, les convenances et les habitudes de la vie du monde viennent à la traverse; comme, par exemple, dans les conversations de la table et du salon, toujours plus ou moins abandonnées à l'entraînement ou à l'amusement du moment, et dont l'imprudence et la légèreté, sinon la malice, initient de bonne heure les enfants aux désordres et aux scandales de la société. En outre, il y a la familiarité des domestiques, bonnes d'enfant, femmes de chambre et autres, qui, s'insinuant dans la confiance des enfants abandonnés à leur garde ou à leur société, leur communiquent le venin du mal par leurs paroles grossières, et les corrompent quelquefois de bonne heure en excitant ou favorisant leurs passions naissantes. Il y a du mal partout, madame, et partout aussi se trouvent les occasions et les moyens de l'apprendre et de le faire. Une âme se pervertit dans la meilleure situation, et malgré toutes les précautions et les secours; une autre se sauve parfois dans la position la plus défavorable, et au milieu des tentations. J'ai vu des jeunes filles du peuple se conserver pures dans la boue; j'en ai vu d'autres de condition plus élevée se perdre, quand tout autour d'elles conspirait à les préserver : c'est le mystère de la grâce divine. Nous devons la demander instamment et nous y confier, tout en faisant de notre côté tout ce que la religion et la conscience nous inspirent pour l'attirer et y coopérer.

Il y a un autre inconvénient, et c'est celui-là, sans doute, qui vous paraîtra le plus grave. La pension vous séparera de votre fille pendant un temps qui vous semblera bien long, bien dur, surtout au commencement, et vous serez privée du plaisir de la voir et de l'embrasser chaque jour. Peut-être sera-ce un avantage. Il peut être utile qu'elle soit privée temporairement de votre présence, pour estimer davantage votre tendresse, et surtout votre autorité. Les hommes sont ainsi faits, qu'ils n'apprécient plus ce qu'ils possèdent, et recherchent avec ardeur ce qui leur manque ; et rien ne leur rend un bien plus précieux, que le désir de l'avoir ou la crainte de le perdre. Aujourd'hui elle abuse de votre affection, et, tout en vous aimant, elle devient votre tourment. Quand elle sera loin de vous, elle souhaitera ardemment de vous voir, et vous serez sa consolation. L'opposition qui existe aujourd'hui entre sa volonté et la vôtre tombera d'elle-même, parce que vous n'aurez plus à la contrarier, d'autres étant chargées de l'instruire et de la diriger ; et votre parole, qui la gêne maintenant comme une barrière ou un joug qu'elle a hâte de secouer, sera son espérance et son refuge. Une fois habituée à la pension, elle sera enchantée que vous veniez la voir ou la fassiez chercher; et, après quelques années de discipline et d'instruction, la maison maternelle reprendra pour elle tout son charme, elle aspirera à y rentrer.

Alors aussi, pour prix de son retour, vous pourrez dicter vos conditions, et vous serez redevenue maîtresse du terrain. Par un sacrifice fait à propos, vous aurez regagné son obéissance et son amour; et, comme l'âge et une sage direction l'auront rendue raisonnable, elle vous reviendra une bonne fille, dont l'expérience aura adouci et retrempé le caractère, qui aura appris par une longue privation que personne ne l'aime plus que sa mère, et que la meilleure manière de vous prouver son affection est de faire ce qui vous est agréable.

J'ai connu une jeune fille de douze à treize ans, qui au moment de son développement était devenue d'une humeur insupportable, surtout à l'égard de sa mère. C'était un raisonnement interminable pour ne point obéir, et la volonté, qui commençait à se sentir et cherchait à se satisfaire à tout propos, faisait opposition à tout. Chaque ordre, chaque parole amenait une discussion, une lutte; et la pauvre mère, aux abois et à bout de voie, non-seulement ne pouvait plus se faire obéir, mais elle en était même arrivée à douter de l'affection de son enfant, qui lui blessait le cœur et l'abreuvait d'amertume par sa brusquerie et ses impertinences.

On lui conseilla sagement de l'éloigner pour un temps, et elle eut le courage de suivre ce conseil. La jeune fille fut confiée à une personne prudente, qui avait autant de cœur que d'intelligence. Elle fut traitée avec douceur, mais avec fermeté. On cherchait à lui faire plaisir de toutes manières, quand elle avait accompli son devoir; mais on ne lui passait rien, que des étourderies ou des échappées auxquelles la mère attachait trop d'importance, et bientôt l'amie qui la dirigeait eut toute sa confiance, et, d'un mot ou d'un regard, en obtenait tout ce qu'elle désirait. A cet âge, il y a une exubérance de vie qui demande à s'épancher. Il faut beaucoup de tact dans les parents et dans les maîtres pour ne pas la refouler inutilement, ce qui amène des orages, mais au contraire la laisser couler, comme un torrent, dans un lit qu'on lui ouvre, et où l'on dirige son impétuosité. La jeune fille était enchantée de ce nouveau régime, qui ne la gênait pas perpétuellement, et surtout parce qu'il était nouveau. Au bout de quelques mois, quand elle eut jeté son feu, comme on dit, domptée et dressée par une discipline douce et forte à la fois qui lui avait ouvert le cœur et calmé la tête, elle revint soumise et respectueuse à sa mère, instruite elle-même par cette expérience, et dont elle est devenue plus tard l'orgueil et la joie.

Reste une dernière question. Si vous vous décidez à mettre votre fille en pension, sera-ce dans une institution laïque ou dans un couvent?

A cela je vous réponds : mettez-la dans la maison que vous croirez la meilleure et qui vous inspirera le plus de confiance, qu'elle soit dirigée par des religieuses ou par des dames du monde. Mais examinez bien avant de vous décider, et que votre choix soit déterminé par des renseignements pris avec soin.

Seulement, il y a dans les maisons laïques des inconvénients inévitables, parce qu'ils ressortent de la position des institutrices. Si c'est une femme mariée, il y aura dans la maison un mari, des enfants, un ménage, et l'institution se ressentira toujours trop des circonstances et accidents du ménage. Il pourra se passer là toutes sortes de choses, très-légitimes en soi, mais qui ne sont point à leur place dans une maison de jeunes filles, et qui leur donneront des imaginations et des pensées dont il n'est pas bon de les occuper.

Si le pensionnat est tenu par des demoiselles encore jeunes, elles songeront à s'établir quand elles le pourront, ce qui leur est très-permis ; mais alors les fonctions qu'elles remplissent seront provisoires, et, dans ce cas, il est tout naturel qu'elles pensent à leur avenir plus qu'à celui de leurs élèves. Là, comme tout à l'heure, l'intérêt propre ou la préoccupation d'un établissement futur pourra nuire au dévouement, sans lequel il est difficile de supporter convenablement les fatigues et les ennuis de l'éducation. On fera son devoir sans doute, si l'on a de la piété et de la conscience; mais on ne fera que son devoir, qui paraîtra dur, et en aspirant à s'en décharger. Il ne peut y avoir un abandon complet au service de Dieu et du prochain. Cela ressemble un peu à la charité des diaconesses protestantes, copies ou caricatures de nos sœurs de charité. Ces dames s'adonnent au soin des pauvres, des malades, des enfants, jusqu'à ce qu'elles trouvent un mari, et là aussi, comme dans la comédie, ainsi qu'on l'a remarqué de ce qu'on appelle la Réforme, tout finit par un mariage. Il est évident que, dans les choses qui demandent du dévouement, il faut un motif plus relevé, et que des commencements dont le zèle s'est pompeusement annoncé devraient avoir une meilleure fin.

On évite cet inconvénient avec des dames âgées, veuves ou célibataires. Mais alors on a à craindre la roideur, l'aigreur ou la pédanterie, qui rendent peu aimable à un certain âge, et que donne presque toujours la longue pratique de l'enseignement. Puis, chez les femmes surtout, qui en général ne sont pas faites pour la science et encore moins pour l'enseignement, il y a un penchant marqué à se contenter de la forme, à prendre les mots pour des idées, et la lettre pour l'esprit; ce qui amène la répétition des mêmes choses sans perfectionnement, et la routine en place du progrès. Tout cela va mal à la jeunesse, qui aime ce qui est jeune, c'est-à-dire le mouvement et la vie.

Mais au couvent, direz-vous, je trouverai les mêmes inconvénients. Ce seront aussi des femmes qui instruiront ma fille, et, pour être religieuses, elles n'auront pas plus d'intelligence et de science que les autres.

Non sans doute, généralement parlant; bien que celles qui consacrent leur existence à Dieu et à l'instruction des enfants, quittant le monde sans arrière-pensée de retour, et se dévouant à leurs fonctions, puissent s'y préparer plus complétement, et trouver dans leur retraite plus de temps et de calme pour étudier sérieusement et perfectionner leur enseignement.

Puis, remarquez qu'ici les maîtresses peuvent être jeunes impunément, ou sans risque. Ayant renoncé au monde et à la famille, elles ne songent plus à s'établir qu'au ciel. Elles se donnent donc tout entières à leurs élèves, et n'aspirent qu'à une chose : en faire de bonnes chrétiennes pour le monde et pour Dieu. En outre, au couvent, il y a du personnel de rechange; si une maîtresse ne réussit pas, on en met une autre; et en changeant on ne court pas les mêmes risques que dans une maison laïque, où l'on ne connaît presque jamais à fond les aides qu'on se donne, et qui deviennent trop souvent des embarras. La congrégation prépare elle-même ses instruments par un long noviciat, sait ce qu'il y a dans les personnes qu'elle emploie; ce qui empêche les trop grandes disparates des mutations et les secousses qui en résultent. Il y a donc là plus de chances pour une instruction solide, variée et progressive.

Mais c'est surtout pour l'éducation que l'avantage est immense ; car la base de l'éducation est la piété, principalement pour les femmes, et la piété véritable, qui a sa racine dans le cœur pénétré de l'amour de Dieu et du prochain, ne doit pas être un vernis étendu sur la conduite pour lui donner une apparence chrétienne, mais une vertu profonde qui, jaillissant du dedans, traverse toutes les facultés, tous les éléments de l'existence humaine, et les domine par son esprit. Je ne prétends pas qu'on ne puisse y être formé ailleurs, soit dans la famille, soit dans des pensionnats laïques. Mais assurément on peut croire qu'on y réussira mieux dans une maison religieuse, où tout est rapporté à Dieu, consacré à Dieu, depuis les pierres qui la composent, jusqu'aux âmes qui s'efforcent d'y mener la vie des anges. Il y a là des exemples de vertu chrétienne qu'on ne trouve point ailleurs, et la patience, la douceur, la sollicitude vigilante et l'abnégation de soi-même, si nécessaires dans les travaux de l'éducation, y ont des motifs et des excitations que le monde ne peut donner.

Peut-être, cédant à certains préjugés de la société, craindrez-vous qu'on ne fasse trop sous ce rapport, et ainsi qu'on ne manque le but en le dépassant ; soit que votre fille, que vous destinez au mariage, se laisse exalter, comme on dit, par les charmes d'une piété mystique, et prenne le monde en haine pour se donner à Dieu ; soit, au contraire, que la multiplicité des exercices religieux et la répétition de certaines pratiques la dégoûtent de la religion et la rendent froide ou indifférente à cet égard, au lieu de lui inspirer le zèle d'une piété sincère.

Chère madame, tout cela peut arriver, et je ne puis vous garantir contre tous les inconvénients possibles qui sortent des personnes et des choses. C'est pourquoi, je vous le répète, puisque vous avez la liberté du choix, n'allez pas à la légère et ne vous décidez qu'en connaissance de cause. Il y a aussi couvents et couvents, et, bien que tous soient recommandables par leur institution et la vie qu'on y mène, tous ceux qui s'occupent d'éducation ne le font pas avec le même succès. Adressez-vous donc là où il y a le plus de chances de réussir, et surtout jugez-les par l'expérience, en consultant les mères qui y ont mis leurs filles, et les filles elles-mêmes qui y ont été élevées; appréciez ces maisons par les femmes qu'elles ont formées, et que vous pouvez examiner au milieu du monde. Il faut juger l'arbre par ses fruits.

Du reste rassurez-vous seulement sur l'espèce d'entraînement que pourrait subir votre fille au couvent, en vue de l'arracher au monde et de la précipiter dans la vie religieuse. Là plus qu'ailleurs on étudie les vocations, on ne les fait pas. Dans une congrégation bien réglée et animée de l'esprit de Jésus-Christ, on prend tant de précautions pour les reconnaître, même quand elles se déclarent, on les éprouve par un noviciat si prolongé et si surveillé, qu'il y a peu de risques pour les volontés incertaines d'être entraînées ou contraintes. L'autorité ecclésiastique y veille d'ailleurs, et personne ne peut s'engager sans son examen et sa permission. Que si, après tout, votre fille était appelée d'en haut à la vie parfaite, si Dieu lui parlait au cœur et l'attirait à lui, ce qui est bien le sort le plus désirable en ce monde, ses parents ont la puissance et le droit naturel de la mettre à l'épreuve. La plus sûre épreuve dans ce cas est de passer plusieurs années à la maison paternelle, dans les occupations, les soins de la famille, et même au milieu des affaires et des plaisirs du monde, pour connaître pleinement par le fait ce qu'on veut quitter et ce qu'on veut prendre. Une vocation qui traverse cette épreuve sans être ébranlée n'est plus douteuse.

Enfin, on vous dira encore que des religieuses qui n'ont pas vécu dans le monde ne peuvent en apprendre à leurs élèves le bon ton, la conversation élégante et les manières distinguées. Non certes, elles ne leur inspireront pas le goût de l'afféterie, le ton prétentieux, ni le parlage des précieuses. Elles les habitueront à la simplicité, à la franchise, à la sincérité, et dans ces belles qualités, que donne la nature et que rehausse la piété, il y a plus de grâce et de charme que dans les minauderies de la société ; il y a plus de véritable élégance, plus de distinction réelle, que dans les recherches de l'esprit du monde. Il vous sera loisible au reste, quand vous reprendrez votre fille, et on vous la rendra pleine de santé, d'innocence et de piété, de la former par vos leçons et votre exemple aux grâces convenues de ce qu'on appelle la bonne société, et de la distinction à la mode du jour. D'ailleurs veuillez remarquer que, dans la plupart des communautés vouées aujourd'hui à l'éducation, il se trouve des personnes du grand monde, qui, après une vie plus ou moins agitée, s'y sont retirées pour se consacrer à Dieu. On les y applique de préférence à la direction des jeunes filles, justement parce qu'elles ont l'expérience de la société et de ses usages, et ainsi, même sous ce rapport, il y a presque toujours au couvent d'excellentes leçons et de bons exemples.

Je me résume en quelques mots, madame, pour mettre en raccourci sous les yeux de votre esprit, et au choix de votre liberté, les diverses solutions de la question.

Si vous avez le courage et la force de prendre en main l'éducation de votre fille, il faut vous y dévouer tout entière et renoncer pour quelques années au monde, à ses exigences et à ses plaisirs; ce qui paraît difficile à cause de la position et des habitudes de votre mari.

Si vous ne pouvez prendre ce parti, et que cependant vous vouliez garder votre enfant auprès de vous, il faut chercher une institutrice, mais une perle d'institutrice; et, si vous avez le bonheur de trouver cette perle, ne marchandez pas pour l'avoir, et gardez-la comme la prunelle de votre œil.

Si vous ne la trouvez pas, mettez votre fille en pension, et de préférence dans un couvent, qui vous offrira le plus de garanties de vraie piété, d'instruction solide et de bonnes manières.

Dans ces trois cas vous devez vous attendre à rencontrer des difficultés et des inconvénients. Mais je suis porté à croire que le troisième parti est encore le plus facile et le plus sûr.

J'ai répondu, madame, à toutes vos questions le mieux qu'il m'a été possible, et avec le désir sincère que mes explications puissent vous aider dans une conjoncture aussi grave. Il ne me reste plus qu'à prier Dieu qu'il vous accorde la grâce de discerner le parti le plus avantageux au bien véritable de votre fille et au vôtre, avec la bonne volonté et la force de l'exécuter. Vous savez si je prierai de bon cœur à cette intention, et combien je serais heureux d'être exaucé.

LETTRE XIII.

SUR LA FIDÉLITÉ DANS LE MARIAGE.

Votre lettre m'a fait beaucoup de peine, madame ; elle a malheureusement justifié mes craintes et réalisé mes soupçons. Je ne puis plus douter que vous ne soyez engagée dans une mauvaise voie, pleine d'illusions et de périls ; et vous êtes tellement fascinée, que vous n'apercevez encore ni le mal qui vous domine, ni le danger que vous courez. Vous cédez en aveugle au charme trompeur qui vous entraîne, et vous ne sentez même pas que vous êtes dans le désordre et sur la pente du crime.

Ou plutôt, vous le sentez confusément, sans oser vous l'avouer, puisque vous me consultez; car si votre conscience était parfaitement tranquille, vous ne m'auriez pas écrit. Encore a-t-il fallu que je misse le doigt sur la plaie pour la découvrir, et si, dans ma dernière lettre, je ne vous avais pas questionnée directement, sans ambages, je ne serais pas plus avancé que votre confesseur, auquel, à ce qu'il paraît, vous avez parlé vaguement jusqu'à ce jour, et qui vous a répondu de même, parce qu'il ne peut juger que de ce qu'on lui dit.

Comment accommodez-vous donc ce défaut d'ouverture, ce manque de sincérité, avec votre piété, qui va même extérieurement jusqu'à la dévotion? Quoi! vous vous confessez souvent, et vous gardez dans votre cœur le péché le plus grave? Vous vous êtes accusée d'une manière générale d'avoir été légère ou d'avoir eu de mauvaises pensées; d'avoir pris trop de plaisir à la société de telle personne, ou de n'avoir pas été bien pour votre mari, et vous n'avez point dit que cette personne possède votre cœur, et que vos mauvais procédés envers votre mari viennent de l'éloignement que vous éprouvez pour lui, parce que vous en aimez un autre? Vous n'avez point dit que vous avez laissé prendre par un autre, ou même que vous lui avez donné volontairement une affection dont vous ne pouvez plus disposer; ce qui constitue l'infidélité dans le mariage, ou l'adultère du cœur?

Puis, quand après ces aveux trompeurs, et qui ne sont accompagnés d'aucune contrition, puisque le mensonge ou la dissimulation s'y trouvent, et qu'ils servent à cacher ce qu'ils devraient dévoiler, vous avez reçu l'absolution, vous vous croyez dans l'ordre et en sûreté de conscience!... Bien plus, vous pensez être autorisée dans votre désordre; et entraînée par la passion d'un côté, et de l'autre trompée par une fausse dévotion qui veut se mettre à couvert, vous continuez à encenser votre idole tout en rendant au dehors votre hommage au vrai Dieu, en le recevant même dans votre cœur pour votre condamnation; car dans un tel état vos communions sont des sacriléges!

En vérité, je ne puis m'expliquer une telle aberration d'esprit et de cœur, que par votre légèreté ou votre ignorance, et bien que l'une et l'autre soient coupables dans votre position, j'espère, si vous revenez à mieux, qu'elles serviront de circonstances atténuantes pour le passé. Mais aujourd'hui il est temps de les combattre, et cette lettre, que vous avez provoquée, doit, en vous exposant clairement votre situation, vous porter à réfléchir sérieusement, et au plus tôt, sur les moyens d'en sortir, quand elle vous aura représenté à nu le mal qui a saisi votre âme, le crime qui en naîtra, et tous les malheurs qui en sortiront. Si vous persistez malgré cela dans votre illusion, elle vous ôtera toute excuse devant Dieu, et elle amassera des charbons ardents sur votre tête. Il faut que votre âme me soit bien chère, pour que je consente à lui rendre un si cruel service, qui vous perdra, s'il ne vous sauve; ou plutôt, telle est la sainte obligation de notre ministère, que nous devons tout risquer, même notre vie, pour le salut d'une âme qui invoque notre secours.

Quand l'Église a consacré et béni votre mariage, chère madame, elle vous a demandé par la bouche de son ministre, si vous consentiez à prendre pour votre époux celui qui vous avait conduite à l'autel, et sur votre réponse affirmative, elle vous a fait promettre de lui être fidèle dans votre légitime union. Vous l'avez juré. Or cette fidélité s'applique à l'accomplissement de tous les devoirs des époux, et ces devoirs ne sont pas seulement extérieurs ou relatifs au corps; ils sont encore, et surtout, pour la vie intérieure, et ils engagent les conjoints par des liens de l'esprit et du cœur. Comme, suivant la parole divine, ils sont deux dans une seule chair, ils doivent aussi, autant qu'il est possible, être deux dans une même pensée et dans un même amour. L'union conjugale ne produit l'unité qu'à cette condition. Il faut que les deux termes s'unissent par toutes les parties de leur être, par le corps, par l'esprit et par la volonté. C'est cette unité pleine et intégrale que le mariage doit effectuer ; et c'est pourquoi Dieu en a fait un sacrement, parce qu'il est impossible de l'obtenir parfaite et surtout de la conserver intacte sans un secours divin, les affections naturelles des hommes étant instables comme leurs sentiments et leurs désirs, et les contrats purement civils pouvant toujours être rompus par la société qui les a formés.

Or, le sacrement, qui est le signe, le canal de la grâce ou du secours divin, en même temps qu'il lie les époux par leurs serments réciproques, leur communique la force surnaturelle nécessaire pour les tenir, malgré tous les obstacles qu'ils rencontreront ou les peines de tout genre qu'ils auront à subir. Il les unit donc par un lien indissoluble ; ce que ne peuvent faire les institutions humaines, et en même temps, il élève, il épure l'union des corps par la fin qu'il lui donne, laquelle n'est pas seulement la procréation des enfants, mais encore, et surtout dans le mariage chrétien, la sanctification des époux. C'est pourquoi saint Paul a dit : « Le mariage est un grand sacrement, je dis en Jésus-Christ et dans son Église, » parce que, comme type de l'union du Christ et de l'Église qui est éternelle, il unit aussi l'homme et la femme par la grâce sanctifiante, et d'une manière indissoluble en Jésus-Christ.

En jurant d'être une épouse fidèle, vous avez donc promis de travailler de toutes vos forces et par tous vos moyens au bonheur et à la sanctification de votre époux, et pour cela de lui rester unie, non pas seulement par le corps, mais aussi par l'esprit et par le cœur, en conformant vos pensées aux siennes autant qu'il se pourrait, en soumettant votre volonté à sa volonté, et en n'adressant qu'à lui l'amour qu'on doit avoir l'un pour l'autre dans le mariage, avec tous les témoignages et tous les moyens de cet amour.

Cependant, qu'arrive-t-il maintenant? Vous n'avez plus de pensée commune avec votre mari, et vous me déclarez que vous ne l'aimez plus, ou plutôt que vous ne l'avez jamais aimé : car vous ne saviez pas, dites-vous, ce que c'est que l'amour, quand vous vous êtes mariée. Aujourd'hui seulement vous le savez, parce que vous avez rencontré un homme qui vous comprend, dont l'esprit s'entend avec le vôtre, dont l'âme répond à votre âme, et vous vous écriez alors : « Eh bien ! si l'âme est au-dessus du corps, l'amour de l'âme est supérieur à celui des sens. Nous nous élèverons à cet amour sublime, en méprisant celui de la chair, et il nous suffira de nous aimer par ce qu'il y a de plus noble et de plus pur en nous. Je n'ôterai rien à mon mari, puisqu'il n'a jamais possédé ni mon esprit ni mon cœur. »

Démence de la passion, qui dans son exaltation se repaît à plaisir de sophismes et d'illusions!

Permettez-moi d'abord de vous rappeler votre devoir ; nous verrons le reste ensuite.

Vous êtes chrétienne, madame, et ainsi vous savez

aussi bien que personne que le devoir doit passer avant le plaisir, et qu'on n'est pas dispensé de le remplir, parce qu'il est devenu pénible ou désagréable.

Or, vous avez promis solennellement et librement d'aimer votre mari autant qu'il vous serait possible; vous avez juré de lui rester fidèle, donc de n'aimer que lui, comme une femme aime un homme dans le mariage et pour la fin du mariage. Si vous avez maintenant le malheur de ne pouvoir l'aimer, parce qu'il vous plaît d'en aimer un autre, il reste au moins ceci, qu'ayant engagé toute votre puissance d'amour à votre époux, votre serment vous interdit de le porter sur un autre homme. Vous serez tout au plus, dans votre intérieur, comme une épouse légalement séparée, qui ne peut contracter une nouvelle union sans adultère. Ainsi, que vous aimiez ou n'aimiez plus celui auquel vous avez donné votre foi et votre personne, vous devez tenir votre parole, quoi qu'il arrive, et il vous est interdit de vous donner à un autre, même par le cœur. L'Évangile enseigne, par-dessus la loi ancienne, qu'on devient adultère par le seul désir de la femme de son prochain. Que cherchez-vous donc en ce moment, je vous le demande? Hélas! ce n'est que trop évident. Vous voulez posséder par le cœur un autre homme que celui auquel vous êtes unie par les liens les plus sacrés! vous voulez rompre ou défaire, autant qu'il est en vous, le nœud formé par Dieu lui-même, et vous allez directement, et de toutes vos forces, contre le commandement divin : que l'homme ne sépare point ce que Dieu a uni!

Vous êtes donc une épouse infidèle, une femme

adultère dans l'esprit et par la volonté, et vous regrettez peut-être, dans l'aveuglement de votre passion, de ne point l'être davantage. Hélas! je crains, si vous persistez dans cette voie, que vous n'ayez bientôt plus rien à regretter, ou plutôt que vos regrets soient remplacés par des remords.

Votre passion s'autorise à vos yeux par deux illusions, dont l'une est une erreur de droit par ignorance, et l'autre une erreur de fait, suite de la présomption et de l'inexpérience.

La première vous fait accroire que vous n'êtes liée à votre époux que par le corps, et qu'ainsi, si vous ne péchez point de ce côté-là, vous restez une épouse honnête, puisque vous ne violez point la pureté du lit conjugal, et ne faites rien contre ses droits. Mais depuis quand un mari n'a-t-il aucun droit à la confiance et à l'affection de sa femme? Est-ce que, en vous donnant à lui, vous avez justement réservé ce qu'il y a de plus précieux en vous, ce qui contribue le plus à la dignité et au bonheur du mariage? A-t-il épousé un corps sans âme?

Mais, dites-vous, il n'a pas besoin de l'amour de mon cœur, car il ne le comprend pas; il n'en resssent ni l'élévation ni la délicatesse, et il cherche et trouve son bonheur dans le plaisir des sens. Je ne lui fais donc aucun tort en donnant à un autre un bien dont il ne sait point user, et qui est perdu pour lui. Veuillez remarquer, madame, que ce bien est son bien; et qu'il sache en user convenablement ou non, appréciation suspecte d'ailleurs dans votre bouche, cela ne vous autorise pas à le lui ôter pour le donner à un autre, ou à en jouir vous-même sans lui à votre manière. Que penseriez-vous d'une personne qui prendrait ce qui ne lui appartient pas, sous le prétexte que le possesseur n'en sait pas jouir, ou n'en jouit pas comme elle l'entend ? Il n'y a point de voleur qui ne fasse ce raisonnement. Tous prétendent jouir mieux du produit de leurs vols que ceux qu'ils dépouillent ; et les plus intelligents, les philosophes du brigandage, en s'emparant des trésors des riches, s'imaginent parfois corriger les caprices du sort, et aider la Providence à réparer l'injustice ou les inégalités de la fortune. C'est la grande théorie du vol, et votre opinion est la théorie la plus commune de l'adultère. Au fond, c'est la même chose, car il y a vol des deux côtés, et la grandeur du crime est en raison de l'importance de la chose volée.

Votre seconde erreur, et c'est en celle-ci que votre passion prend le plus de confiance, c'est que si d'un côté vous ne croyez votre personne liée à votre mari que par le corps, et ainsi vous croyez ne lui devoir que ce qui s'y rapporte ; de l'autre vous vous imaginez que vous ne donnerez à votre amant que l'esprit et le cœur, et que tout en lui accordant la pleine possession de votre âme, vous serez assez honnête et assez forte pour lui refuser le reste ; et ainsi, dites-vous, je serai heureuse sans être coupable.

Chère madame, il n'appartient qu'à Dieu d'apaiser d'un mot les vents et la tempête ; lui seul peut dire aux flots soulevés, en imposant un frein à leur fureur : « Vous n'irez que jusque-là. » Jamais la passion humaine, qui est aussi une tempête, n'est sûre de son arrêt, et ce n'est point elle qui peut se poser des barrières, ou du moins les respecter. A moins d'une immense présomption ou d'une grande illusion, vous ne pouvez donc pas dire dans la triste voie où vous êtes lancée : « Je n'irai que jusque-là. » Malheureusement cette illusion vous aveugle. Elle vous entraîne, parce qu'elle vous semble une justification, et que vous croyez trouver dans la volonté de ne point vous abandonner tout entière une raison et une force pour vous retenir. C'est votre dernière ancre de salut, et vous paraissez y compter beaucoup. Attendez l'orage, et il ne manquera pas d'arriver : alors vous verrez ce que c'est que la volonté d'une femme passionnée, devant les supplications, les caresses ou les menaces de celui qu'elle aime ! Vous prétendez faire de l'amour purement spirituel, de l'amour platonique comme on dit, à votre âge, avec une imagination comme la vôtre, et cela avec un homme encore jeune, qui vous a séduite par son extérieur agréable, son esprit et ses belles manières ! Oui, vous commencerez par là, parce qu'une femme honnête, et surtout une personne qui a des habitudes pieuses, ne s'abandonne pas tout d'un coup.

Ainsi que la vertu, le crime a ses degrés.

Vous commencerez par l'esprit, je n'en doute pas. Il y aura même de la religiosité dans vos relations, et il y sera question de choses littéraires, scientifiques, philosophiques, artistiques, voire même de bonnes œuvres. Tout cela défrayera la conversation de tous les jours, jusqu'à ce que l'intimité soit bien établie, et alors on descendra des théories aux faits, et des idées aux sentiments. Quand on s'entend si bien dans la spéculation, on s'accorde vite dans la pratique, et les sympathies du cœur cherchent avidement tous les moyens de se manifester et de se réaliser. Le contact des âmes amène le rapprochement des personnes, et il est impossible à deux volontés qui tendent à s'unir, de ne pas chercher instinctivement tout ce qui sert à l'union. Votre platonisme, madame, si platonisme il y a, ne tiendra pas longtemps devant l'entraînement des sens, et je crains bien qu'après quelques vains efforts pour se maintenir et s'arrêter dans sa chute, il ne devienne un sensualisme vulgaire. En vérité il n'y avait pas lieu de faire tant de bruit de votre vertu ou de votre force, qui se vantait de faire la part à l'esprit et au corps, de dominer la chair pour s'exalter glorieusement dans un amour tout spirituel, ne voulant vivre que d'idées, de sentiments et de paroles, si vous deviez tomber un jour au niveau du commun des hommes, et faire en définitive le mal comme tout le monde.

Croyez-moi, madame, vous êtes en ce moment, comme notre mère Ève, sous l'influence perfide du tentateur, et admirant la beauté d'un fruit défendu, qui ne vous paraît si beau que parce qu'il vous est défendu. Si vous arriviez jamais à épouser l'objet de votre admiration et que vous pussiez en jouir légitimement, au bout de quelque temps l'enchantement tomberait devant la réalité, et l'excitation de la défense ne viendrait plus le raviver. Au lieu d'un amant qui vous est interdit, et que vous recherchez maintenant avec ardeur, vous auriez un mari dont l'habitude aurait effacé le prestige, un mari tout comme les autres, avec de bonnes et de mauvaises qualités, parce que rien n'est parfait ici-bas, et force vous serait de vous en accommoder alors, comme vous devriez le faire aujourd'hui.

« Mais enfin, dites-vous, et c'est toujours dans ces cas avec les larmes le dernier argument des femmes, je l'aime et je ne puis m'empêcher de l'aimer ! Ce n'est pas moi qui ai allumé cet amour dans mon cœur, et il m'est impossible de l'éteindre. C'est le seul homme qui m'ait comprise et qui sympathise pleinement avec mon esprit et mon cœur. Or cet accord, cette sympathie si complète de deux intelligences, de deux âmes, n'est-elle pas un signe qu'elles ont été faites l'une pour l'autre, destinées l'une à l'autre; et y céder, n'est-ce pas suivre une indication providentielle, et accomplir aussi la volonté de Dieu ? »

Vous n'êtes pas la dupe, madame, de ces belles phrases que la passion aux abois vous arrache, et où votre habitude de la dévotion vient mêler bien mal à propos sa teinture mystique. Il vous reste encore trop de bon sens et de droiture pour vous payer de pareils prétextes, qui, loin d'être une justification, ne seraient pas même une excuse.

Quoi ! ce n'est pas vous qui avez allumé ce feu dans votre cœur ? Si vous n'avez pas perdu le souvenir, vous conviendrez au moins que vous l'avez singulièrement soufflé et entretenu. Car depuis que vous connaissez la personne en question, vous avez cherché avidement toutes les occasions de la voir et de lui parler. Avant de pouvoir le recevoir familièrement chez vous, et quand vous ménagiez encore la juste susceptibilité de votre mari, vous faisiez des visites là où vous espériez le rencontrer ; vous alliez aux soirées où il se rendait; vous le cherchiez même à l'église, et il vous est souvent arrivé d'assister à des assemblées de charité, avec les apparences du service des pauvres et les honneurs d'une dame patronnesse, uniquement pour vous procurer le plaisir de lui parler un moment, ou seulement de l'apercevoir.

Vous ne pouvez pas éteindre ce feu que vous avez nourri à plaisir? Cela est difficile, il est vrai, au point où vous en êtes, mais nullement impossible avec un peu de bonne volonté et la grâce de Dieu. Toute passion en dit autant, quand elle est flagrante, et cependant la plupart du temps elle s'éteint toute seule par la force des choses, par l'âge ou par l'inconstance des hommes. D'ailleurs vous n'en êtes pas arrivée, je pense, vous chrétienne, et qui pratiquez encore la dévotion au milieu du désordre de votre cœur, à douter de la puissance de votre liberté et de l'efficacité de la grâce divine. Vous n'êtes pas devenue assez païenne pour avoir les idées et le langage de Phèdre, et certes vous ne croyez pas à l'action fatale de

> Vénus tout entière à sa proie attachée.

C'est donc tout simplement le cri désespéré de votre nature en proie à une passion qui lui est chère, malgré les protestations de la conscience, et qui non-seulement ne veut pas la combattre pour en triompher, mais qui serait même désolée de son triomphe. C'est la folie de la passion.

Quant à cette sympathie si parfaite d'esprit et de cœur qui vous semble un présage de destination providentielle, vous savez aussi bien que moi qu'il en va toujours ainsi quand on s'aime, et qu'on cherche à se complaire mutuellement pour parvenir au but de l'amour. Par cela seul qu'on veut se plaire respectivement, pour ôter tout obstacle aux succès de la passion on se conforme de toutes manières l'un à l'autre; on se plie de chaque côté aux désirs, aux habitudes, aux caprices même de l'autre partie, et tant que cet effort dure, et il dure autant que la passion, on se trouve réciproquement parfait, parce que chacun retenant ou dissimulant tout ce qui pourrait contrarier ou répugner, s'évertue à l'envi et par toutes les industries possibles à se rendre agréable à l'autre. Il en est presque toujours ainsi avant le mariage, pendant tout le temps où, comme on dit, on recherche et courtise, et vous savez mieux que qui que ce soit, par votre expérience personnelle, si c'est un gage de sympathie et d'union pour l'avenir. Dans quelque temps, quand, d'une manière ou d'une autre, l'effervescence de la passion sera calmée ou tombée, vous en verrez l'objet d'un autre œil, et vous serez toute surprise de n'y plus trouver les perfections qui vous transportent aujourd'hui.

On ne dispute pas des goûts, j'en conviens, et je ne prétends pas vous imposer le mien. Mais je ne puis m'empêcher d'en avoir plus pour votre mari que pour celui auquel vous le sacrifiez. Il est aussi jeune et pas plus mal à l'extérieur; Il a des habitudes sérieuses et n'aime pas le monde, ce qui est un grand tort à vos yeux, parce que vous voudriez qu'il y brillât pour en tirer vanité et vous faire une auréole de sa distinction. Mais il s'occupe sans cesse de vos affaires et de celles de sa famille, et se conduit partout en galant homme. Vous n'avez point à vous plaindre de lui dans votre intérieur. Il n'y a jamais porté le trouble ni le désordre, et s'il a un tort, c'est d'avoir trop de déférence pour vos goûts, et de craindre trop de vous déplaire. S'il vous donnait des inquiétudes par une vie légère, ou par des apparences d'infidélité, vous en seriez très-blessée, et cependant...! Avez-vous donc oublié le premier principe de l'équité naturelle : « Ne fais pas à autrui ce que tu ne veux pas qu'on te fasse? »

Mais depuis qu'il vous déplaît, uniquement parce qu'un autre vous plaît davantage, vous êtes devenue injuste envers lui. Toutes ses bonnes qualités disparaissent à vos yeux; ses défauts se grossissent, et, parce que votre conscience vous reproche de n'être plus pour lui ce que vous devriez être, vous cherchez à vous persuader par toutes sortes de mauvaises raisons, et comme pour vous justifier, qu'il a changé à votre égard, ou qu'il n'est plus le même qu'au temps où vous l'avez accepté. Vous lui reprochez d'être devenu positif, prosaïque, et cherchant en toutes choses l'utile plus que le beau, l'honnêteté plus que l'héroïsme, la matière plus que l'esprit, le réel plus que l'idéal. Il n'a, dites-vous, ni le sentiment de l'art, ni le goût de l'infini, rien d'esthétique en un mot, et il a l'air de regarder vos aspirations religieuses, scientifiques et littéraires, comme de l'exaltation et des chimères. Tranchons le mot : vous ne le trouvez pas assez brillant pour vous, qui vous croyez d'un ordre supérieur; il n'est plus à votre niveau. Son ancienne affection pour vous ne vous relève pas assez aux yeux du monde, et votre vanité, qui souffre de sa modestie, veut traîner à son char un homme distingué, dont la conquête témoigne de votre mérite et abaisse des rivales en leur inspirant de l'envie.

Voilà, je le crains, le ressort principal de votre conduite actuelle; car la plupart des femmes dans ce cas sont encore plus entraînées par la vanité que par le cœur et même par les sens. Vous voulez exploiter à votre profit, et comme votre propriété, la réputation d'un homme du monde, et il y a dans tout cela plus de gloriole que d'affection. Amour ou gloire, quoi que vous cherchiez, je crains que vous ne payiez bien cher ce que vous obtiendrez ; et je veux vous montrer en finissant, puisque vous ne semblez pas vous en douter, les suites de la malheureuse voie où vous vous engagez et l'avenir déplorable que vous vous préparez.

D'abord la paix est bannie de votre intérieur, car la confiance n'est plus possible entre vous. Vous avez un secret pour votre mari, et un secret terrible. Vous serez toujours dans les transes qu'il ne le découvre, et vous emploierez tous les moyens de la dissimulation et de la ruse féminine pour le cacher. Chaque jour vous redouterez un orage, et soyez sûre que vos précautions pour l'éloigner ou l'éviter le feront arriver. Ce secret, votre époux le pressentira, mais il voudra longtemps en douter ; il aura peur de la certitude, et il fera tout ce qu'il pourra pour se tromper lui-même. Mais comment voulez-vous qu'il se trompe ou se laisse tromper, quand vos imprudences lui apporteront sans cesse des lumières, et qu'il vous verra rechercher toujours au dehors ou attirer chez vous la société d'un autre homme ? Un jour ces deux hommes se trouveront en face, l'un avec le ressentiment d'un mari outragé, l'autre avec la colère sourde d'une passion contrariée, et s'il y a un éclat, ce qui semble inévitable, il y aura une provocation et peut-être un meurtre.

Sur qui retombera ce sang, je vous le demande ? Et si même il n'y a point de sang répandu, vous imaginez-vous ce que vous deviendrez, et dans votre conscience et dans votre cœur, entre un mari et un amant aux prises? Car enfin ce mari, quoi que vous en disiez, quoi que vous fassiez aujourd'hui, est le père de vos enfants. C'est celui que Dieu vous a uni pour être une seule chair avec vous, auquel vous avez juré d'être fidèle, et, d'un autre côté cet autre homme, que vous ne pouvez aimer sans crime, possède votre cœur et y règne. C'est une situation affreuse, et elle est plus que possible, elle est probable.

Mais je suppose que les choses n'aillent point à cette extrémité. Par bonheur, ou à force de prudence et d'artifice, il n'y aura point d'éclat. On comprendra tout des deux côtés, mais on ne dira rien, et la vie de tous les jours roulera en apparence comme à l'ordinaire, avec toutes ses banalités, et sous le couvert de la politesse et de la dissimulation. Quelle existence d'intérieur, et comment y tiendrait-on? Votre mari, sentant votre éloignement, s'éloignera à son tour. C'est un homme tranquille et qui redoute le scandale; il n'en fera donc point : mais pour l'éviter, il s'absentera le plus qu'il pourra. Il prendra tous les prétextes, sa santé, ses affaires, les exigences de sa famille, et vous laissera maîtresse du terrain, pour n'avoir pas à combattre. Vous vous en réjouirez sans doute, parce que vous y trouverez plus de liberté, et ce sera autant de donné à votre fatal entraînement, dont la violence s'accroîtra à mesure que vous roulerez plus bas, jusqu'à ce que vous approchiez de l'abîme. Qu'arrivera-t-il alors? Dieu le sait et je n'ose le prévoir! Mais vous savez comme moi ce que dit la parole divine : « Celui qui joue avec le danger y périra. »

Et vos enfants, qu'en ferez-vous? qu'en fera votre

mari? Oh ! ici, je le sens, votre cœur se soulève ; car vous êtes mère en même temps qu'épouse, et, épouse infidèle, vous voudriez rester une bonne mère. Est-ce possible? Je vous le laisse à penser. Au milieu des tourments de votre conscience et des inquiétudes continuelles d'une passion coupable, vous aurez toujours l'instinct de la maternité, parce qu'il sort de vos entrailles. Mais vous ne serez plus capable d'en remplir le devoir avec le dévouement qu'il exige; car votre dévouement est donné à un autre, puisque cet autre possède votre cœur ; et là où est notre cœur est notre trésor. Vos enfants ne seront plus votre plus cher trésor; car il y aura quelqu'un que vous aimerez plus qu'eux, et ce ne sera pas leur père.

Leur père, à coup sûr, vous les ôtera dès qu'il pourra le faire décemment. Il les confiera de bonne heure à des mains étrangères, pour les préserver de leur mère, devenue à ses yeux indigne de lui et de ses enfants. Et alors que deviendra l'âme de ces pauvres petits êtres, privés dès le bas âge de la tendresse et des caresses maternelles? Ce ne sera donc pas la parole de leur mère qui y excitera tous les meilleurs sentiments, qui y développera la vie morale et religieuse, et cela par la faute de la mère, qui aura perverti en elle l'instrument de Dieu pour le bien de ses enfants. Oh ! madame, c'est là peut-être que votre responsabilité sera la plus terrible: car le bonheur des hommes dans ce monde et dans l'éternité dépend le plus souvent de ce qu'ils ont fait, appris et aimé dans leur enfance.

Cependant, quelle sera votre position vis-à-vis de la société? Les longues et fréquentes absences de votre mari vous compromettront. Vous aurez l'air d'une femme délaissée ou suspectée, sinon coupable. Mais le monde ne s'y trompera pas longtemps. Tout se sait et se redit ; il y a peu de secrets, même les mieux gardés, qui ne transpirent ; et d'ailleurs la passion, qui tend toujours avec ardeur à se satisfaire, n'est point assez prudente pour se cacher. On vous verra dans toutes les sociétés fréquentées par M. X..., et il tournera sans cesse autour de vous ; car vous n'irez tous deux que pour vous rejoindre. Puis il viendra chez vous plus librement, puisque votre mari aura cédé la place, et vous en abuserez d'une manière ou d'une autre, parce que la passion va toujours à l'excès. Vos domestiques verront et causeront ; ils calculeront le temps de vos entrevues, et il ne leur faudra pas beaucoup de pénétration pour deviner ou soupçonner ce à quoi une jeune femme et un homme encore jeune peuvent employer le temps pendant de si longues heures. Tout sera remarqué, expliqué, interprété, commenté ; et ainsi du dehors et du dedans, du monde et de votre propre maison, sortira une voix, qu'on appelle l'opinion publique, et qui vous désignera clairement comme la maîtresse de cet homme. Car l'opinion publique, dans son bon sens, ne croit pas à l'amour platonique, et nomme crûment les choses par leur nom.

Vous serez donc compromise, affichée, déshonorée, et avec vous le nom de votre mari, de votre famille, et celui de vos enfants. Même quand vous ne seriez pas coupable au dernier point, le monde le croira, parce que les apparences le diront, et que sa malignité s'en réjouira. Vous passiez pour une femme pieuse, dévote même ; on vous voyait dans toutes les églises, à tous les sermons des grands prédicateurs, sur toutes les listes des bonnes œuvres ; on vous disait une sainte, et ce sera avec une grande joie, avec une joie d'enfer, que ceux qui se moquaient autrefois de votre dévotion déchireront à belles dents votre réputation et votre honneur. Hélas ! auront-ils tort au fond, quelle que soit dans la forme l'indignité de leurs propos ? Car, après tout, ils ne feront que médire, sans vous calomnier ; c'est-à-dire qu'ils diront tout haut et répéteront à l'envi un mal réel, une vérité déplorable, et vous aurez encore le malheur de compromettre la religion avec votre réputation.

Est-ce assez de misère et d'indignité ? Hélas ! non, il vous restera encore une douleur à subir, et qui vous sera la plus cruelle, quoiqu'elle ne soit pas la plus triste en elle-même et qu'au contraire elle puisse tourner à votre salut, si elle est bien acceptée.

Cet homme, auquel votre passion insensée aura tout sacrifié, mari, enfants, conscience et honneur, et jusqu'au salut de votre âme, il vous sacrifiera lui, à son tour, un jour ou l'autre, à sa position, à sa famille, à son avenir : et il aura raison. Car s'il paraît ingrat envers vous, qui avez tout perdu pour lui, en vous brisant le cœur, il rompra des liens illégitimes qui violent les lois divines et humaines, et il rentrera dans l'ordre. Vous êtes son idole aujourd'hui, et demain peut-être vous lui serez un embarras. Il se dégoûtera de cette position fausse devant la société, qui l'empêche de s'y établir honorablement, soit par la mauvaise honte de vous quitter, soit par la défaveur de l'opinion, et, quand même sa conscience ne vous l'arracherait pas, son intérêt bien entendu le détachera un jour, si ce n'est la lassitude. Si vous êtes à lui tout entière, la possession usera le désir, et si vous avez la force de le maintenir à l'amour platonique, il se fatiguera de consumer ce qui lui reste de jeunesse en des chimères qui ne le mènent à rien, pas même aux plaisirs de la vie. Il trouvera qu'il y a de la duperie à subir les ennuis de la femme d'un autre sans en avoir la jouissance, et il pensera à se marier.

Vous sentirez sa disposition, sans qu'il vous l'avoue, et, ne pouvant détourner le coup, vous voudrez le diriger, pour qu'il vous soit moins sensible. Vous tenterez de le marier vous-même, dans l'espoir secret de le dominer encore jusque dans son mariage, c'est-à-dire que vous méditerez un crime de plus; car vous rêverez un second adultère. Vous ne réussirez pas, parce que, votre liaison étant connue, votre intention sera trop évidente, et chacun fuira votre choix. Un beau jour il se mariera donc sans vous, et même à votre insu. Il profitera d'un voyage, d'une saison à la campagne, aux eaux, de toute autre occasion, et vous aurez peut-être la douleur et la honte de l'apprendre par un billet de faire part ou par les journaux.

Ainsi finira cette triste histoire en ce qui le concerne; mais pour vous elle ne sera pas au bout. Vous voilà délaissée, méprisée et furieuse! La jalousie, le dépit, changeront votre amour en colère, et vous jetterez par terre et foulerez aux pieds l'idole que vous avez si longtemps adorée. Vaine fureur, rage impuissante! en voulant, en croyant le haïr, vous l'aimerez encore, et le trait, que vous tenterez d'arracher violemment de votre cœur, et qui l'a percé si profondément, ne fera que s'y retourner, s'y agiter par vos efforts mêmes, et accroître vos douleurs. Vous ne saurez plus que faire de votre existence, que vous aurez posée tout entière sur cet appui ruineux, et prenant la société en horreur, parce qu'elle vous condamne et vous bafoue, et que d'ailleurs vous redouterez d'y rencontrer celui que vous y cherchiez si ardemment naguère, vous irez vous ensevelir dans une solitude où vous ne saurez que devenir. Le ressentiment et l'ennui, comme deux serpents, vous y rongeront le cœur, et les souvenirs du passé, les tourments du présent, et les terreurs de l'avenir, tout se réunira pour vous précipiter dans le désespoir.

Pauvre femme ! que je vous plaindrai alors, et combien je vous plains déjà aujourd'hui ! Vous n'étiez cependant pas faite pour le crime ni pour tant de misères ! Comment se fait-il que tant de bonnes qualités aient tourné à mal, et qu'avec le désir du bien et l'amour de la vertu, vous soyez devenue si coupable ? Tout cela, hélas ! pour avoir cédé à une tentation de vanité, plus encore que d'amour, qui vous a fait sortir de la ligne du devoir et violer vos serments ! Il ne faut souvent qu'une faute pour amener un abîme de désordres et de malheurs. Ainsi a commencé la lamentable histoire du genre humain, et c'est aussi la vôtre.

Cependant, une fois au fond de cet abîme, que ferez-vous ? Vous avez trop de foi pour vouloir échapper à vos peines par la mort, et d'ailleurs vous savez trop bien que vous n'y échapperiez pas. Vous ne feriez que changer la scène et le mode du supplice. Il vous faudra donc vivre pour revivre, c'est-à-dire pour rentrer dans l'ordre, et vous ne retrouverez la paix qu'à ce prix. Ce sera un bonheur, si votre époux, blessé dans son affection et sa dignité, consent à vous recevoir après toutes ces aventures, et Dieu veuille que celui que vous avez outragé consente à devenir votre refuge !

Et au dedans, au fond de votre conscience, vous vous trouverez en face de Dieu si grièvement offensé, lui que vous aviez pris à témoin de vos serments, et dont vous avez violé la sainte loi. Aurez-vous encore le courage de le prier, après avoir tant méprisé sa parole, et pourrez-vous avoir confiance en l'efficacité de la prière et en son secours, quand peut-être vous vous sentirez encore coupable au fond du cœur, et que vous aurez plus de regrets que de remords ? Votre foi vous dira que la miséricorde de Dieu est infinie, et votre raison que sa justice ne l'est pas moins, et que, s'il a pitié du criminel, il veut aussi l'expiation du crime.... Oh ! alors, acceptez l'expiation, quelle qu'elle soit. Acceptez-la sincèrement et sans réserve, et la grâce divine, attirée par vos gémissements et votre bonne volonté, triomphera en vous par votre repentir, et relèvera votre âme en la purifiant. L'ardente contrition de Madeleine, et son amour régénéré dans les larmes de la pénitence, lui ont tant fait pardonner, et beaucoup de péchés lui ont été remis, parce qu'elle a beaucoup aimé celui-là seul qui a la puissance de les remettre !

Je termine, madame, en vous priant d'excuser ma sincérité, qui a peut-être été jusqu'à la dureté, sans que je l'aie voulu. Vous avez fait un appel au prêtre de Jésus-Christ, et le prêtre a dû parler selon la vérité. Malheur à lui, s'il la dissimule, quand on le somme de la dire, et vous m'en avez sommé en me consultant.

Je vous réponds donc devant Dieu, devant ma conscience et la vôtre :

Oui, vous êtes une épouse infidèle, ne fût-ce que par l'esprit et le cœur. Vous marchez au désordre, vous y êtes déjà : car vous êtes coupable contre Dieu, dont vous violez le commandement; coupable contre votre époux, dont vous blessez les droits; coupable contre vos enfants, que vous frustrez de l'amour de leur mère, et auxquels vous laisserez un nom taché et un triste exemple; coupable contre votre famille, dont vous ternissez l'honneur; coupable envers la société, dont vous troublez le bon ordre par le mépris de ses lois et par le scandale; coupable même envers celui que vous aimez follement pour votre jouissance ou le triomphe de votre vanité : car c'est par égoïsme, ou pour une vaine gloire, que vous l'attachez à votre char comme un esclave, rendant sa jeunesse inutile et détruisant son avenir.

Enfin, je vous le prédis, il vous quittera un jour ou l'autre et rejettera sur votre cœur déchiré et sanglant les chaînes dont vous l'avez trop longtemps garrotté. Quittez-le donc courageusement, pour qu'il ne vous quitte pas, et reprenez votre dignité de femme et la vertu d'une chrétienne, en rompant la première.

LETTRE XIV.

A UNE RELIGIEUSE QUI VEUT QUITTER SA COMMUNAUTÉ.

Votre lettre m'a surpris et affligé, ma chère sœur. Je vous croyais très-heureuse dans votre communauté, où vous avez fait profession avec joie il y a quatre ans, et après deux années de noviciat. Vous aviez peine à attendre le jour où vous vous donneriez à Dieu. Il semblait que cette maison fût pour vous la porte du salut, l'entrée du Paradis, et maintenant vous voulez la quitter en profitant de l'expiration de vos vœux!

Que s'est-il donc passé dans la communauté ou en vous-même? Il n'est pas vraisemblable qu'elle ait beaucoup changé depuis que vous en faites partie. C'est toujours la même règle, le même esprit, les mêmes habitudes, en un mot tout ce que vous avez connu et accepté pendant votre temps d'épreuve et depuis votre profession. Il est donc à croire que c'est vous qui n'êtes plus la même, et qu'il vous est arrivé quelque chose de semblable à ce qu'éprouvent les personnes du monde, qui trouvent magnifique ce qu'elles désirent, en sont enchantées tant qu'elles l'espèrent, et s'en dégoûtent ou y deviennent indifférentes dès qu'elles le possèdent.

C'est un mécompte assez fréquent dans les mariages; mais dans le mariage il n'y a pas de noviciat, et les passions humaines n'ont pas le loisir d'éprouver pleinement leur objet avant d'en jouir. Elles poursuivent un inconnu, qui les charme en fuyant devant elles, et les désenchante souvent, quand elles le tiennent. Mais vous, vous connaissiez parfaitement ce que vous désiriez. On ne vous a rien caché; vous avez eu tout le temps d'examiner, sans être séduite par les illusions des sens et par les prestiges de l'imagination. Personne n'a cherché à vous entraîner, et, au contraire, pour laisser à votre liberté toute sa plénitude, à votre cœur sa spontanéité, on a multiplié les épreuves, et l'on a plutôt retardé que hâté le terme où vous aspiriez.

Pourquoi donc cette maison, que vous aviez préférée, vous déplaît-elle aujourd'hui? et quels sont les motifs de cette espèce de divorce, non point avec Dieu, que vous voulez continuer à servir dans une autre communauté, mais avec cette famille spirituelle qui vous a si charitablement adoptée, et que vous paraissiez aimer comme elle vous aimait?

Ma chère fille, si vous me disiez: « J'ai accompli le temps de mes vœux, et, après quatre années de profession qui ont été pour moi un nouveau noviciat, j'ai reconnu que je ne suis point appelée à la vie religieuse, et que je me suis trompée sur ma vocation; je veux donc rentrer dans le monde, pour y servir Dieu fidèlement, mais comme une simple laïque, et en prenant part à la vie sociale, dans le célibat ou dans le mariage ; » si, dis-je, vous me parliez ainsi, je serais moins inquiet sur l'état de votre âme et sur votre avenir. Ce serait une position nette, qui demanderait sans doute à être examinée sérieusement, pour voir si vous ne vous trompez pas une seconde fois, ou plutôt si vous ne vous étiez pas trompée la première ; mais enfin je n'hésiterais pas à vous répondre : « Si vous avez la conviction que vous ne devez pas rester en religion, et que vous êtes faite pour la vie du monde, rentrez dans le monde et tâchez d'y faire votre salut. »

Mais telle n'est pas la situation que vous vous faites. Vous désirez rester religieuse, mais dans une autre maison, parce que celle où vous êtes a cessé de vous plaire, et qu'ainsi vous croyez n'y pouvoir plus faire votre salut, ou pouvoir le faire plus sûrement ailleurs.

En prenant cette position, qui a quelque chose de louche et de suspect, vous vous exposez de prime abord à trois objections que je vais vous faire, et qu'on ne manquera pas de vous opposer, si vous aspirez à être admise dans une autre congrégation.

On vous demandera d'abord pourquoi vous avez quitté le couvent où vous avez fait votre noviciat, et qu'ainsi vous deviez connaître à fond, avec toutes ses exigences et sa vie journalière. Vous donnerez les raisons que vous m'avez exposées et que j'examinerai tout à l'heure. Il est douteux qu'elles paraissent suffisantes, et l'on aura le droit de penser qu'une religieuse, qui se dégoûte de sa communauté après une épreuve de six années, ne persistera pas mieux dans son nouveau choix, quand la ferveur du commencement sera passée et qu'elle éprouvera des mécomptes nouveaux. On vous regardera comme une personne inconstante, qui ne peut se fixer nulle part, ne se trouvant bien que là où elle n'est pas, parce qu'elle n'obtient pas dans la réalité ce que rêve son imagination, et qu'elle se crée une sorte d'idéal chimérique, qu'elle poursuit dans des voies particulières au mépris de la règle commune.

On vous dira, en outre, que chaque communauté ayant son esprit, on n'aime point à recevoir des personnes qui, ayant fait profession ailleurs, peuvent y apporter un esprit différent, sinon contraire à celui de la maison. Quoi qu'on fasse, on conserve toujours quelque chose des pensées et des pratiques où on a été élevée ou formée pendant longtemps. Si alors on entre dans une autre congrégation, on l'apprécie par ce qu'on a connu primitivement, et il se fait involontairement entre les personnes et les choses une foule de comparaisons qui amènent des jugements, plus ou moins fondés peut-être, mais qui empêchent jusqu'à un certain point la franche soumission de l'esprit et de la volonté dans la position nouvelle. C'est pourquoi, si l'on vous accepte ailleurs, ce qui est très-douteux, on vous fera recommencer votre noviciat, afin de vous détacher de vos anciennes habitudes et de vous en donner d'autres conformes à l'esprit de la communauté. On vous éprouvera certainement plus sérieusement et plus longtemps qu'une autre, parce que vous serez suspectée d'inconstance ou d'une attache involontaire aux usages de la maison que vous avez quittée.

On vous représentera enfin que, si vous n'avez quitté votre couvent que pour échapper à quelques peines, à quelques inconvénients, comme on en trouve partout, vous en rencontrerez assurément au milieu de vos nouvelles sœurs comme parmi les anciennes. Ainsi vous ne feriez que changer le lieu et la forme de vos infortunes ; ce qui, quand vous l'aurez reconnu par l'expérience, ébranlera vos résolutions, et vous rendra sans doute désagréable, et même insupportable, la maison préférée. On vous dira que, même dans le monde, les hommes raisonnables, et surtout les chrétiens, ont plutôt fait de s'accommoder aux circonstances que de vouloir toujours les plier à leur goût, et qu'il y a plus de sagesse à tâcher de prendre sur soi pour se contenir et se vaincre, qu'à se débattre avec les autres pour les changer ou les dominer. A ce prix seulement, on a de l'ordre et de la paix dans les sociétés civiles ; et il n'y a de l'harmonie et de la stabilité dans les familles et dans les États que par des concessions réciproques qui vont souvent jusqu'au sacrifice. A plus forte raison dans une société spirituelle, qui vise à la vie parfaite que Jésus-Christ a enseignée et recommandée à ses disciples d'élite, et dont la devise est cette parole, qui renferme l'essence de la vie religieuse : « Que celui qui veut venir après moi renonce au monde et à lui-même ; qu'il prenne sa croix, qu'il la porte tous les jours et me suive. »

Voilà, ma chère sœur, ce qu'on vous objectera tout d'abord, et ce que je vous représente préalablement d'une manière générale, pour vous en prévenir, et comme introduction à l'examen des motifs énoncés dans votre lettre, que je vais maintenant considérer et peser avec vous.

Votre premier grief est que le régime de la communauté ne vous semble pas assez rigoureux, et qu'on n'y fait pas assez de mortifications. Dans le zèle qui vous dévore, vous voudriez des jeûnes plus fréquents, et tout ce qui sert à mater la concupiscence du corps, des cilices, des haires, des chaînes de fer, des disciplines, qui déchirent la chair et font couler le sang. Certes, ma chère sœur, je ne blâme pas ces grands moyens, et je les crois très-efficaces pour dompter le corps et élever l'esprit, quand on est poussé à les employer par l'esprit de Dieu, ou que la règle les impose. Je ne sais si c'est l'esprit de Dieu qui vous y porte aujourd'hui, ou si ce ne serait pas un esprit de contradiction qui nous est, hélas! si naturel, et qui se sert de tous les prétextes pour faire sa volonté et échapper à l'autorité; en sorte que vous désirez maintenant ces choses parce qu'on ne vous les ordonne pas, et vous ne les voudriez plus si on vous les commandait. Ce que je sais, c'est que votre règle actuelle ne les exige pas, et elle a raison, à cause du but de la communauté et des travaux nécessaires pour l'atteindre.

Ne voyez-vous donc pas, ma chère fille, qu'il y a plusieurs manières de se mortifier, c'est-à-dire de dompter le corps pour en employer toutes les forces à la gloire de Dieu et au service du prochain? Il y a des ordres religieux où l'on s'immole comme une victime, dont les douleurs et le sang versé doivent, en union avec la victime sainte et par les mérites du sang de Jésus-Christ, expier les péchés des hommes, et accomplir, comme dit saint Paul, ce qui manque encore aux souffrances du Rédempteur. Là on se fait martyr de la pénitence.

Il y en a d'autres où l'on dévoue toute son existence, âme, esprit et corps, à des travaux continuels qui accablent la nature, et qui, tout en étant agréables à Dieu parce qu'ils servent à lui gagner des âmes, sont directement et plus visiblement utiles aux hommes, qui en retirent un profit spirituel et même matériel. Telles les religieuses qui se consacrent au soin des malades ou à l'éducation des enfants. Elles consument leur vie en des occupations pénibles, dégoûtantes, pleines d'ennuis et de contradictions, et qui donnent, la plupart du temps, peu de consolations, à cause de la légèreté, de la dureté, ou de l'ingratitude des hommes.

Croyez-vous que celles-là ne soient pas martyres à leur manière? et si leurs forces s'usent tous les jours, avec leur jeunesse et leur vie, en des fatigues incessantes, et si d'ailleurs elles en ont besoin pour suffireà leurs fonctions, pourquoi voulez-vousqu'elles les abattent encore d'une autre manière, et qu'elles aient encore recours à des mortifications corporelles par-dessus leurs travaux? Quand vous aurez passé des nuits et des jours au chevet d'un malade, vous n'aurez pas besoin de vous priver exprès de sommeil, ni de tourmenter volontairement votre corps. Il en aura assez de ses fatigues obligatoires, et il en aura si bien assez, que si elles se répètent trop souvent, il en dépérira. Il n'est pas nécessaire de mater vos appétits par des jeûnes surérogatoires, si l'usage perpétuel de la parole et l'agitation incessante de l'enseignement dévorent toutes vos forces. Si vous vous étiez mise franchement à soigner les malades et à instruire la jeunesse, comme le prescrit votre règle, vous ne demanderiez pas, je vous l'assure, d'autres mortifications. Mais vous vous y êtes toujours employée peu sérieusement, sans goût, sans cœur, faisant tout juste ce qui vous était imposé, et par conséquent le faisant mal, c'est-à-dire sans dévouement, et cela, parce que vous rêviez d'autres moyens de perfection qu'on ne vous demandait pas, vous imaginant arriver plus vite et plus sûrement par une autre voie que celle où vous êtes. Que demain vous entriez chez les carmélites ou les trappistines, et je ne jurerais pas que vous n'eussiez l'envie de revenir à ce que vous auriez quitté.

Puis, ma chère sœur, il y a encore une autre considération qui vous a échappé : c'est que la mortification corporelle, si utile quand elle est employée à propos, n'est pas la seule efficace pour le salut, et que celle de l'esprit et de la volonté a encore plus de valeur aux yeux de Dieu, parce qu'elle est plus profonde et va droit au but. Car ce que demande Notre Seigneur Jésus-Christ, c'est que notre volonté, qui dirige notre existence, se donne tout entière à Dieu en union avec la sienne, afin que la volonté de son Père se fasse en la terre comme au ciel, et que le règne divin s'établisse en nous et hors de nous. Le brisement de la volonté propre est bien plus douloureux que celui du corps, et je crois que, si vous aviez songé davantage à sacrifier la vôtre (et vous en aviez une belle occasion en renonçant à vos imaginations et à vos désirs devant la règle à suivre), je crois, dis-je, que vous auriez fait de grands progrès là où vous languissez maintenant, et que vous n'auriez jamais eu l'envie d'en sortir. Car Dieu vous y a placée par un concours de circonstances que vous n'avez pas amenées, mais auxquelles vous avez répondu par votre liberté. Vous y êtes, parce que vous avez voulu y être. Le parti le plus sûr, ma chère fille, est donc de profiter le mieux qu'il se pourra de la situation qui vous a été donnée et que vous avez acceptée ; de mortifier votre raison propre en vous résignant avec foi, sans blâme et sans murmure, aux contradictions, aux peines, aux inconvénients; de vous soumettre enfin, et quoi qu'il en coûte, en immolant vos goûts, vos désirs, votre volonté. Car de deux choses l'une : ou ce que vous blâmez ne le mérite pas, et alors en l'acceptant, vous ne risquez point de porter les suites de vos jugements erronés; ou s'il y a vraiment quelque chose à reprendre et qui ne soit pas dans l'ordre, Dieu, à qui seul il appartient de tirer le bien du mal, empêchera que cela ne vous soit nuisible; que dis-je? il le fera tourner à votre plus grand bien, par la grâce de la résignation et du renoncement qu'il accordera à votre obéissance.

Mais je m'aperçois que je viens de toucher l'endroit sensible, et que c'est justement dans la volonté propre contrariée qu'est le principe de votre mécontentement contre la communauté et la cause de votre désir de la quitter. C'est ce que m'indique votre second grief, savoir qu'on ne vous laisse point prier à votre aise, quand et comme vous le voulez, et que la discipline trop minutieuse vous poursuit jusque dans vos moindres actions.

C'est ici, ma chère sœur, que je voudrais voir s'appliquer votre zèle de mortification. Comment! vous seriez tous les jours, à chaque instant, la victime de l'ordre et de la règle? Vous ne pourriez dévier de la ligne droite, en actes ni en paroles, sans qu'aussitôt vous y fussiez ramenée? Il n'y aurait point pour vous possibilité de mal faire, à cause de la surveillance incessante à laquelle vous êtes soumise? Certes dans la vie du monde, où chacun est livré plus ou moins à son libre arbitre, cela serait gênant et ne paraîtrait pas supportable. On veut y avoir même la faculté de mal faire, si bon vous semble, et cela fait partie de ce qu'on appelle la liberté individuelle, qui d'ailleurs doit se mettre en règle avec la loi civile, la police, et les gendarmes.

Mais une religieuse entre-t-elle en communauté pour y vivre comme dans le monde? Quand elle fait profession, ne prononce-t-elle pas le vœu d'obéissance? et par le choix même de son libre arbitre, ne renonce-t-elle pas à l'exercice de sa liberté, lui substituant volontairement la règle et la parole des supérieures chargées de la faire observer et qui commandent en son nom? Au lieu de vous plaindre à cause de la gêne que vous éprouvez, je vous félicite au contraire de la surveillance qui vous protége et j'en estime d'autant plus votre congrégation, qui s'attache à discipliner les âmes plus que les corps, bien qu'elle ne les ménage pas non plus par les travaux si pénibles du soin des malades et de l'instruction des enfants qu'elle leur impose.

Voyons, ma chère enfant, soyons de bonne foi et parlons sans prévention. J'en appelle en ce moment à votre bon sens et à votre conscience. Concevez-vous que dans une communauté nombreuse, comme la vôtre, on laisse chacune prier à son gré, aux heures qui lui conviendront, tout le temps qu'il lui plaira d'y mettre? Que chacune, en ce point comme en d'autres, suive son inspiration ou son imagination et son caprice, et, sous le prétexte si plausible de la prière, vous allez ruiner l'ordre et la discipline de la maison. Personne ne sera plus à son poste; toutes les fonctions seront mal remplies ou d'une manière incertaine, et bientôt tout manquera dans le couvent, jusqu'aux choses nécessaires à la vie. On ira prier quand on se croira fatiguée, quand on s'ennuiera de ses occupations, pour se reposer, se distraire, échapper à l'inspection d'une supérieure, éviter un travail pénible, la rencontre d'une sœur qui déplaît, etc., etc. Bref la prière sera toujours là comme une échappatoire dans les moments difficiles, pour éluder ce qui répugne à la nature, même le devoir, et ainsi, ce qui doit faire la vie et la gloire de la vie religieuse en deviendra la ruine et la honte. Puis, avec une telle disposition, et au milieu de ce désordre, comment priera-t-on? Des lèvres assurément et non pas du cœur! On se livrera à toutes sortes de pratiques extérieures qui ne sont pas commandées, et on négligera le dedans. On nettoiera les dehors du vase, mais l'intérieur ne sera point purifié, et la condition la plus essentielle à l'oraison manquant, à savoir la soumission du cœur et le renoncement à la volonté propre, vous n'aurez plus que des prières vides, sans esprit ni vérité, dont la pensée et le sentiment seront absents, à moins qu'il ne s'y mêle les imaginations subtiles et les affections nerveuses d'un faux mysticisme, comme il arrive trop souvent aux dévotes qui veulent faire à leur tête, ou qui sont mal dirigées.

Mais si l'on vous accorde la permission de prier quand et comme vous voudrez, on ne peut la refuser à vos sœurs, et, si la règle se relâche en ce point, pourquoi serait-elle plus sévère sur les autres? Voilà donc un couvent où chacune ferait en définitive tout ce que bon lui semblerait en tout temps et partout, c'est-à-dire où il n'y aurait plus de règle, plus d'autorité, plus de discipline, plus d'ordre, plus d'unité, donc plus de communauté.

Oh! ma chère fille, si vous aimez tant la prière, et assurément elle est un des moyens les plus efficaces du perfectionnement et du salut, efforcez-vous donc d'arriver à la pratique de l'oraison intérieure, qui peut être incessante dans le sanctuaire de l'âme, sans que les occupations extérieures en soient interrompues. Tâchez de rester continuellement en présence de Dieu par l'aspiration de votre cœur, toujours dirigé vers lui, et que toutes vos paroles, vos pensées, vos actions, vos mouvements, convergent et gravitent sans cesse vers le centre divin. C'est ce qu'on appelle la présence de Dieu dans l'âme; et alors vous n'aurez pas besoin de quitter le lit d'un malade ou l'école pour aller à l'église, hors du temps qui vous est accordé. Vous aurez le temple et l'autel au dedans de vous. Vous serez vous-même le temple de Dieu, rempli de son esprit saint, et vous l'y retrouverez à tout moment, quand vous le voudrez, en vous oubliant vous-même, c'est-à-dire en vous identifiant de toutes vos forces à sa sainte volonté.

Alors vous prierez quand et comme vous voudrez, mais sans déranger personne, sans négliger aucun devoir, sans troubler l'ordre de la communauté. Vous aurez un refuge où la discipline ne vous gênera point, et vous aurez la consolation d'être toujours unie à Dieu, sans vous mettre en opposition avec la règle ni avec vos supérieures.

Alors aussi, ma chère enfant, vous ne redouterez point la surveillance, et l'ordre si exact de la maison ne vous pèsera plus; car vous y serez toujours sans y penser, et vous vous en trouverez heureuse. Vous aimerez cette règle minutieuse, qui maintenant vous répugne, parce que vous êtes toujours tentée de la violer. Vous ne la sentez si péniblement que parce qu'elle vous arrête à chaque instant ; ce qui montre qu'à chaque instant vous voulez lui échapper. Vous l'aimerez comme l'air qu'on respire, comme la nourriture dont on a besoin, comme le vêtement dont on se couvre, comme l'abri qui protége, parce que, comme toutes ces bonnes choses, elle est la condition de la vie, de l'ordre, de la paix et du bonheur. Il n'y a point de loi, dit saint Paul, pour celui qui ne songe pas à l'enfreindre, et l'amour est la plénitude de la loi.

Cependant, dans la disposition où vous êtes, les personnes ne trouvent pas plus grâce devant vous que les choses; et si la vie de la communauté ne vous paraît pas assez rigoureuse, tandisque la discipline vous semble trop sévère, ce qui a un peu l'air d'une contradiction, vos supérieures vous déplaisent encore plus, et vous les accusez d'injustice et de partialité à votre égard. La Mère supérieure, dites-vous, ne vous aime pas, et à tout instant elle vous le fait sentir, soit en vous punissant mal à propos, soit en vous éloignant d'elle et préférant les autres, en sorte que votre existence dans la congrégation est une sorte de persécution que vous ne pouvez supporter plus longtemps.

Je conçois, ma chère fille, que si vous avez réellement cette conviction, le séjour de la communauté vous paraisse intolérable. Mais je doute encore que vous l'ayez, et si vous l'aviez par malheur, je douterais encore plus qu'elle fût fondée. Pouvez-vous croire sérieusement que votre supérieure vous reprenne et vous punisse parce qu'elle ne vous aime point ? ou ne faites-vous pas comme les mauvais écoliers, qui crient à l'injustice quand on les châtie, parce que tout châtiment leur est désagréable, et que ne voulant jamais convenir de leurs torts, ils rejettent toujours la faute sur les autres, et surtout sur ceux qui les conduisent? « Ils ne m'aiment pas, disent-ils, c'est pourquoi ils me donnent toujours tort, et ils me punissent, parce qu'ils m'en veulent. » Mais ce qui est simplement déraisonnable dans un enfant est coupable dans une religieuse, qui, ayant fait vœu d'obéissance, s'est engagée par là même à ne pas critiquer ses supérieures, à ne point les entraver dans l'exercice de leur autorité.

En vérité vous auriez encore là une excellente occasion de vous mortifier : car, si ce qui vous est ordonné vous plaît, vous n'avez pas grand mérite à l'exécuter, et les païens et les hommes du monde en font autant. On accepte tout de ceux qu'on aime. Mais si le commandement nous est à charge, et que nous ressentions de l'aversion ou de la répugnance pour ceux qui nous dirigent, il en coûte extrêmement à la nature de se soumettre, et alors il y a lieu de se renoncer généreusement dans sa raison et dans son orgueil.

Est-ce que vous croyez que Pilate, Hérode, les grands prêtres et les chefs de la synagogue étaient agréables à notre Seigneur Jésus-Christ, et qu'il ait approuvé leur manière de gouverner et d'appliquer la loi? s'est-il révolté pour cela contre leur autorité, et n'a-t-il pas subi jusqu'au bout, c'est-à-dire jusqu'à la mort, les conséquences de sa position vis-à-vis d'eux? Ne s'est-il pas fait obéissant jusqu'à la mort, et jusqu'à la mort de la croix, et n'a-t-il pas toujours recommandé à ses disciples et au peuple d'accomplir leurs commandements sans imiter leurs actions? « Ils sont assis sur la chaire de Moïse, disait-il des docteurs de la loi; respectez donc leur parole; faites ce qu'ils disent, et non ce qu'ils font. »

Voilà votre modèle, ma chère sœur, le vôtre surtout, à vous qui prétendez vivre de la vie parfaite, et qui ainsi vous êtes obligée non pas seulement à observer les préceptes, mais encore à réaliser les conseils. « Que celui qui veut être mon vrai disciple renonce au monde, à lui-même, et me suive, non pas seulement au Thabor, pour avoir part à ma gloire, mais sur la voie douloureuse, en portant sa croix avec moi, et jusqu'au Calvaire, où il y sera attaché aussi avec moi, s'il le faut, pour y répandre son sang et sa vie. » Épouse de Jésus-Christ, car vous l'êtes devenue par vos vœux, ne saurez-vous pas souffrir, ne saurez-vous pas mourir avec votre époux, pour vos péchés et pour ceux du monde? Ne le suivrez-vous que là où il y a des douceurs et de la gloire à recueillir, et l'abandonnerez-vous dans les douleurs et les humiliations? Avez vous enduré, dans votre prétendue persécution, jusqu'aux dernières angoisses, jusqu'à l'effusion du sang, comme votre divin maître? Êtes-vous réellement à bout de voie et de forces, et ne vous reste-t-il rien à immoler pour le plein accomplissement de vos vœux, et pour épuiser jusqu'à la lie le calice de l'abnégation de vous-même?

Je veux admettre qu'on ait eu des torts à votre égard, et que vous soyez victime de l'injustice. Mais est-ce que ceux qui persécutaient Jésus avaient raison? Et l'ont-ils justement outragé, flagellé, condamné et crucifié? Si donc, comme vous l'affirmez, on ne vous rend pas justice, si l'on vous juge avec défaveur, si l'on vous blâme et vous punit contre l'équité et avec prévention, avec passion ; loin de vous plaindre, fille, épouse du Christ, je vous félicite de souffrir avec lui et pour lui ; car vous ressemblez davantage au divin modèle. Par là seulement vous commencez à vivre et à mourir avec lui ; et si maintenant, pendant quelques années que vous avez à passer sur cette terre, vous participez à ses outrages et à ses tourments, vous aurez part à sa gloire et à son bonheur dans l'éternité. Il n'y a point de proportion, s'écrie le grand apôtre, entre ce que nous pouvons endurer ici-bas, et l'immense poids de gloire qui nous est réservé au ciel !

Ainsi, ma chère enfant, d'aucune manière je ne saurais vous plaindre ; car si vous souffrez justement, et parce vous avez mal agi, c'est le droit commun, et vous êtes trop heureuse d'en payer aussitôt la peine par le blâme ou le châtiment. Mais si l'on vous maltraite injustement, vous avez l'unique bonheur de souffrir pour la cause de la justice, c'est-à-dire pour Jésus-Christ, en Jésus-Christ, et en union avec lui. Si l'on vous poursuit, dit l'apôtre aux fidèles, parce que vous avez mal fait, on a raison, et vous n'avez point de mérite à le supporter. Mais si c'est pour le bien qu'on vous condamne, oh ! alors, il y a de la vertu, et la grâce de Dieu est avec vous.

Cependant, ma chère sœur, à qui ferez-vous croire que vous êtes dans votre couvent l'objet d'une persécution, surtout de la part de votre supérieure, et qu'elle se plaise à vous maltraiter, à vous humilier, à vous punir, uniquement parce qu'elle vous en veut, pour assouvir sa malveillance à votre égard ? Pourquoi vous en voudrait-elle aujourd'hui, elle qui vous aimait tant autrefois, comme vous l'avez écrit si souvent à vos parents, elle qui vous inspirait alors tant de respect et d'affection? Qui donc a changé de vous deux, pour que votre rapport devienne autre et même tout contraire? C'est vous probablement, ma chère enfant; et non pas elle, qui est restée ce qu'elle était et telle que vous la dépeigniez jadis, pleine de bonté et de sollicitude pour ses filles, et prête en toute occasion à se dévouer pour elles. Mais elle ne peut pas, elle ne doit pas sacrifier la règle et le bon ordre de la communauté aux imaginations, aux caprices, aux tentations de l'une ou de l'autre. Il est à croire que vous n'avez commencé à la trouver changée à votre égard, que le jour où vous vous êtes mis en tête de substituer votre pensée à la règle, et de désobéir sous le prétexte de perfection. Alors, plus vous aviez été près de son cœur, et c'était votre bonheur, plus elle a été froissée, peinée par votre insoumission; et les coups qu'elle a dû frapper pour vous ramener à l'ordre et empêcher le scandale, quand les avertissements restaient sans effet, douloureux pour elle, ont été cruels pour vous, parce que jusqu'à ce moment vous n'aviez reçu de sa part que de la tendresse et de la joie. De là votre colère, et le désir d'échapper à la peine par la fuite.

Mais il y a encore autre chose, que vous ne m'avez dit qu'à moitié, et que je devine. Je crois que c'est le mot de l'énigme : car il ne serait pas concevable que, pour quelques désagréments, vous voulussiez quitter tout à coup une maison où vous vous trouviez si heureuse. Il y a beaucoup d'humain, et surtout de féminin, dans votre cas. Dans tous les embarras de femme, même au couvent, il y a au fond une affaire de cœur ou de vanité, et je crois l'un et l'autre engagés dans votre disposition actuelle.

La supérieure vous aimait et vous le montrait, tant que vous avez été aimable, c'est-à-dire régulière et soumise. Elle a cessé, non de vous aimer, mais de vous le faire voir, quand vous vous êtes dérangée; elle a dû même, en vous reprenant, en vous punissant, user de sévérité. Alors, comme il arrive trop souvent aux femmes, qui désirent avant tout être aimées, vous avez pensé qu'elle était dure à votre égard, non à cause de vos fautes, mais parce qu'elle ne vous aimait plus, et qu'elle ne vous aimait plus ou vous aimait moins, parce qu'elle en préférait une autre. Vous en avez conçu de la jalousie et du dépit, et vous voulez aujourd'hui les satisfaire en la quittant. C'est un ressentiment qui vous pousse; c'est une petite vengeance que vous croyez exercer.

Hélas! ma chère sœur, vous vous vengeriez à vos dépens, et vous seriez la première victime de votre colère! Vous auriez à peine quitté une maison qui vous a été et qui vous est encore si chère, quoi que vous en disiez, que le regret et le remords s'empareraient de votre âme. Vos yeux s'ouvriraient, comme presque toujours après uue faute accomplie, et vous reconnaîtriez votre faute sans pouvoir la réparer : car la porte de la communauté, que vous auriez vous-même fermée sur vous en sortant par votre volonté propre, ne pourrait peut-être plus se rouvrir à vos supplications et à vos larmes. Vous seriez donc vous-même l'instrument de votre malheur, je n'ose pas dire de votre perte, et cela pour avoir cédé à une jalousie déplacée, à une vanité blessée, à un dépit ridicule !

Je dis une jalousie déplacée, ma chère sœur : car en religion, moins qu'ailleurs, on a le droit d'être jaloux. La jalousie n'a sa raison d'être que là où se trouve le droit de posséder exclusivement un bien quelconque ; encore ne peut-on jamais le posséder d'une manière absolue. Or, par le vœu de pauvreté, une religieuse s'engage, sinon à ne point posséder, ce que la loi civile ne permet pas toujours, au moins à ne pas user de ce qu'elle a par sa propre volonté et sans la permission de ses supérieurs. Il y a des propriétés morales comme il y en a de matérielles, et la fin de la communauté, comme son nom l'indique, est de les mettre en commun ; chaque personne se désappropriant, au moins pour l'emploi et afin d'unir les volontés, de tout ce qui pourrait les diviser ou les mettre en collision dans la jouissance. C'est pourquoi la vie religieuse exclut les affections particulières ou l'attache à quoi que ce soit, choses ou âmes, pour une fin personnelle ; et ainsi le régime de la famille spirituelle, fondée sur la charité, est diamétralement opposé à celui de la société politique, qui, selon l'ordre de la nature, est basée sur la propriété. C'est la différence du surnaturel au naturel : le surnaturel animant tout de l'esprit de Dieu, rapportant tout à Dieu, en sorte que Dieu soit tout en tous ; le naturel partant de l'individu et ramenant tout à l'individu, qui se fait le centre de sa sphère. C'est d'un côté la charité, ou l'amour universel, c'est-à-dire l'amour de tous pour Dieu et en Dieu ; c'est de l'autre l'amour de soi, ou l'amour propre, légitime tant qu'il reste dans les limites de l'équité, mais qui a bien de la peine à s'y maintenir.

Si donc on porte l'amour naturel dans la communauté religieuse, on la bouleverse, parce que rien n'est plus contraire à sa constitution, dont le principe est la désappropriation. Chacun ne devant y aimer et n'y rien aimer que pour le tout, c'est-à-dire pour le bien commun, si l'on vient à aimer pour soi à l'exclusion des autres, ce qui amène la jalousie, on introduira dans la société un élément de dissolution qui peut en amener la ruine, s'il se propage et si elle ne s'en délivre. C'est ce qui vous arrive, ma chère sœur; vous vous êtes prise à aimer au milieu de la famille spirituelle comme on aime dans la famille naturelle et dans le monde. Vous vous êtes attachée trop naturellement à votre supérieure, c'est-à-dire vous l'avez aimée humainement, à cause de ses qualités personnelles, parce qu'elle vous était agréable, et pour la jouissance que vous en retiriez, et non surnaturellement, selon Dieu, et en vue du bien qu'elle pouvait faire à votre âme par son autorité et sa direction. Avec cet attachement humain, qui tend à s'approprier et à jouir exclusivement, est venue la jalousie, qui veut tout pour soi et s'indigne du partage; et comme cette mauvaise passion ne pouvait être satisfaite, à cause de l'esprit de la communauté et de la piété de votre supérieure, elle s'est tournée contre l'objet même de son affection. Voulant tout ou rien, comme c'est le propre de la passion, elle vous pousse maintenant à rompre vos liens spirituels, et à quitter une communauté où vous êtes en guerre avec les autres et avec vous-même, par les tentations et les tourments d'un amour illégitime et contrarié.

Là est le principe du mal, ma chère fille, et, bien que votre conscience vous en avertisse sourdement, comme l'indiquent quelques mots de votre lettre, cependant vous ne l'avez pas reconnu ou vous n'avez pas voulu le reconnaître. Le voici maintenant parfaitement découvert, et vous avez trop d'esprit pour refuser encore de le voir.

Or, une maladie bien reconnue est à moitié guérie, si elle n'est pas incurable; car on voit alors le remède qui lui convient, et on l'applique. C'est votre pauvre cœur qui a le plus souffert dans toute cette affaire. Entraîné par son besoin d'aimer, il s'est trompé d'objet et de voie. Encore trop plein de lui-même et poussé par l'instinct de la nature, il s'est pris à aimer tout naturellement, au détriment de l'amour surnaturel ou de la charité, qui doit seule l'animer dans la vie religieuse. Là où l'on doit aimer comme au ciel, comme les anges, il s'est pris d'une affection naturelle, comme on aime sur la terre; et s'il a obtenu quelque joie de cet amour, il en a aussi subi les tribulations. Le reste est le dépit de la passion non satisfaite, de l'amour-propre blessé. C'est un mal secondaire, qui tombera avec sa cause : car, comme dit la science médicale, la cause enlevée, l'effet disparaît. Il faut donc aller droit au principe, au siége du mal, et y verser un peu du baume de la charité et de l'humilité. Une seule goutte de ce divin cordial apaisera vos douleurs, et vous rendra la santé spirituelle que vous avez perdue.

Allez donc, ma chère enfant, vous jeter au plus tôt aux genoux de votre chère mère. Dites-lui franchement, naïvement, tout ce que vous avez éprouvé, et ce que vous sentez maintenant. Mettez votre âme à nu sous son regard, et n'y laissez séjourner aucune parcelle du venin qui l'avait infectée. Par un effort généreux de votre volonté, expulsez de votre cœur le démon muet, qui vous liait la langue depuis quelque temps pour vous priver de tout secours, et dont la défaite a commencé le jour où vous avez pris malgré lui la résolution de me consulter. Tant que le mal reste au dedans, il y produit de terribles ravages, d'autant plus funestes qu'ils sont insaisissables, et, en se reflétant dans l'imagination passionnée, il y forme des mirages et des illusions singulières, qui transforment des sables arides en délicieuses oasis. C'est un véritable prestige, qu'un aveu franc et sincère peut seul dissiper. Vous n'aurez pas plutôt ouvert la bouche, que toute cette fantasmagorie s'évanouira avec les ténèbres où vous êtes encore, et vous recouvrerez avec la vraie lumière la puissance d'apercevoir la vérité et le bien. Alors, après avoir vidé votre conscience, vous laverez la plaie de votre cœur dans de douces larmes, qui effaceront les vestiges du mauvais esprit qui l'avait envahi. Renouvelée jusqu'au fond par le repentir, délivrée du mal et de ses terribles conséquences par la vertu divine que vous implorerez et qui vous rendra la vie du ciel, vous rentrerez dans votre voie de pureté, de simplicité, de pauvreté spirituelle, et vous aimerez toutes vos sœurs d'un amour de charité, ni pour vous ni pour elles, mais pour Dieu seul, principe, fin et plénitude de l'amour.

LETTRE XV.

A UNE JEUNE VEUVE.

Deux années se sont écoulées, madame, depuis la mort de votre mari, et c'est bien à vous de n'avoir voulu entendre à aucune proposition d'une nouvelle union avant ce terme, quoique la fin de votre deuil extérieur, la loi civile et les usages du monde vous le permissent. Le souvenir de votre époux et du bonheur que vous avez goûté avec lui charmait encore votre cœur en l'attristant, et tout ce qui pouvait vous en distraire vous répugnait.

Cependant les propositions se renouvellent. Il y en a une entre autres qui paraît très-convenable, et en considérant votre position, maintenant si isolée dans le monde, pour l'éducation et l'établissement futur de vos enfants qui n'ont plus de père, la responsabilité dont vous êtes chargée, l'inquiétude commence à vous saisir ; vous vous demandez si vous pouvez suffire seule à une si grande tâche, et s'il n'est pas raisonnable de vous donner un aide qui la partage, et vous dirige vous même en les protégeant.

Ici, comme partout, il y a des raisons pour et contre, et votre conscience de mère, que vous avez surtout à cœur de satisfaire, hésite et se trouble. Vous me demandez conseil, parce que dans l'exercice du saint ministère ma parole vous a aidée autrefois, et que connaissant peut-être mieux qu'un autre votre caractère, vos goûts, vos habitudes, je puis mieux juger de votre situation présente. Je répondrai à votre confiance qui m'honore, en vous exposant sincèrement mon sentiment dans cette conjoncture délicate, qui, quel que soit le parti que vous prendrez, doit avoir tant d'influence sur votre avenir et celui de vos enfants. Recevez-le donc comme un simple conseil, donné par un ami complétement désintéressé dans la question, et qui ne peut chercher que votre bien véritable. Vous en ferez après cela ce que vous voudrez : car à vous seule appartient de décider en cette matière, et personne ne peut vous décharger de la responsabilité de votre choix.

Vous avez de la foi, madame, et vous avez toujours pratiqué votre religion. Mais depuis la mort de votre mari, votre piété s'est accrue, parce que vous avez senti le besoin de consolations, et celles du monde ne vous suffisent pas. Vous les avez cherchées à leur vraie source et vous vous en êtes bien trouvée. Nous nous placerons donc franchement au point de vue catholique pour éclaircir vos doutes, et nous commencerons par consulter la doctrine, ou au moins l'usage de l'Église, dans le cas en question.

Or, je vois dans les livres sacrés et dans la tradition que l'Église, en général, sans défendre les secondes noces, ne les aime pas pour les fidèles. Saint Paul ne veut pas qu'on appelle à l'épiscopat un homme qui aurait eu deux femmes, et il exclut du nombre des diaconesses, et des veuves soignées par l'Église, les femmes qui ont eu deux maris. Il permet aux jeunes veuves de se remarier, il le leur recommande même, si, mondaines au milieu de leur piété, elles risquent par leur amour du plaisir et leur légèreté de se laisser entraîner au désordre. Car ce sont, dit-il, des veuves qui ne le sont pas réellement; au lieu de vivre solitaires dans la prière et les bonnes œuvres, elles passent leur temps à faire des visites et dans l'oisiveté. Bavardes, curieuses, indiscrètes, recherchées dans leurs goûts, elles s'exposent à tous les dangers de la vie du monde. Il vaut donc mieux pour elles qu'elles prennent un nouveau mari, aient des enfants et deviennent mères de famille, que de se perdre en succombant aux tentations qu'elles ne fuient pas.

Il est clair que dans ce cas l'apôtre agit à l'égard des jeunes veuves, comme Moïse vis-à-vis des Juifs dans la question du divorce, qu'il leur permet à cause de la dureté de leur cœur. Il leur permet, il leur recommande même ce qu'il leur défendrait, ou au moins leur déconseillerait, si elles menaient une vie plus régulière et plus chrétienne. Entre deux maux il choisit le moindre ; en sorte que nous pouvons en tirer cette conséquence qui peut éclairer notre question : qu'une veuve chrétienne ne doit convoler en secondes noces, que si, par son tempérament, son caractère, ses habitudes ou sa situation, elle ne peut se maintenir honnête et chaste dans le monde, et risque de s'y perdre au milieu des séductions. Mais celle qui est vraiment veuve, comme dit saint Paul, c'est-à-dire qui a renoncé au monde et à ses plaisirs en perdant son époux, et veut sérieusement lui rester fidèle après sa mort, sans rechercher les hommages des autres hommes, celle-là n'a pas besoin de se remarier; et ainsi la tolérance ou le conseil de l'apôtre ne s'applique point à elle.

Apprécions votre situation d'après cette règle.

Êtes-vous parmi les veuves sérieuses ou les veuves légères dont parle l'apôtre?

Ces dernières aiment le monde et ses joies. Ne sachant pas s'occuper chez elles, elles sont toujours dehors, courant de maison en maison, curieuses, amoureuses de nouveauté, et parlant à tort et à travers pour passer le temps ou se faire admirer.

Aimez-vous encore le monde, madame? Oui et non.

Vous aimez ce qu'il y a de plus sérieux dans le monde, c'est-à-dire la société des hommes instruits, des gens d'esprit, où il est surtout question de sciences, de littérature, d'art, et de choses intéressantes et relevées. Cela n'est pas défendu, même aux jeunes veuves, pourvu que l'esprit y domine les sens et l'imagination, et que ces entretiens, toujours convenables et de bon goût, tournant au profit de l'intelligence et de l'âme, ne dégénèrent pas, comme il arrive quelquefois avec les femmes, en vaines galanteries et en recherches sensuelles; car souvent on commence par l'esprit et l'on finit par la chair. Sous ce rapport, je ne vous ai jamais vue en danger. Votre cœur honnête et pur a toujours eu de la répugnance pour ce qui ne s'adresse qu'aux sens. Vous n'aimez donc point le monde ni ses joies de cette manière, et vous n'éprouvez nullement le besoin de vous remarier pour retrouver des plaisirs que vous n'avez jamais désirés et que vous ne regrettez point.

Il y a des jeunes femmes dont un premier mariage n'a point satisfait le cœur, parce qu'elles n'ont pas aimé ou n'ont pas été aimées comme elles en sentent le besoin. Une fois veuves, on comprend qu'elles cherchent dans une seconde union ce qu'elles n'ont point trouvé dans la première, et cela ne leur est pas défendu. Mais vous n'êtes point dans ce cas. Vous aimiez tendrement votre mari, qui avait pour vous une véritable passion. Vous avez connu l'amour conjugal dans toute sa plénitude, et, comme on n'aime bien qu'une fois, rien ne vous porte à demander un nouvel objet d'affection. Aussi l'homme qui vous recherche, et auquel vous donneriez la préférence, parce que vous l'estimez et qu'il a été l'ami de votre époux, ne vous inspire point une affection semblable à la sienne, et vous ne pouvez pas lui rendre ce qu'il ressent pour vous. Ce serait de votre côté un mariage de convenance, où la prudence et l'intérêt de vos enfants auraient plus de part que le cœur. Ici encore il n'y a en vous ni besoin, ni entraînement, et nous verrons tout à l'heure, quand nous parlerons de vos enfants, s'il n'y aurait pas pour eux plus d'inconvénients que d'avantages.

En second lieu, je ne vous ai jamais vue oisive ni ennuyée dans votre intérieur. Vous savez vous y occuper soit des soins du ménage et d'ouvrages de femme, soit d'études littéraires et artistiques qui vous plaisent. Vous n'avez pas besoin de faire des visites et de courir les sociétés et les spectacles pour employer votre temps, et par là, vous échappez aux dangers que courent les jeunes veuves dont parle l'apôtre.

Vous avez un petit cercle d'amis qui partagent vos goûts, et qui vous suffisent. Vous êtes même plutôt un peu sauvage vis-à-vis de la société, et il vous en coûte d'aller dans le monde. Vous préférez les entretiens intimes du foyer domestique, et la conversation familière et cordiale de ceux qui vous sont chers. C'est une bonne disposition pour une jeune veuve. Elle éloignera de vous beaucoup de tentations ou d'occasions de mal, et principalement ce bavardage du monde, auquel on est obligé de se laisser aller quand on le fréquente, parce qu'on se visite les uns les autres sans avoir rien à se dire, et que, pour se dire quelque chose qui fasse passer le temps, et n'avoir pas l'air malhonnête ou sot, non-seulement on répète toutes les banalités, toutes les niaiseries possibles, mais encore on a facilement recours à la médisance, même à la calomnie, pour défrayer l'entretien qui languit et lui donner un peu d'intérêt ou quelque chose de piquant. C'est ainsi que l'oisiveté et l'incapacité de s'occuper à la maison poussent les jeunes femmes à la recherche des distractions, à la dissipation, à la vaine curiosité et à une loquacité pour le moins insignifiante et trop souvent indiscrète ou malicieuse.

Enfin, vous avez de la piété, assez du moins pour accomplir exactement tous vos devoirs religieux, et y trouver des secours que, dans ces derniers temps et depuis la mort de votre mari, le monde n'a pu vous donner. Vous commencez à prendre du goût à la prière, qui n'est plus seulement pour vous une pratique obligatoire, mais un refuge et un soutien. Vous suivez volontiers les offices de l'Eglise, et vous écoutez avec plaisir la parole de Dieu, qui vous instruit des choses du ciel et vous relève au milieu des ennuis ou des vanités de ce monde. Vous éprouvez le besoin de faire des progrès sous ce rapport, pressentant qu'il y a là pour vous un monde nouveau que vous ne connaissez presque que par ouï-dire, par les enseignements de la foi, et où vous seriez heureuse d'être introduite par votre propre expérience. Tel est en effet, madame, le but auquel vous devez tendre en ce moment; et je vous garantis que si votre foi, un peu languissante ou endormie jusqu'ici, devient plus vivante, d'un côté par une participation plus fréquente et plus cordiale aux grâces des sacrements, de l'autre par l'exercice zélé de la charité envers les malheureux et les pauvres, si vous joignez à ces saintes occupations tout ce que réclame l'éducation physique et morale de vos enfants, que vous dirigerez, surveillerez activement; je vous garantis que votre âme, remplie des joies les plus pures du ciel et de la terre, ne sentira ni l'isolement ni le découragement du veuvage, et n'aura plus de vide à combler. C'est ce dont j'espère vous convaincre, en vous montrant comment vous pouvez maintenant employer votre vie, d'une manière utile et douce à la fois, comme mère de famille et comme chrétienne.

Vous avez deux fils, dont l'un commence ses classes au collége, et l'autre n'a que deux ans. Cette distance d'âge entre eux est heureuse pour vous; car le plus jeune vous occupera beaucoup jusqu'au moment de le mettre en pension : ce qui arrivera à peu près quand l'aîné en sortira pour faire son droit; et alors celui-ci reviendra auprès de vous et vous donnera une nouvelle société. Il semble que la Providence ait arrangé les choses pour que vos enfants vous suffisent, et que vous restiez tout entière à vos enfants. Sans doute, si vous aviez une fille, vous auriez encore plus de consolations, au moins jusqu'à son mariage; car elle ne vous quitterait point, puisque vous auriez tout ce qu'il faut pour l'élever auprès de vous. Mais, même avec vos deux garçons, le petit d'abord, qui a besoin de beaucoup de soins physiques, et l'aîné ensuite, qui vous imposera une plus grande sollicitude morale, il y a encore assez à faire pour une mère qui veut être vraiment mère, et qui préfère les joies de la maternité à tous les plaisirs du monde.

Je voudrais cependant encore un autre aliment à l'activité de votre esprit et de votre cœur, et c'est ici que la femme chrétienne doit s'unir avec la mère, et que la grâce doit surmonter et couronner la nature. Votre premier devoir, sans doute, le plus strict, votre devoir d'état, sera le dévouement à vos enfants. En ce qui les concerne, vous avez charge d'âmes auprès de Dieu, puisqu'en leur donnant la vie par vous il vous a confié ces êtres pour en faire des hommes et des chrétiens, et il vous redemandera un jour avec usure ce qu'il vous a donné. Mais même en remplissant consciencieusement vos devoirs de mère, il vous restera encore bien du temps, puisque, n'ayant plus de mari, votre ménage est plus restreint et que vous voyez peu de monde. Oh! alors, madame, donnez à Dieu et aux pauvres ce que le monde n'aura plus le droit de réclamer, si de votre côté vous lui demandez peu de chose. Vivez en veuve chrétienne, c'est-à-dire dans le soin de vos enfants, dans la pratique de la piété et dans les bonnes œuvres.

Chère madame, il y a bien des degrés dans la piété, depuis l'accomplissement exact des devoirs religieux ou de ce que l'Église impose à tous les fidèles, jusqu'à l'amour de Dieu, ou la divine charité, qui fait tout pour lui plaire, et se tient toujours en sa présence, comme les anges, pour célébrer ses louanges, lui rendre grâce et exécuter sa volonté sainte. Jusqu'à présent vous avez été régulière, mais pas plus, faisant tout juste ce qui est prescrit, et y trouvant plutôt la peine d'une obligation à remplir qu'un plaisir ou une consolation. Comme vous me le disiez encore il n'y a pas longtemps, c'était une charge pour vous que d'aller à confesse, et une fois votre confession terminée et votre pénitence achevée, vous ne pensiez plus guère à ce qui s'était passé. Vous n'aviez aucun rapport avec votre confeseur pendant l'intervalle d'une année à l'autre, et vous auriez même été confuse de le rencontrer. Ce qui montre que sa parole n'avait point atteint le fond de votre cœur. Et comment cela aurait-il pu se faire, si vous ne l'entendiez qu'une ou deux fois par an? C'est pourquoi son ministère, qui vous était de quelque utilité en passant, n'avait point pour vous toute l'efficacité que Dieu lui a donnée; il restait stérile pour la vie la plus intime de votre âme. C'est une terre qu'il nettoyait de temps en temps, mais qu'il ne pouvait cultiver. C'était, en un mot, un confesseur, et non un directeur.

Jusqu'à la mort de votre mari, votre piété plus formaliste que vivante n'en demandait pas davantage. Se contentant de la lettre sans comprendre l'esprit, elle ne voyait dans les pratiques religieuses que des obligations ou des barrières. Elle n'en soupçonnait point la douceur ni la vitalité. D'ailleurs votre cœur alors était trop préoccupé pour concevoir ou sentir un rapport intime avec Dieu. Aimant tendrement votre époux, vous cherchiez avant tout à lui plaire, et vous évitiez avec soin ce qui lui aurait déplu. Honnête homme selon le monde, mais peu chrétien, il ne vous accordait en fait de religion que le strict nécessaire. Il vous laissait aller à confesse une ou deux fois dans l'année par respect pour votre conscience, et parce qu'au fond il y voyait une garantie pour lui. Il eût été inquiet si vous y fussiez allée plus souvent, et il aurait crié à l'empiétement du prêtre dans votre affection et dans sa famille.

De là, la froideur, la langueur de votre religion, qui était plutôt une affaire de préjugé et d'habitude que d'esprit et de cœur, et qui finissant par la routine, comme toutes les habitudes inintelligentes, se serait éteinte peu à peu faute de nourriture. Hélas! telle est la piété de la plupart des femmes du monde. Quelques pratiques extérieures, accomplies légèrement, le plus vite possible, et au milieu d'incessantes distractions, voilà ce qu'elles appellent avoir de la religion : et elles regardent comme une exagération, comme de l'exaltation, d'en faire davantage, c'est-à-dire de prendre au sérieux la vie chrétienne et de lui subordonner la vie du monde. Mettre les devoirs religieux au premier rang, en tâchant de rendre d'abord à Dieu ce qui lui appartient, et d'observer avant tout sa loi et les commandements de son Église, parce qu'il vaut mieux obéir à Dieu qu'aux hommes; aux yeux du monde, c'est la haute piété ou la grande dévotion; et il la tourne en ridicule parce qu'elle le gêne et le condamne. La petite piété, qu'il tolère et loue même parfois, au moins dans les femmes et les enfants, est celle qui cherche à accommoder la conscience et l'amour du plaisir, les besoins de l'âme et les instincts du corps, les mouvements de la nature et ceux de la grâce, les faiblesses de l'homme et les devoirs du chrétien; et, comme on a dit quelque part qu'il est avec le ciel des accommodements, on peut dire ici que les accommodements se font toujours aux dépens du ciel. Comment ne pas satisfaire le monde avec toutes ses exigences, ses convenances, quand on y vit sans cesse et qu'on cherche par-dessus tout ses biens, ses avantages et ses joies? On ne donne à Dieu de son temps, de son esprit et de son cœur, que ce qu'il en reste : et il en reste bien peu de chose. Est-il étonnant, après cela, qu'on aille avec peine à l'église, qu'on y reste le moins possible, et que trop souvent on s'y occupe de tout autre chose que de la prière qu'on ne sait plus faire, et du service de Dieu qu'on ne comprend pas? C'est la lettre de la religion, qui étouffe et tue; et cependant dans la religion plus qu'ailleurs l'esprit seul éclaire et vivifie, parce qu'il est lumière et vie.

Quand donc je vous engage aujourd'hui, madame, à vivre en veuve chrétienne, j'entends bien que mes paroles aient toute leur force, et je veux dire que vous devez commencer à vivre réellement de ce qui nourrit et vivifie dans l'Église. Car rien ne vous en empêche maintenant : vous n'êtes plus partagée entre Dieu et votre mari; ce qui vous rend parfaitement libre de ne plus désirer et de ne plus chercher que ce qui plaît à Dieu. Le soin de vos enfants ne sera point un obstacle. Il s'accorde très-bien avec la pratique de la piété, et il y trouvera même de la lumière et du soutien.

Songez donc, madame, qu'il y a une vie de l'âme comme il y a une vie du corps; et que la vie de l'âme dans le chrétien est une participation à la vie même de Dieu, qui lui est communiquée par la régénération du baptême, où il devient une créature nouvelle en Jésus-Christ. Songez que cette vie divine en nous est entretenue, nourrie, fortifiée, développée par les grâces transmises dans les sacrements, et surtout par le très-saint sacrement qu'on appelle l'Eucharistie ou la grâce par excellence, pain vivant descendu du ciel, pain au-dessus de toute substance, et ainsi la vraie nourriture, le breuvage véritable, lequel, s'il fait germer les vierges, comme dit le prophète, conserve aussi la chasteté des veuves chrétiennes. Voilà l'aliment dont vous devez maintenant vous nourrir, pour vivre de l'éternelle vie, c'est-à-dire de Celui qui est la vie elle-même, et qui daigne, en vous donnant son corps à manger et son sang à boire, vous pénétrer de son immortalité. Voilà à quoi servent les sacrements, que vous avez peu recherchés jusqu'ici, et que vous n'avez même reçus le plus souvent que pour accomplir un devoir; tandis qu'ils sont les canaux de la vie du ciel, ouverts par l'Église aux âmes de bonne volonté, pour qu'elles y étanchent leur soif dans les eaux salutaires de l'éternité.

Prenez donc plus fréquemment cette divine nourriture, et vous deviendrez bientôt une autre personne. Les yeux de votre âme s'ouvriront, parce que son sens le plus intime sera touché; et vous apercevrez dans les rites et les cérémonies de l'Église des choses admirables qui vous sont voilées maintenant. Tout ce qui s'y fait prendra pour vous une signification nouvelle, et vous jouirez du plus magnifique spectacle qu'il soit donné à l'homme de contempler : car c'est le ciel même qui se découvrira à vous sous ces symboles, lesquels, aujourd'hui encore, sont presque pour vous une lettre morte.

Vous irez plus souvent visiter Dieu dans sa maison. Vous irez l'adorer dans son tabernacle, où vous sentirez mieux sa présence ; vous apprendrez à lui parler dans la confiance et l'effusion du cœur, comme à un ami toujours prêt à nous écouter et à nous secourir, et vous ne croirez plus avoir rempli votre devoir envers lui en entendant une messe basse le dimanche, sans remettre le pied à l'église pendant le reste de la semaine. Vous deviendrez avide de la parole divine, et vous y rechercherez non plus seulement ce qui peut plaire à l'oreille, exciter l'imagination et flatter le goût de l'esprit, comme dans un discours académique, mais ce qui doit vous instruire et vous édifier. Alors vous ne vous contenterez plus d'assister de temps à autre, et les jours les plus solennels, aux grands sermons, pour entendre un prédicateur célèbre ou pour dire que vous l'avez entendu, mais vous suivrez les prônes et les instructions de votre paroisse, où l'Évangile est expliqué plus simplement, et qui vous rappelleront chaque dimanche vos devoirs et vos faiblesses de tous les jours.

Vous comprendrez, madame, que la religion étant ce qui nous relie, ce qui nous attache à Dieu, cette divine liaison, cet attachement sacré ne peut se former et s'entretenir que par l'amour; car l'amour seul est le lien des âmes. Or l'amour de Dieu, comme celui des hommes, n'est excité et nourri que par un rapport vivant et continu; et dans les amitiés humaines, si l'on ne se voit pas, si l'on ne se parle pas, si les esprits et les cœurs n'ont pas de communication intime et d'effusion mutuelle, on arrive bientôt à l'indifférence, qui est la mort de l'affection. Peut-on vraiment aimer Dieu, et c'est le premier et le plus grand des commandements de la religion, quand on le visite une fois tous les huit jours pendant une demi-heure, sans presque y penser le reste de la semaine, sauf une minute ou deux qu'on emploie chaque jour à faire sa prière du matin et du soir? Et encore, comment y pense-t-on, même en ces courts instants qui devraient lui être consacrés? On prononce des lèvres et par routine les paroles sacrées qu'on a apprises dans l'enfance; et le plus souvent, en parlant à Dieu, le maître du ciel et de la terre, le roi des rois, on sait à peine qu'on est en sa présence. On veut qu'il entende et exauce des oraisons qu'on n'écoute pas soi-même en les articulant: en sorte que la prière, sans esprit et sans cœur, devient comme la foi sans les œuvres, un corps sans âme, un cadavre.

Et cependant, madame, Dieu est plus qu'un ami pour nous, et l'amour que nous devons avoir pour lui surpasse toutes les affections humaines, comme le ciel est au-dessus de la terre. C'est le culte de la piété filiale dans toute sa plénitude; car il est notre Père qui est au ciel, le seul père véritable duquel dérive toute paternité. Il est plus que notre Père, si l'on peut parler ainsi : car non-seulement il nous a créés par son Verbe, mais encore il nous a rachetés en la personne adorable de Jésus-Christ, de la mort éternelle méritée par notre ingratitude. Il a fait plus que nous racheter de la mort; car dans sa miséricorde infinie, dans son amour sans mesure, et au prix du sang de l'Homme-Dieu, il a daigné nous communiquer sa propre vie et nous élever jusqu'à lui.

Pour tant de bienfaits, si gratuits de sa part, si immérités de la nôtre, que lui rendons-nous la plupart du temps, nous chrétiens, qui avons été glorifiés en Jésus-Christ au-dessus des anges, puisqu'en lui notre humanité est assise à la droite du Père sur le trône de Dieu? Que faisons-nous pour lui? Hélas! nous ne profitons pas même de ses bienfaits, et nous sommes aveugles et ingrats, au point de mépriser ou au moins de négliger ces immenses grâces qu'il a répandues sur la terre et qu'il nous offre sans cesse par son Église. C'est le roi de l'Évangile, qui a préparé un repas magnifique, et qui envoie ses serviteurs pour appeler les invités : et les malheureux refusent l'honneur et le bonheur qui leur est offert, par toutes sortes de vaines raisons et pour vaquer à leurs affaires propres. L'un vient de se marier, l'autre a acheté une ferme, un troisième une paire de bœufs qu'il veut essayer, et ainsi de tous. N'est-ce pas ce qui arrive tous les jours aux tièdes chrétiens du monde, qui prétextant mille affaires pour ne pas s'occuper de la principale, qui dédaignent les invitations de Dieu au banquet sacré et les sollicitations de ses ministres, pour s'adonner de préférence aux intérêts ou aux plaisirs du monde?

Enfin, Dieu, notre créateur et notre rédempteur, est aussi notre sanctificateur. Il veut que nous devenions saints et parfaits comme lui; et nous ne le pouvons que par l'infusion de son esprit et la communication de ses dons sacrés. Mais alors il faut que notre esprit entre en rapport avec le sien ; il faut que notre âme se tourne vers lui et s'ouvre pour attirer en elle l'esprit céleste, comme dit le Prophète : « J'ai ouvert la bouche et j'ai attiré l'esprit. » Et cela est-il possible, quand nous ne savons pas même nous arracher aux distractions pour nous recueillir en présence de Dieu, et que nous sommes sans cesse en proie ou en jouet à l'esprit du monde et à toutes ses vanités? Cela se peut-il, si nous avons toujours les oreilles ouvertes aux paroles légères, insignifiantes, ou intéressées et passionnées de ceux qui nous entourent, et que nous-mêmes nous ne sachions parler que de choses des sens, de l'imagination et des affections humaines? Cela se peut-il, si nous n'avons point de goût pour la parole divine, qui porte en elle les semences de l'éternité; et comment la goûter, si nous n'allons point l'entendre dans la maison de Dieu, si nous ne la lisons et ne la méditons jamais dans notre propre maison?

Chère madame, vous êtes chrétienne ; vous passez pour une bonne catholique, et il y a même des gens qui vous appellent dévote, parce que vous ne voulez pas manquer la messe le dimanche et que vous faites vos Pâques. Eh bien, dites-moi, avez-vous jamais lu l'Ancien et le Nouveau Testament autre part que dans votre livre d'église, et justement la portion que vous y trouvez chaque dimanche en lisant votre messe, comme on dit? Savez-vous seulement ce que c'est que la Genèse, l'Exode, le Deutéronome, les Livres des Rois, les Prophéties et les quatre Évangiles, les Actes et les Épîtres des Apôtres? Peut-être le livre des Écritures saintes n'a-t-il jamais été entre vos mains, et cependant c'est le livre de vie, la base de l'enseignement de l'Église, qui le complète et l'explique par les saintes traditions? Le chrétien, fidèle aux leçons de ses pasteurs et sous leur direction, y trouve, comme en de gras pâturages, la nourriture et le rafraîchissement de son âme. Demandez donc à votre confesseur la permission d'en faire votre lecture de tous les jours, et au besoin de réclamer de sa bonté des éclaircissements sur ce qui vous semblerait obscur. C'est un moyen simple et naturel d'entrer avec lui en des rapports plus fréquents. Alors ne laissez passer aucune journée sans en lire un passage pour la réfection de votre cœur, comme vous mangez régulièrement tous les jours pour la réparation de votre corps. On est si empressé, si exact à soigner sa chair, si plein de sollicitude pour la satisfaction des appétits physiques; tout semble perdu quand il y manque quelque chose! et à peine si l'on s'occupe de son âme et de ses besoins, bien qu'elle aussi ne puisse vivre sans nourriture, et qu'elle dépérisse si on ne lui donne ce qui lui convient!

Voilà, madame, des occupations nouvelles, qui serviront à combler le vide de votre veuvage. Si vous vous y adonnez avec foi, avec persévérance, ce vide qui vous attriste encore sera bientôt rempli, et vous apprendrez à connaître et à ressentir d'autres affections, qui remplaceront surabondamment celles qui vous ont été ravies. Vous apprendrez à aimer vraiment Dieu par-dessus tout, ce que vous n'avez encore fait qu'en paroles; et votre cœur, dominé jusqu'à ce jour par une tendresse humaine, et qui en regrette les douceurs et même les agitations, pénétré dans son fond par le rayon de l'amour divin, goûtera et verra combien le Seigneur est doux. Oui, madame, ce sera pour vous une nouvelle vie ; car ce sera un nouvel amour, et l'amour seul fait vivre. Mais il y a la vie de l'âme et la vie du corps; il y a la vie de la terre et celle du ciel; il y a la vie du monde et la vie de Dieu. Il vous faut maintenant passer de l'une à l'autre, effectivement, et de votre pleine volonté. Il vous faut devenir chrétienne en esprit et en vérité, et si vous avez ce bonheur, comme je l'espère, je vous garantis que vous ne languirez plus ici-bas, et que vous n'aurez pas besoin d'un nouvel époux pour vous consoler de la perte du premier. Ou plutôt, oui, en effet, vous chercherez un époux nouveau, un maître de votre cœur, de votre esprit, de toute votre existence, auquel vous vous donnerez tout entière pour l'aimer et le servir; et, dans cette nouvelle alliance, qui est la meilleure part, et qui ne vous sera jamais ôtée si vous le voulez, vous serez sûre de trouver à jamais la plénitude de l'amour et du bonheur.

Mais un bien comme un mal ne vient jamais seul, avec cette différence que le bien est toujours plus fécond que le mal. J'ai donc à vous indiquer encore d'autres avantages qui sortiront de ce bien suprême que vous aurez choisi, et qui, en relevant votre existence, contribueront à soutenir, à adoucir celle de vos semblables. C'est ce que je vous dirai prochainement.

LETTRE XVI.

A LA MÊME.

En cherchant à vous rendre une fidèle plus fervente ne croyez pas, madame, que je veuille faire de vous ce que le monde appelle une dévote : ou plutôt je le voudrais de tout mon cœur, si ce mot avait gardé dans la langue commune son véritable sens; car la vraie dévotion est le dévouement à Dieu et à son Église, et à coup sûr elle est la première vertu d'un chrétien. Mais le monde ne l'entend plus ainsi. Il a gâté cette belle expression comme tant d'autres, par exemple, l'honneur, la liberté, le patriotisme, la foi, en leur faisant signifier le contraire de ce qu'elles veulent dire, ou au moins en les restreignant à la partie la plus étroite ou la plus superficielle de leur acception. Il a donc appelé *dévote* une personne qui, suivant sa religion à la lettre sans en avoir l'esprit, sacrifie à l'observation formelle des pratiques pieuses tous ses autres devoirs et la religion elle-même dans ce qu'elle a de plus essentiel, la justice et la charité. C'est ce qu'on appelait chez les Juifs *le pharisaïsme*; et Dieu me garde de vous porter au judaïsme de cette manière ni d'aucune autre. Certes je ne veux pas vous retirer de la vie légère du monde, pour vous attacher à ce qu'il y a de plus superficiel dans la religion. Je désire au contraire vous amener à la source même de la piété chrétienne, à la communication intime de votre âme avec Dieu par le recueillement qui nous fait trouver Dieu en nous-mêmes, par la prière qui est la conversation avec le ciel, par la méditation de la parole divine qui transmet l'esprit d'en haut, par la participation aux sacrements, dans lesquels le Dieu fait homme distribue ses grâces, applique les mérites et les vertus de son sang régénérateur, et enfin se donne lui-même en nourriture pour nous faire vivre de sa vie.

En un mot, madame, je voudrais faire de vous tout simplement une bonne chrétienne, une mère de famille vraiment pieuse, et non une dévote, qui sacrifie ses devoirs aux formes de la piété, ni même une religieuse, qui quitte le monde pour se mettre comme Marie aux pieds de Jésus-Christ, se nourrissant uniquement de sa parole et de la contemplation des choses éternelles. Marthe avait aussi une belle tâche, puisqu'elle s'occupait activement, un peu trop activement sans doute, de tout ce qu'elle croyait nécessaire pour recevoir dignement son divin hôte ; et elle est restée, malgré l'espèce de blâme qu'elle a encouru, et qui ne portait que sur l'excès de son zèle, le type de la vie active au service de Dieu. Cette vie, inférieure à la vie contemplative, qui est la meilleure part suivant la parole du Sauveur, est cependant aussi nécessaire dans l'Église, où elle produit tant de bien par ses œuvres.

Je crois, madame, que vous tenez plus de Marthe

que de Marie, et je n'ai aucune envie de vous pousser à une vie plus parfaite, qui ne convient point à votre caractère et que votre situation ne comporte pas. Ceux-là seuls peuvent la comprendre et la supporter, qui y sont appelés d'en haut; et on n'y fait de progrès, on n'y trouve son bonheur que si on y est appelé. Je ne vous crois pas cette vocation, et la voie de la spiritualité, où votre bonne volonté peut entrer et faire beaucoup de bien, doit prendre une autre direction.

La prière intérieure et la méditation seront pour vous des moyens de recueillement et de réconfortation spirituelle, où vous puiserez les lumières et les forces dont vous avez besoin pour exercer pieusement votre activité au dehors, et la diriger et l'animer dans des œuvres utiles à la gloire de Dieu et au salut du prochain.

Ici, chère madame, une belle carrière s'ouvre devant vous; et si vous avez le courage d'y descendre et de la parcourir avec persévérance, avec l'aide de Dieu vous atteindrez le but de la vie chrétienne, but glorieux que le Sauveur nous a marqué, et dont il nous a frayé la voie par sa parole, par son exemple et par sa mort. Il veut que nous y fassions, en marchant sur ses traces, non-seulement ce qu'il a enseigné, mais ce qu'il a fait lui-même, et il n'est venu sur la terre que pour instruire les hommes des vérités éternelles, les guérir de leur aveuglement et de leurs vices, et les sauver. Il a passé au milieu de nous en faisant le bien, non pas seulement à ceux qui lui tenaient de plus près, à ceux de sa nation, mais à tous les hommes, sans distinction des lieux ni des temps, des peuples ni des races. A ses yeux, il n'y avait plus ni Juifs, ni gentils, ni Grecs, ni barbares. La bonne nouvelle, ou l'Évangile, a été annoncée à tous pour le salut de tous.

Ainsi est descendu et s'exerce sur la terre l'amour divin, universel parce qu'il est divin, et qui s'appelle la charité, à l'encontre de l'amour humain qui tend toujours à se concentrer sur une personne, dans une famille ou dans une nation. Et ce divin amour, sorti du cœur de Jésus-Christ et se répandant avec son sang jusqu'aux extrémités du monde, a pour propagateurs les apôtres du Sauveur, les ministres de sa parole, et tous les disciples, jusqu'aux plus humbles fidèles, qui peuvent devenir par leur foi et leur dévouement les instruments de la charité.

Eh bien! pourquoi ne seriez-vous pas aussi au milieu du monde un instrument du divin amour? Pourquoi ne vous feriez-vous pas dame de charité, à la manière de saint Vincent de Paul, et comme il les a établies? Ce grand saint, ému profondément de la misère et de la dégradation des populations de son temps, dont l'existence était menacée à la fois par tous les fléaux de l'âme et du corps, comprit tout ce qu'il y avait de ressources pour le bien dans le cœur des femmes chrétiennes. Il exploita leur sensibilité et leur activité, si vives, si dévouées, quand elles se passionnent en faveur des malheureux; et, transformant par la vertu de sa parole leur amour naturel en l'affection surnaturelle de l'amour divin, il a créé avec leur secours la plupart des œuvres charitables qui subsistent encore aujourd'hui, et qui pourvoient, au nom de Jésus-Christ, aux nécessités les plus pressantes de l'enfance abandonnée, de la faiblesse sans appui, de l'indigence et de la vieillesse. Les dames de charité qu'il institua d'abord étaient des femmes du monde, prises dans les classes élevées ou riches de la société, et qui s'engageaient à consacrer en commun et successivement quelques heures de leur journée et une portion de leur fortune aux soins ou à la surveillance des hospices, des prisons, des maisons d'orphelins ou d'enfants trouvés, des écoles des pauvres, des refuges ouverts aux jeunes filles qui risquent de se perdre, ou aux femmes perdues qu'on peut ramener au repentir. Toutes ces œuvres sont encore en pleine vigueur, sous la direction intelligente et zélée des sœurs de saint Vincent de Paul, qui ont remplacé les dames de charité pour les soins de tous les moments, sans les exclure, et qui font un bien immense dans cette grande ville, où se trouvent à côté les uns des autres tant de vices et de vertus, tant de richesses et de misères.

Voilà, chère madame, de quoi exercer votre activité généreuse d'une manière large et profitable à beaucoup de vos semblables : et quand vous aurez accompli comme mère tout ce que réclame le soin de vos enfants, ce qui vous sera facile, puisque l'aîné est en pension et que le plus jeune l'y remplacera dans quelques années, vous pourrez très-bien, sans faire aucun tort à ceux que Dieu vous a confiés spécialement, vous faire la mère spirituelle de tant d'autres enfants qui sont orphelins ou abandonnés. Vous serez alors vraiment chrétienne de fait et en pratique, parce que vous ne participerez pas seulement aux bienfaits du Sauveur, mais encore à ses œuvres, et même à ses souffrances pour le salut de tous. Votre existence, restreinte aujourd'hui à votre famille, s'étendra ; et la charité, qui s'allumera dans votre cœur, le dilatera en l'échauffant, et alors, en se répandant sur tous ceux qui souffrent, il en deviendra plus grand, plus vivant, plus digne de Dieu qui l'a fait à son image, et de Celui qui l'a racheté par son sang.

Et ne craignez pas que l'éducation de vos fils en souffre, et qu'ils perdent quelque chose par ce que vous donnerez à d'autres. La charité est comme la lumière : elle s'accroît en se communiquant, et les rayons de ce flambeau du ciel, qui sortiront de votre cœur et qui y seront répercutés par vos bonnes œuvres, augmenteront l'ardeur du foyer et le rendront plus intense. Vous en aimerez mieux vos propres enfants : car à votre affection maternelle déjà si vive s'ajoutera un amour plus élevé, émanation de l'amour divin qui aura pris possession de votre âme, lequel en épurant, en élevant, en transfigurant votre tendresse naturelle, lui communiquera quelque chose de surnaturel et de divin. Vous deviendrez une de ces mères chrétiennes qui aiment l'âme de leurs enfants plus que leur corps, et préfèrent pour eux, comme la digne mère de saint Louis, le plus grand de nos rois, leur salut éternel à toutes les joies, à toutes les gloires du monde. « Mon enfant, disait Blanche de Castille à son noble fils, je vous aime de tout mon cœur, mais j'aimerais mieux vous voir mort que coupable d'un seul péché mortel. » Voilà le modèle de la maternité chrétienne, où la grâce triomphe de ce que la nature a de plus tendre et de plus fort! Par la voie que je vous indique, vous pouvez arriver à cette noble maternité, et alors Dieu vous rendra déjà ici-bas le centuple de ce que vous aurez fait pour lui; car les anges des pauvres enfants que vous soignerez, « et qui voient la face du Père dans le ciel, » protégeront aussi les vôtres.

Vous choisirez parmi les œuvres nombreuses de la charité chrétienne, et je vois déjà celles qui vous conviendront le mieux. Par caractère, vous aimez assez à diriger, et la manière dont vous tenez votre maison, et gouvernez votre petite famille, montre que vous en êtes capable. Vous avez aussi le goût de l'instruction, et je vous ai toujours vue avide d'apprendre quelque chose de nouveau, et empressée de communiquer aux autres, pour les éclairer, ce que vous croyiez savoir. Quand donc la foi sera plus vivante dans votre âme, et que vous en recevrez plus abondamment les lumières et les inspirations, vous n'en profiterez pas seule, et vous éprouverez le besoin de répandre autour de vous ce surcroît de vie spirituelle. Il y a justement une dame de vos amies, qui est attachée à l'Œuvre des prisons et y fait beaucoup de bien, non-seulement par les services de tout genre qu'elle rend aux pauvres prisonnières, mais surtout par sa parole qui a l'éloquence du cœur et de la foi, et qui produit un grand effet sur beaucoup de ces malheureuses. Elle en a déjà ramené plusieurs dans la bonne voie, les préparant doucement par ses entretiens et ses discours dont les femmes ne se défient point, et finissant par les conduire à la piscine de la pénitence, où elles ont lavé les impuretés de leur vie passée et pris du courage et de la force pour vivre mieux à l'avenir. Plusieurs dames du monde, sincèrement chrétiennes, se dévouent avec elle à ce ministère charitable, bien souvent pénible, quelquefois consolant, mais où on a le bonheur d'accomplir la parole de notre divin maître : « J'ai été en prison et vous m'avez visité; car quand vous le faisiez pour le plus petit d'entre mes frères, c'est à moi que vous l'avez fait! »

L'association de ces dames a établi à ses frais et par souscription une maison de convalescence morale, où les femmes de bonne volonté qui ont achevé leur temps de prison sont reçues gratuitement et trouvent de l'ouvrage. C'est un pensionnat d'un nouveau genre, où elles peuvent s'affermir dans le bien, en perdant les habitudes du mal, et en travaillant sous une sage direction à combattre leurs mauvais penchants pour observer la justice. Il y a aussi une section de jeunes filles, qui n'ont pas encore été frappées par la loi, mais qui, ayant déjà donné des gages au mal, ont besoin d'être préservées des tentations et garanties contre elles-mêmes. A toutes ces personnes, femmes et enfants, il faut surtout une instruction religieuse, un enseignement moral; et les prêtres sont si peu nombreux et si absorbés dans les paroisses, qu'ils ne peuvent s'en occuper avec suite, ce qui est absolument nécessaire pour ces ignorantes. Les dames de l'œuvre y suppléent par leur bonne volonté, et celles d'entre elles qui ont quelque facilité pour la parole et une instruction religieuse plus approfondie, se dévouent à ce ministère, quand elles peuvent vaincre leur timidité, et ne pas se laisser effrayer par cet auditoire qui n'est pas toujours bien disposé. C'est pour elles, du reste, une occasion de connaître mieux ce qu'elles savaient déjà, et d'apprendre ce qu'elles ne savaient pas. Elles profitent elles-mêmes, et pour leurs enfants, des instructions qu'elles donnent à ces malheureuses; car toute bonne œuvre porte avec elle sa récompense.

J'imagine, madame, telle que je vous connais, que vous réussiriez dans cette fonction, et qu'avec votre instruction, votre parole facile, votre affabilité et, par-dessus tout votre bonne volonté, vous deviendriez une aimable prêcheuse, que ces pauvres pécheresses aimeraient à entendre, et dont elles suivraient volontiers les avis et la direction.

Vous éprouverez d'abord de la répugnance, je vous en préviens, à vous trouver au milieu de ces femmes perdues, et il y aura dans votre âme, au premier contact, un sentiment instinctif de dégoût et de honte. Mais alors vous vous représenterez ce que Notre-Seigneur a été pour Madeleine et pour la femme adultère. Vous vous rappellerez ses consolantes paroles : « Le médecin vient pour les malades et non pour ceux qui se portent bien. » Vous verrez d'ailleurs à vos côtés des dames aussi honnêtes, aussi bien famées que vous, qui ne craignent pas de se souiller par le contact du vice à corriger, comme le médecin ne redoute pas la contagion du mal qu'il doit combattre. Vous vous mettrez donc à l'œuvre avec courage et avec cœur, comme vous en êtes capable. En expliquant les vérités de la religion à ces femmes, vous vous en pénétrerez vous-même plus profondément, et jamais vous ne sentirez mieux la nécessité de joindre l'exemple au précepte qu'en cherchant à ramener dans le droit chemin ces âmes égarées.

Je vous cite cette œuvre, madame, parce que vous la connaissez déjà par votre amie, et qu'il lui sera facile de vous y introduire. Souvent la bonne volonté n'a besoin que d'une occasion, d'une excitation pour se produire, et les indications de la Providence sur ce qu'elle veut de nous se déclarent par les circonstances. Assurément vous pouvez aussi, si vous vous y sentez portée, vous occuper des enfants, des crèches, des asiles, des écoles, des ouvroirs. Vous pouvez aller visiter les malades et les pauvres à domicile ou dans les hôpitaux, en vous affiliant à l'une des sociétés charitables qui ont cet objet. Vous pouvez vous intéresser à la détresse des pauvres familles, qui commencent toujours par mettre en gage leurs meubles et leur linge quand le pain leur manque, et leur venir en aide pour le dégagement de leurs effets, ce qui fournit l'occasion de se mêler de leur intérieur et de leur donner quelques bons conseils. Il y a mille choses que vous pouvez faire pour le soulagement de la misère, et surtout pour combattre et amoindrir les tristes effets du vice, qui envahirait bientôt le monde et le dévorerait, si la charité chrétienne, qui a sa source dans le sacrifice de Jésus-Christ et son aliment dans son Église, n'était là pour l'arrêter.

Vous prendrez donc votre place et votre part dans ce grand combat du bien contre le mal. Vous deviendrez à votre manière et selon vos forces un soldat de Jésus-Christ, et, après avoir reçu tant de grâces de l'Église de Dieu, qui vous a enfantée à la vie du ciel et l'a nourrie et développée en vous jusqu'à ce jour, vous commencerez à lui rendre quelque chose en retour de ce qu'elle vous a donné. Ainsi votre existence, qui est maintenant presque personnelle, ou du moins restreinte dans le cercle des vôtres, dans les bornes naturelles de la famille, s'élargira, s'universalisera en participant à la charité de l'Église, c'est-à-dire en devenant véritablement chrétienne.

Enfin, chère madame, quand une fois vous aurez goûté les douceurs et la paix de la piété du cœur, et qu'en participant aux œuvres charitables vous en aurez pris l'esprit et le zèle, vous éprouverez le besoin de communiquer aux autres la vie et le bonheur dont vous jouirez, et vous serez employée, presque sans vous en douter, à faire du bien à ce qui vous entoure. Vous avez des amies, qui sont honnêtes et bonnes comme vous l'avez été, mais aussi un peu froides ou indifférentes sous le rapport religieux. L'esprit du monde, ou la crainte de leur mari, les éloigne de la pratique ; et la religion, qui est à leurs yeux une affaire de forme, est respectée mais délaissée par elles. Elles sont encore ce que vous étiez vous-même naguère; et cependant Dieu vous a fait la grâce de vous ouvrir les yeux, de toucher votre cœur, et vous commencez à vivre de votre foi et des prémices de votre charité

Comme ces bonnes âmes vous sont chères, et elles le méritent à tous égards, vous voudrez leur faire partager le bien que vous avez retrouvé, le plus précieux de tous les biens, puisque sans lui tous les autres ne servent de rien : car à quoi bon tous les trésors du monde et le monde lui-même, si l'on perd son âme? Vous serez donc poussée par votre conscience et par votre affection à travailler à leur conversion. Vous y réussirez probablement, au moins pour quelques-unes, si vous y apportez, comme je n'en doute pas, du tact, de la mesure et beaucoup de patience. Vous y réussirez, parce que vous y emploierez toute la chaleur, tout le dévouement de votre cœur naturellement généreux, et qui le deviendra bien plus encore et d'une meilleure manière par le feu divin de la charité! Quelle joie de ramener à Dieu des personnes si capables de l'aimer, et qui n'en étaient séparées que par l'ignorance ou la légèreté! Quel bonheur de marcher avec elles de concert dans le chemin du ciel! Et comme vous les aimerez mieux, comme elles vous aimeront plus profondément, quand, outre les motifs naturels et raisonnables d'une affection réciproque, vos âmes seront encore indissolublement unies en Dieu par les liens d'une même foi, d'une même espérance, d'un même amour!

Avec tout cela, madame, je ne pense pas que le temps vous paraisse long dans votre veuvage, et que vous ayez besoin de vous remarier pour employer votre vie. Les occupations ne vous manqueront pas, comme vous le voyez, si votre bonne volonté les accepte; et, tout en étant utiles à vos semblables, elles vous procureront des joies que vous ne connaissez pas encore, une paix qui surpasse tout sentiment, et que le monde ne peut donner. Mais pour les apprécier il faut se mettre au point de vue chrétien.

A coup sûr, des personnes attachées au monde et remplies de son esprit, qui n'estiment par conséquent que ses biens, ses jouissances et ses vanités, trouveront ces choses peu amusantes, sinon très-ennuyeuses. Elles vous diront que, bien loin qu'il y ait du bonheur dans les œuvres de charité, on n'y rencontre au contraire que sujets de tristesse, de dégoût, même d'horreur, et qu'assurément il est peu agréable de voir toutes les misères et de traverser tous les égouts de l'humanité; qu'il n'y a aucun plaisir à voir souffrir ni à souffrir soi-même, et qu'il faut laisser ces exagérations de bienfaisance avec cette exaltation de prières, de méditation et d'ascétisme, aux prêtres et aux religieuses qui en font leur état; mais qu'une femme de la société, jeune et belle comme vous et qui a encore tant de moyens de jouir de la vie, doit se remarier si elle trouve un nouvel époux à sa convenance, et n'est pas obligée de se sacrifier à ses enfants, bien qu'elle doive les élever convenablement. Elles vous diront, en un mot, qu'il faut laisser tout cela aux vieilles femmes, qui se font dévotes parce qu'elles ne peuvent plus être autre chose.

Ainsi vous parlera le monde, madame, à l'encontre de ce que je viens de vous dire, et avec son esprit et à son point de vue il ne peut tenir un autre langage. Eh bien! nous allons le suivre sur son terrain, et examiner, en entrant dans ses vues, si réellement un second mariage vous procurerait le bonheur qu'on vous promet. Ce sera, je crois, la meilleure manière de lui répondre.

Assurément, madame, vous avez tout ce qu'il faut pour inspirer à un homme le désir de gagner votre affection, et d'unir son sort au vôtre. Il s'en présentera plusieurs, je n'en doute pas, qui aspireront à votre main, d'autant plus que votre réputation est intacte et votre fortune considérable. Vous trouverez donc un mari, si vous le voulez; mais trouverez-vous à aimer comme la première fois? Je ne le pense pas; on n'aime véritablement qu'une fois : et comme vous avez goûté plusieurs années cet amour véritable, votre cœur restera toujours attaché au fond à l'objet de votre première flamme, et son souvenir vous poursuivra jusque dans les bras de votre nouvel époux. Vous en serez troublée par les comparaisons qui s'établiront d'elles-mêmes, et qui seront toutes au désavantage du second, uniquement parce que vous ne pourrez pas l'aimer comme le premier. S'il vous aime et s'il a du cœur, il en sera froissé, peut-être blessé, et il y aura là une source d'amertume secrète dans l'intimité de vos rapports.

Il y a plus. Parce que vous serez restée fidèle par le cœur, vous vous reprocherez secrètement de ne l'être pas tout entière, et malgré ce que vous pourrez vous dire sur la légitimité de votre nouvel attachement, que la loi divine et la loi humaine autorisent, vous aurez l'inquiétude d'avoir manqué à la mémoire de l'homme de votre cœur, et de n'avoir pas eu le courage de lui dévouer toute votre vie. Vous vous prendrez plus d'une fois à regretter votre première union, même votre veuvage, et, quoique votre conscience ait le droit de vous rassurer, et qu'assurément vous ne soyez pas coupable devant Dieu ni devant les hommes, il sortira cependant de votre premier, de votre unique amour, une voix plus exigeante que celle de la conscience, laquelle vous accusera, sinon d'infidélité, au moins d'indélicatesse. Elle vous dira que votre premier serment aurait dû subsister autant que votre amour, et que vous ne deviez point vous donner à un autre homme, tant que votre cœur était rempli du souvenir de celui que vous pleurez encore. Ce sera, je le veux, une exagération de sentiment, mais elle suffira à torturer une âme pure et délicate comme la vôtre. Vous ne seriez donc point heureuse dans une seconde union, parce que vous l'avez trop été dans la première. La condition essentielle du bonheur dans le mariage vous manquera, et votre mari en sera frustré comme vous, à savoir la fusion des cœurs dans une affection réciproque. Sous ce rapport, qui est le principal, vous avez beaucoup à perdre et rien à gagner.

Mais c'est surtout vis-à-vis de vos fils que vous serez embarrassée : car ils représentent leur père, et ils seront les témoins vivants, toujours présents de ce qu'il a été pour vous. Ne vous sentirez-vous pas jusqu'à un certain point rabaissée à leurs yeux, parce que vous n'aurez pas eu le courage de vous consacrer tout entière à leur bonheur, et que vous aurez semblé leur dire, en contractant de nouveaux liens, que leur tendresse ne suffisait pas à votre âme, et qu'il lui fallait une autre affection pour la remplir? L'aîné, qui a dix ans, est bien capable de le sentir, et de cette impression pénible sortira une espèce de jalousie, qui lui resserrera le cœur à votre égard, et l'indisposera peut-être contre votre mari, qui ne sera pas son père. Le plus jeune lui-même, accoutumé à vous occuper presque exclusivement à cause de son âge, et parce qu'il est maintenant votre principale consolation, ne tardera pas à s'apercevoir qu'il n'est plus comme auparavant l'objet le plus cher de votre sollicitude, et qu'un autre l'a remplacé dans votre affection.

Vous les aimerez cependant tout autant, j'en suis persuadé, mais vous ne pourrez plus le leur témoigner de la même manière. Votre nouvelle union, même si elle ne remplit point votre cœur, le partagera, ne fût-ce que par la nécessité de plaire à votre nouvel époux, et par les soins et les soucis qu'elle entraîne. Car votre second mariage vous imposera des obligations de toutes sortes, et il vous sera bien difficile de contenter ces deux parties de votre famille, qui auront des intérêts divers, sinon opposés. Imaginez ce qu'éprouveront, ce que penseront ces pauvres enfants, quand ils se diront : « Notre mère est la femme d'un autre. Elle n'est plus notre mère uniquement, car elle n'est plus toute à nous ! » Leur jeune cœur, qui ne connaît ni les lois ni les usages de la société, et qui suit seulement les instincts de la nature, ne se croira-t-il pas lésé dans ce qu'il a de plus précieux, victime d'une injustice, d'une sorte de spoliation ou de vol ? Et c'est leur mère qui les aura dépouillés, abandonnés, sacrifiés pour son intérêt ou son plaisir ! Le souvenir de leur père offensé ne se mêlera-t-il pas à ce cri de douleur pour le rendre plus amer ; et, bien que tout cela ne se formule pas d'une manière précise dans leur esprit, ne sera-ce pas comme un nuage entre leur cœur et le vôtre, une sorte de fantôme, qui les effrayera et les empêchera de se serrer aussi étroitement près de leur mère ? Oh ! vous le sentirez bien, quoique ces pauvres enfants n'osent pas le dire, ou en aient à peine la conscience. Vous le sentirez, madame, par l'instinct de votre cœur maternel ; et il en sera déchiré.

Puis, quels seront les rapports de vos fils avec leur beau-père ? Mettons les choses au mieux ; supposons qu'il les aime, parce qu'il vous aime, et qu'il cherche à gagner leur affection, pour conserver la vôtre. Il sera bienveillant à leur égard, et s'efforcera de faire tout ce qui peut leur être utile ou agréable pour vous complaire. Mais ce ne sera jamais qu'une affection indirecte ou de seconde main, et on ne peut pas lui en demander davantage. Il ne peut avoir pour eux des entrailles de père ; et combien de fois ne le sentiront-ils pas dans l'autorité qu'il exercera comme chef de la famille, et en tout ce qui concernera leur éducation, leur instruction, les encouragements à leur donner, et surtout les punitions à leur infliger! Vous trouverez vous-même à tout instant que sa main n'a pas le tact d'une main paternelle, qui, souffrant elle-même quand elle est obligée de faire souffrir ses enfants, s'applique avec délicatesse et est avertie par sa propre douleur de celle qu'il leur fait éprouver. Ce sera encore entre vous une cause toujours présente d'inquiétudes, peut-être d'irritation, et il vous faudra une sollicitude continuelle et bien des tempéraments pour éviter ou éluder des difficultés toujours renaissantes.

Et s'il survient d'autres enfants, comme cela est probable, la situation se compliquera au dedans et au dehors. Dans quel réseau d'embarras ne serez-vous pas enveloppée! Vous serez la mère de tous, et je veux croire que vous les aimerez tous de même. Cependant, même dans une famille unique, l'affection n'est pas toujours égale, et le premier ou le dernier jouit ordinairement d'une sorte de préférence. Que sera-ce donc dans une famille double, qui aura deux pères, dont le premier vous sera le plus cher? N'est-il pas naturel que vous ayez une prédilection pour les enfants de celui que vous avez le plus aimé? Le second le verra bien, quoi que vous fassiez, et il en souffrira, non plus seulement dans son affection conjugale, mais dans son cœur paternel. Il vous le fera sentir en traitant vos enfants comme vous traiterez les siens. Ce qui sera plus dur pour vous: car vous serez la mère des deux côtés, et lui, ne sera père que d'un seul. Même en admettant qu'il ait la bonne volonté d'être impartial, pourra-t-il faire violence aux sentiments de la nature? La balance, emportée par un poids secret, penchera toujours vers ses propres enfants. De là un nouveau déchirement dans votre cœur maternel, et, dans celui des enfants une source de jalousie et de discorde, toujours entretenue par la préférence cachée ou patente des parents.

Dans une telle position, que seront ces enfants les uns pour les autres? De quel amour s'aimeront-ils? La fraternité pourra-t-elle s'établir cordialement entre des êtres qui n'ont pas le même sang, et que la génération divisera comme les instincts et les intérêts? Déjà dans une même famille la concorde est rare entre les frères; n'est-elle pas beaucoup plus difficile, sinon impossible, dans une famille mixte, et entre les enfants de deux lits? Tant qu'ils seront petits et incapables de réfléchir, tout marchera peut-être en ordre par la puissance de l'autorité. Ceux qui souffriront n'oseront réclamer, ne sachant pas précisément ce qui les fait souffrir, et n'ayant qu'un sentiment vague de ce qu'ils éprouvent. Mais il y aura inévitablement des impressions pénibles, des chocs, des froissements, des refoulements, des blessures secrètes, qui formeront dans ces jeunes cœurs un fond de mécontentement, de préventions, de répugnances et même de haine, qui éclateront plus tard, quand ils pourront penser et agir librement, et lorsque chacun aura à faire sa position personnelle au milieu d'une situation de famille si compliquée.

Que sera-ce donc, quand il faudra faire la part à chacun dans la fortune commune, soit pour les établir dans le monde, soit après la mort du père ou de la mère? En vérité je n'ose y penser, et je ne veux pas vous effrayer d'avance par le tableau des scènes, des déboires et des déchirements qui peuvent en sortir, surtout pour le cœur d'une pauvre mère. Ce que je sais bien, et vous le savez comme moi par votre expérience du monde, c'est que, presque toujours, les enfants d'un même lit, même ceux qui ont été le plus unis jusque-là, se divisent et entrent en guerre pour le partage de la fortune, en proportion de son importance; et les intérêts matériels et les jalousies de position séparent violemment et rendent ennemis ceux qui ont le même sang dans les veines, et qui sont sortis des mêmes entrailles. Que sera-ce donc, là où il y a deux pères ou deux mères, et si aux divisions du sang et de la nature viennent encore se joindre celles des intérêts et des fortunes?

Voilà, madame, le revers de la médaille que le monde vous présente sous une face si brillante. J'ai cru de mon devoir de la retourner à vos yeux, puisque vous voulez bien me consulter; je devais vous montrer les choses sous les deux faces, pour éclairer votre délibération et votre choix.

Je ne prétends pas cependant, remarquez-le bien, que tout ce que je vous ai exposé arrive. Il y a toujours du plus ou du moins dans les affaires humaines, en raison des personnes et des circonstances. D'ailleurs, parfois le mal est assez bien dissimulé pour ne pas éclater tout entier au dehors. Les apparences sont sauvées. A force de sollicitude et de prudence on parvient à empêcher les éclats; mais le mal, répercuté et concentré à l'intérieur, n'en est souvent que plus terrible et plus mortel pour la famille. Vous connaissez assez la société et ce qui s'y passe tous les jours, pour avouer que je n'ai rien forcé dans mes prévisions; et le grand nombre de scandales qui servent de pâture quotidienne à la malignité publique laissent imaginer tout ce qu'on ne voit pas.

Que ferez-vous maintenant? Je laisse à Dieu et à votre cœur de vous l'inspirer. Certainement, si vous rentrez sérieusement au fond de vous-même, pour invoquer par une prière sincère et fervente la lumière et le secours d'en haut, vous serez éclairée et dirigée. Pour moi, je ne voulais vous représenter qu'une seule chose : c'est que, n'étant portée à un second mariage ni par les sens ni par le cœur, ayant à élever deux fils, objets de votre premier devoir et de votre plus vive sollicitude, vous pouvez, en restant fidèle à votre époux jusqu'après sa mort et dans la personne de ses enfants, devenir une veuve vraiment chrétienne. Et en joignant la pratique vivante et éclairée de la religion, ainsi que la participation active aux bonnes œuvres qu'elle recommande, à votre tendresse et à vos devoirs maternels, il vous sera facile d'employer utilement le reste de votre existence au profit de vos enfants, au soulagement des pauvres, à la consolation des malheureux et au salut de votre âme.

Non, je vous l'affirme, vous ne sentirez point de vide et vous ne vous ennuierez pas, si la foi ravive votre cœur, si l'espérance chrétienne l'anime, et si la charité de Jésus-Christ l'échauffe. Vous vivrez, au contraire, avec plus d'ardeur, avec plus de force, avec plus de joie, et aussi d'une manière plus digne. Car à la vie naturelle, dont vous aurez accompli plus parfaitement les devoirs en respectant ses plus saintes affections, vous unirez les grâces et l'élan de la vie surnaturelle, qui relèveront les jouissances de la première en les épurant, en les transfigurant. Après avoir été une épouse fidèle et une mère dévouée, vous coopérerez, autant qu'il sera en vous, au règne de Dieu sur la terre et au bien de vos semblables par votre piété et vos bonnes œuvres. La reconnaissance et l'admiration de vos enfants, auxquels vous vous serez dévouée, vous suivront au delà du tombeau, et la douceur infinie de l'amour divin vous dédommagera surabondamment de votre renoncement à l'amour étroit et fragile des hommes.

LETTRE XVII.

A UNE JEUNE DAME QUI VOULAIT AVOIR UN SALON.

Il y a des choses permises, madame, qui ne sont point avantageuses, et je crains que celle dont vous me parlez, et que vous semblez désirer fort, ne soit de ce nombre. Assurément, il n'y a point de mal à recevoir chez soi journellement et à certaines heures des personnes connues, pour s'entretenir des affaires du monde, et principalement d'art, de littérature et de science. C'est même en soi une bonne chose; car c'est une espèce d'hospitalité accordée aux esprits, qui peuvent y trouver, quand il leur plaît ou qu'ils en ont besoin, un refuge, un aliment, une excitation, un encouragement. Ce commerce des esprits par la conversation, dont un salon poli et bien tenu est le centre, est un moyen d'union et de perfectionnement. L'échange d'idées et de sentiments qui s'y fait chaque jour peut être utile à tous.

La religion, qui tend à unir les hommes par la foi et la charité, et qui fait consister leur force et leur bonheur dans leur union, conformément au dernier vœu de notre divin Maître, approuve donc tout ce qui sert à les rapprocher et les aide à s'entendre, à se comprendre à s'aimer. Comme elle veut la culture de l'esprit aussi bien que celle du cœur, et que la communication fréquente est un des instruments de cette culture, loin de s'y opposer, elle la favorise, si un bon esprit la dirige et l'anime.

Là, madame, est toute la question. Un salon ne vaut que par la personne qui y préside, et qui doit en être le foyer, l'âme. Maintenant, êtes-vous en mesure, soit par votre position, soit par votre caractère et vos qualités personnelles, de devenir ce foyer, qui doit tout régler par son attraction, tout échauffer par son ardeur, tout animer par les rayons de son intelligence ou par l'effusion de sa charité? En second lieu, cette place d'honneur que vous voulez prendre, cette sorte de trône où vous aspirez à monter, et qui va vous mettre en butte aux regards et aux prétentions de beaucoup de monde avec des intentions si diverses, ne peut-elle pas être préjudiciable à votre âme par les tentations de la vanité ou de la coquetterie, par la dissipation, et ne risquez vous pas, en définitive, de recueillir plus de mal que de bien de ce que vous désirez? Voilà ce qui m'inquiète pour vous, madame, et ce qui vous inquiète vous-même, au milieu de votre entraînement du moment, puisque vous en faites une affaire de conscience en me consultant. Je connais votre foi et votre piété, et je suis assuré que pour rien au monde vous ne voudriez les mettre en péril. En outre, vous avez une certaine réputation de dévotion, parce que vous communiez souvent, et que vous êtes membre de plusieurs associations charitables. Il faut donc prendre garde de compromettre ces choses et la religion avec elles. C'est pourquoi je vais vous parler franchement, peut-être un peu rudement, espérant que vous me pardonnerez mon imprudence, qui prouvera ma sollicitude pour votre âme, et ma confiance en votre bonne volonté.

D'abord, savez-vous bien ce que c'est qu'un salon? Je crains que vous ayez connu la chose seulement par l'extérieur, en allant de temps à autre dans les salons en vogue; et il y en a très-peu, même à Paris. Alors, charmée de ce que vous y avez vu et entendu, séduite peut-être par la position de celle qui y préside, autour de laquelle se groupent les hommes les plus distingués, pour lui apporter régulièrement avec leurs hommages le tribut de leur esprit et de leur influence, espèce d'astre qui fait graviter dans son orbite des satellites plus ou moins brillants, vous avez pensé, en voyant l'harmonie apparente que la politesse y maintient et le jeu aisé et gracieux des relations, que ce petit monde ne devait pas être difficile à créer et à gouverner. Il vous a semblé qu'avec votre position sociale, votre fortune, vos connaissances, et probablement aussi vos qualités de cœur et d'esprit, vous pourriez y réussir tout comme une autre, et ainsi donner à votre intérieur un peu monotone, à votre existence trop uniforme, de la variété, de l'animation et de l'importance.

C'était assez bien raisonné, en partant des données que vous aviez sous les yeux. Mais il y en a une que vous n'avez pas aperçue, et c'est l'essentielle, sans laquelle les autres n'ont ni base ni efficacité. Vous n'avez pas songé au principal ressort qui met en mouvement cette machine, à ce qui produit l'énergie de ce ressort, ou lui donne la force primordiale qui fait marcher tout le reste.

Partout où il y a une organisation vivante, ou qui a le semblant de la vie, comme dans les produits de l'art, il y a au fond un principe de mouvement; et ce principe se décompose en deux forces dont le balancement et l'harmonie constituent la santé ou le bon ordre : la force attractive, qui appelle au centre et y attache, et la force expansive, qui pose au dehors et développe. Or, dans ce produit artificiel, dans cette œuvre de civilisation raffinée qu'on nomme un salon, et qui devient un monde à part dans la société générale, il doit y avoir une raison d'être de cette spécialité, c'est-à-dire une idée, un sentiment ou un intérêt, communs à un certain nombre de personnes et qui tendent à les réunir, mais qui sont plus particulièrement représentés par un individu, dans lequel ils se personnifient pour ainsi dire, soit qu'il les sente mieux, les comprenne mieux ou y soit plus engagé, soit que par sa position, ses relations et ses antécédents, il soit plus en mesure de les mettre en avant, de leur donner du relief et de les réaliser. Alors tous les éléments similaires se groupent autour de cet élément dominant, et il devient le centre d'une agrégation, comme la molécule principale dans la cristallisation, comme le foyer dans un organisme, comme le pouvoir dans une constitution sociale.

Chaque salon, en effet, qui a ou qui a eu son temps d'influence, a aussi son caractère, sa couleur, sa manière d'être, analogues à l'idée, au sentiment, à l'intérêt qui l'ont formé, et il a vécu par la vertu de cette idée, de ce sentiment, de cet intérêt, représentés, personnifiés dans une femme d'esprit ou de cœur. C'est ainsi qu'il y a des salons religieux, ou du moins dont l'esprit de religion est le caractère; soit la foi catholique qui réunit le mieux les hommes, soit la pensée luthérienne, calviniste ou de toute autre secte, qui peut les agréger par des opinions semblables, et surtout par des intérêts communs. Il y a des salons littéraires ou artistiques, où l'idée du beau dans la littérature et les arts devient le centre des intelligences, des imaginations; et ces réunions se distinguent encore par la manière de concevoir le beau, par la diversité du goût, et ainsi par la différence des écoles. Il y a des salons politiques, où l'esprit et les intérêts des nationalités ou des partis se trouvent représentés : salon français, anglais, allemand, russe, et salon légitimiste, orléaniste, fusionniste, parlementaire, libéral, radical, socialiste, etc. Ce qui ne veut pas dire que dans chacun on s'occupe exclusivement de son objet propre. On y parle par occasion de toutes choses; mais seulement, il y a un point dominant auquel tout le reste est rapporté, même involontairement, qui teint la conversation de sa couleur, et la maîtresse de la maison, qui donne le ton, doit posséder à un haut degré l'esprit du drapeau arboré à son salon, où tout se fait à l'ombre de ce drapeau.

Maintenant, madame, je vous le demande, si vous voulez ouvrir un salon, quel drapeau y planterez-vous? Car il faut quelque chose qui attire et réunisse journellement chez vous un certain nombre d'hommes et de femmes de la société, qui viendront y converser et y passer la soirée. Si vous ouvrez simplement vos appartements à des oisifs ou à des indifférents, qui n'aient ni goût ni intérêt à se rencontrer, il vous faudra donner à jouer, à boire, à manger, à danser, ou faire de la musique. Alors ce sera une soirée, un bal ou un concert : ce ne sera plus un salon, dont la conversation doit faire tous les frais, et où l'on se rend pour causer et entendre causer.

On ne peut pas avoir tous les jours des soirées invitées. Ce serait un plaisir trop coûteux, et d'ailleurs bien vite usé, comme toutes les jouissances où le corps a plus de part que l'esprit. Mais on peut ouvrir son salon chaque jour, et chaque jour il peut être intéressant, s'il est bien tenu ; parce que le charme d'une conversation spirituelle ne s'émousse point par l'habitude, qui y ajoute, au contraire, comme dans toutes les choses de l'esprit, plus d'aisance et de grâce. Mais, encore une fois, pour s'entretenir et défrayer une conversation générale, il faut des sentiments, des idées, des opinions, des intérêts semblables, c'est-à-dire un point de contact, un lien entre tant d'esprits divers, au milieu de tant de volontés divergentes ; et c'est la maîtresse de la maison qui doit le fournir et le maintenir.

Qu'avez-vous donc à offrir à ceux que vous voulez attirer et réunir autour de vous ? En d'autres termes, quel sera l'esprit et la couleur de votre salon ? Sera-t-il religieux, comme il semble au premier abord, puisque vous passez pour une personne pieuse et même dévote ? Vous êtes trop jeune pour cela, et vous n'auriez à cet égard, ni aux yeux du clergé, ni pour les laïques, une autorité suffisante. Il vous faudrait une longue vie, employée dans l'exercice de la piété et des bonnes œuvres, des services rendus à l'Église, et des sacrifices supportés pour sa cause.

Sera-ce un salon littéraire ou artistique? Vos goûts vous y porteraient assez. Mais, bien que vous soyez très-capable de discerner le beau dans la littérature et dans les arts, cependant vous n'êtes ni poëte, ni écrivain, ni artiste, au point de donner le ton en ces sortes de choses et d'y imprimer une certaine direction. Puis, il y a bien des degrés de littérateurs et d'artistes, et l'on peut descendre, à travers ces degrés, jusqu'à une société qui ne conviendrait ni à votre maison, ni à votre position dans le monde. La réputation de la femme pourrait en souffrir, et la dignité de la chrétienne y serait peut-être exposée.

Vous n'avez sans doute point l'envie d'ouvrir un salon politique. Les vrais salons politiques sont les clubs, où les femmes ne doivent point paraître; ou, si elles se trouvent mêlées à ce genre d'affaires par les circonstances, comme cela se voit quelquefois dans les grandes capitales et au milieu de la diplomatie, elles doivent y apporter ce calme, cette réserve et cette prudence, qu'une longue expérience des hommes et des choses peut seule donner. Cette expérience, jointe au respect qu'inspire leur sexe et à l'autorité de l'âge, les met en mesure d'empêcher les exagérations de tout genre en des matières si délicates, et de maintenir les convenances et le bon accord par toutes sortes de tempéraments qui demandent beaucoup de tact, et dont une personne âgée est seule capable.

Enfin, madame, et cette considération me semble décisive, on ne fait pas un salon : il se fait tout seul, le plus souvent on ne sait comment, et par un concours de circonstances qu'on ne peut prévoir ni arranger. Il se trouve un jour que le salon de madame une telle est à la mode. Chacun, selon les nuances indiquées tout à l'heure, veut y être présenté ; et ainsi la clientèle se forme, les habitudes se prennent, si réellement il y a là un attrait et un lien. Mais cette femme, qui a réussi, sans s'en douter la plupart du temps, avait-elle l'intention d'établir un salon pour se former une société aimable et spirituelle, ou s'entourer d'admirateurs et de partisans? Pas le moins du monde, au moins pour les salons de bon aloi et qui durent.

C'est tout simplement une femme bienveillante et gracieuse, qui a assez de fond et d'instruction pour se plaire aux choses sérieuses, les comprendre et en parler convenablement, assez de vivacité d'esprit pour exciter et soutenir une conversation, et surtout qui attire et attache, non-seulement par les agréments de l'esprit, qui n'inspirent pas toujours le respect, mais par la bonté du cœur et la noblesse de l'âme, qui touchent et imposent à la fois. C'est, dis-je, une femme de ce genre, à qui sa fortune, ses relations et son âge donnent la facilité de recevoir journellement chez elle des personnes distinguées ou celles qui aspirent à l'être. Ces personnes forment bientôt par l'habitude du retour un petit groupe qui va croissant avec le temps, parce que chacune en amène d'autres, et au bout de quelques années Mme X.... a un salon. Il ne lui reste qu'à bien ordonner et à maintenir ce qui est né de soi-même et ce qui s'est fait tout seul.

Voilà les vrais salons, madame, et les seuls qui

tiennent, parce qu'ils sont le produit des circonstances et qu'ils sont soutenus par la force des choses. C'est en petit comme les constitutions des peuples. Celles-là sont solides qui ont leurs racines dans les mœurs publiques et dans les faits nationaux, et elles durent des siècles, même quand il y aurait en elles des contradictions et des absurdités. Mais si elles sont faites tout d'une pièce, sortant d'un seul jet de la tête d'un savant, comme Minerve du cerveau de Jupiter, si belles qu'elles soient par le dehors, et malgré tout l'échafaudage logique dont elles sont appuyées, n'entrant point dans les mœurs et ne pouvant s'implanter dans le terrain populaire, elles s'affaissent bientôt d'un côté ou de l'autre, et la ruine en est imminente. Il en est ainsi, madame, si l'on peut comparer les petites choses aux grandes, d'un salon qu'on veut faire *a priori*. Par cela seul qu'on veut le former de toutes pièces, il est clair qu'on n'a pas même la semence ou le noyau dont il doit sortir pour avoir de la vie. Vous pourrez sans doute, comme tant d'autres, réunir toutes sortes de personnes chez vous, et composer une assemblée; mais à cette agrégation arbitraire ou rationnelle, si vous le voulez, il manquera un foyer, un principe de vitalité, par conséquent une organisation vivante; et elle se dissoudra bientôt.

Après ces considérations générales, descendons aux applications, c'est-à-dire aux personnes et aux faits. Ici, madame, je vais vous paraître bien sévère, peut-être dur. Cependant vous me consultez, je pense, pour avoir un avis sincère, et je serais indigne de mon caractère sacré et de votre confiance, si je ne vous disais franchement la vérité, au moins telle que je la vois. Dieu sait que c'est ma conscience seule qui veut parler à la vôtre, et que, si je suis obligé de vous faire souffrir en touchant la plaie et le siége du mal, c'est comme le médecin, pour tâcher de vous guérir.

D'abord, madame, votre position actuelle me paraît un obstacle à la réalisation de votre projet ; car vous avez un mari, jeune encore, auquel vous êtes attachée, et qui vous aime. Il pourra vous passer la fantaisie d'ouvrir un salon, mais je pense qu'il voudra aussi rester le maître chez lui, et qu'il ne vous cédera pas la place, pour que vous y trôniez à votre aise. Cependant la femme doit régner au salon. Elle doit en faire les honneurs et en devenir le centre; tout doit y graviter autour d'elle. Que cela arrive de temps à autre, quand on donne un dîner ou une soirée, un mari s'en accommode volontiers; cela ne tire pas à conséquence. Mais tous les soirs, cela peut le gêner singulièrement ou l'ennuyer.

Qu'en ferez-vous donc, pour ne pas être gênée vous-même et exercer librement votre empire? S'il reste, le voilà condamné à être chaque soir votre doublure, votre instrument, l'un de vos très-humbles serviteurs, et, à défaut du caractère, son amour-propre en souffrira. Il se sentira humilié dans sa dignité, ou, ce qui sera pis encore, en vous voyant ainsi entourée, admirée, courtisée par d'autres hommes, dont l'un ou l'autre sera plus attentif auprès de vous, il en prendra de l'ombrage, et son repos sera troublé. Votre gloire lui donnera de l'inquiétude, et la paix de votre intérieur sera menacée.

S'il ne reste pas, pour vous laisser le champ libre,

ou ne pas s'effacer en public, et c'est le parti que prennent ordinairement les époux des maîtresses de salon, il y aura d'autres inconvénients plus graves. Les maris qui consentent à s'effacer, ou qui s'en vont, sont ordinairement des hommes déjà âgés, et dont la femme n'est plus jeune. Il y a donc moins de sujets de crainte des deux côtés, et le monde n'a pas autant de motifs de jaser. Mais votre mari n'est pas en âge de vous délaisser, et vous ne seriez pas d'humeur à le souffrir. Cependant, si vous prenez la position que vous ambitionnez, prenez-y garde, vous allez l'abaisser ou l'exiler. S'il disparaît tous les soirs quand votre salon s'ouvre, qu'en dira le monde? que tous les hommes sont bien reçus dans votre maison, excepté celui qui en est le maître, et le reste que vous comprenez. Votre réputation en pâtira.

Mais lui, pendant ce temps, que deviendra-t-il? Où ira-t-il tous les soirs? Voulez-vous qu'il prenne l'habitude de se passer de vous? Ne l'autoriserez-vous pas par le fait, en lui montrant si clairement qu'il ne vous suffit pas et qu'il vous faut d'autres hommes pour vous occuper, à chercher ailleurs son plaisir, ou même un autre chez soi? Vous serez désolée de ce mécompte, et néanmoins vous allez tout faire pour qu'il arrive. Vous pouvez devenir l'artisan de votre propre malheur et du sien : car, s'il se dérange en s'attachant ailleurs, vous éprouverez les tortures de la jalousie, et alors jugez de l'état de votre ménage et de votre existence de tous les jours, avec de pareilles dispositions des deux côtés! La confiance réciproque sera perdue. Si vous provoquez des explications, vous risquez d'allumer entre vous tous les feux de l'enfer. Si vous ne vous expliquez point, et que chacun marche en silence dans la voie qu'il s'est faite, votre intérieur deviendra glacial; et l'indifférence, ou peut-être quelque chose de pis, envahira vos cœurs et rendra pénibles tous vos rapports.

Ensuite, avez-vous personnellement les qualités nécessaires pour bien tenir un salon? Je ne veux ni l'affirmer ni le nier; mais je puis dire que vous avez ce qu'il ne faut pas. Vous avez de trop la jeunesse et la beauté, et, tant que vous posséderez ces avantages extérieurs que d'autres vous envient, vous ne serez point apte au rôle que vous ambitionnez. Le grand mérite d'attirer les regards et les hommages des hommes, quand on est belle! La femme la plus sotte y réussira, au moins pour un temps, comme la plus spirituelle, et vous auriez tout l'esprit du monde avec l'éclat de la jeunesse et de la beauté, qu'ils viendraient chez vous pour vous voir et pour jouir de votre vue plus que de vos discours. Mais avec cela on ne fait pas un salon; car un salon vit par la conversation, et la conversation par l'esprit.

On viendra donc, comme dit saint François de Sales dans son vieux et naïf langage, mugueter autour de vous, non pas comme les abeilles qui, dans leur butinerie sur les fleurs en tirent une chose utile, mais comme les papillons qui n'en jouissent en voltigeant que pour briller au soleil. Les personnes sérieuses s'éloigneront bientôt, et vous en serez réduite aux niaiseries du bel esprit et aux fadeurs d'une sentimentalité banale.

Heureuse encore si dans cette situation imprudente, où vous vous serez mise comme sur un piédestal, sinon pour y déployer vos charmes et montrer tous vos avantages, au moins pour y dominer plus à l'aise et exercer votre ascendant, vous ne finissez pas un jour par subir le prestige dont vous surprenez les autres, et être prise vous-même dans vos propres filets ! Une jeune femme est rarement aimable impunément au milieu de tant d'hommes empressés autour d'elle ; et pour former un salon et l'entretenir, il faut être aimable envers tous, il faut savoir dire des choses gracieuses à chacun. Il faut vouloir plaire à tout le monde sans coquetterie ; et c'est pourquoi une femme ne peut se tirer de ce rôle honnêtement, ou du moins sans danger, que si elle n'est plus d'âge à inspirer des passions ou à en ressentir : car on l'aime alors uniquement pour la bonté de son cœur, la noblesse de son âme ou les charmes de son esprit. Elle n'a plus que des attraits spirituels, et ce sont les seuls durables. Si elle attire par la grâce, elle impose par la dignité, et l'expérience qu'elle a des choses de la vie donne à ses manières et à sa parole une autorité et une mesure, qui lui permettent de tout dire sans blesser personne et sans se compromettre.

Vous avez encore quelque chose de trop, madame, pour bien gouverner un salon, et cela tient en partie à votre jeunesse : vous avez trop d'esprit et vous voulez trop en avoir. Cette surabondance, qui est avantageuse dans un salon étranger, deviendrait nuisible dans le vôtre : car vous y paraîtriez, même sans le vouloir, avec trop d'éclat, et vous risqueriez d'éclipser vos hôtes, ce qu'ils ne vous pardonneraient guère. La maîtresse de la maison, au contraire, doit s'effacer le plus qu'elle peut et faire ressortir les autres; et pour y réussir, il faut que cela soit naturel en elle, c'est-à-dire qu'elle n'ait pas un esprit trop brillant et qui ait besoin d'éclater.

La plupart des femmes qui ont eu quelque célébrité par leur salon avaient des qualités plus solides que brillantes. Elles savaient mieux faire parler les autres que parler elles-mêmes. C'est un grand art, et qui demande beaucoup de tact et une certaine abnégation, que de mettre les autres en avant, en se tenant soi-même en arrière, ou du moins sur la seconde ligne. Mais celle qui le possède ne reste pas inactive pour ne pas s'avancer, et son habileté consiste à exciter la conversation, à la soutenir, à l'animer par quelques mots bien placés, parfois à la tempérer ou à la transformer en la jetant dans une autre voie, quand un écueil ou un danger se présente, toujours à en rester maîtresse, sans qu'il y paraisse, et conduisant tout secrètement, comme un général qui préside au combat sans y prendre une part active, sauf dans les moments critiques, où il faut payer bravement de sa personne pour décider le succès. C'est toute une stratégie, madame, dont vous ne vous doutez pas, et que l'expérience seule peut enseigner. Souvent celles qui y réussissent le mieux ne s'en doutent point elles-mêmes; elles la suivent par instinct, avec un certain tact divinatoire qui a quelque chose du génie. Et cette espèce de génie ou de don particulier, qui a sa source principale dans un caractère bienveillant et un esprit facile unis à une certaine élévation d'âme, ne peut se développer et se perfectionner que par un long usage de la société et l'expérience du monde. Or, cette expérience, vous ne pouvez l'avoir encore; vous l'acquerrez avec l'âge et dans les épreuves de la vie. Mais, croyez-moi, tâchez que vos épreuves se fassent le plus secrètement possible, et gardez-vous d'une place si exposée aux regards pour faire vos écoles. Il y en a qui gâtent toute une vie.

Avec de l'âge, de l'expérience et du tact, il faut, pour remplir convenablement cette tâche, les qualités les plus opposées : d'un côté, du calme, du sang-froid et de la patience; de l'autre, une certaine vivacité d'esprit, qui saisit rapidement, entend à demi-mot, et sent plus qu'elle n'entend ; un coup d'œil prompt et juste, qui voit poindre les occasions ou les difficultés, et qui se met en mesure pour manœuvrer soudainement dans les deux cas. Il faut de la prestesse dans la parole et dans l'action, mais jamais de précipitation, ni surtout d'emportement. Une maîtresse de maison qui se pique ou se passionne, ne se possède plus, perd la tête et le discernement. Entraînée plus loin qu'elle ne voudrait, elle répandra son trouble autour d'elle. Alors, au lieu d'être un terrain neutre où toutes les idées honnêtes peuvent se produire, où les opinions les plus contradictoires se rencontrent sans se choquer, son salon devient une arène, un champ de bataille où les passions se déchaînent. En proie aux divisions, il sera bientôt détruit. Car si le lien qui tenait toutes ces diversités, toutes ces contrariétés unies comme malgré elles, et les accordait, au moins en apparence, par quelque chose de commun, à savoir la tolérance de la politesse sinon la charité, si ce lien, dis-je, vient à se rompre, et c'est ce qui arrive quand la maîtresse de la maison ne se possède point, alors tout se dissout et il n'y a plus de réunion possible.

Je vous le demande, madame, comment remplirez-vous ce rôle de conciliation, de fusion, de pacification, vous qui êtes passionnée en toutes choses, et dont l'humeur inquiète et un peu aventureuse aime les difficultés et la lutte ? Comment aurez-vous du calme et de la mesure dans l'entrain de la conversation, dans la chaleur de la discussion, vous qui êtes presque toujours excessive, et que l'impression du moment et l'ardeur de l'imagination emportent la plupart du temps, en sorte que, avec beaucoup d'esprit, vous n'avez pas toujours le bon sens, aimant l'extraordinaire ou le paradoxal plus que le naturel, et prête à tout forcer ou subtiliser pour produire plus d'effet et frapper davantage ? Vraiment, au moins en ce moment, vous êtes la femme du monde la moins propre à gouverner un salon. Vous êtes faite pour y briller, je le reconnais ; mais par cela même, vous êtes incapable de le conduire. Votre personnalité y serait trop absorbante, même sous le rapport spirituel, et vous risqueriez bientôt de régner dans un désert.

Ainsi, par exemple, de quoi voulez-vous qu'on parle quelque temps avec vous sans arriver à l'exagération et à la lutte? En politique, vous êtes tout ce qu'il y a de plus exclusif ; il vous faut tout ou rien, et vos sentiments sont si purs, qu'à force d'épurer ce qui vous entoure, il reste peu de monde pour les partager. Vous avez un tel fanatisme de ce côté, que vous admettez à peine qu'on puisse être honnête si l'on ne pense pas comme vous, et vous n'avez point assez de paroles piquantes ni de termes de mépris pour vos adversaires, qui sont cependant nombreux. Comment donc pourriez-vous diriger et maintenir une conversation en cette matière? Vous exciteriez tout aussitôt une bataille, et vous jetant dans la mêlée, où vous accompliriez sans doute de brillants faits d'armes, vous frapperiez de grands coups, qui ne tueraient personne que votre salon : car on le prendrait bientôt en haine ou en dégoût, sinon en dérision, et vous n'auriez plus que les purs autour de vous.

Il en arriverait de même pour la littérature et les arts, où ce qui paraît nouveau vous transporte, pour peu qu'il y ait de talent, mais surtout à cause de la nouveauté. Vous avez cependant du goût et de l'entente ; vous êtes richement douée de ce côté. Mais vos nerfs trop excitables et votre imagination exaltée gâtent tout, en exagérant les impressions. Et en outre, l'horreur de ce qui est ordinaire, et la recherche de l'insolite, du bizarre, de ce qui ne ressemble à rien, qu'on confond trop souvent avec ce qui est distingué, fausse ou égare votre jugement, et vous met en opposition avec les règles et les traditions, que vous appelez des préjugés. Si donc on vient à parler dans votre salon de poésie, d'éloquence, de peinture, de musique, etc., au lieu de laisser le champ libre aux diverses écoles, pour qu'elles puissent se déployer les unes en face des autres et se mesurer, les maintenant néanmoins au milieu de cette liberté, afin qu'il en sorte une lutte intellectuelle et bien ordonnée, vous ne pourrez vous tenir, en dépit de vos résolutions, et la première parole qui ne conviendra pas à votre manière de voir vous mettra hors de vous. Vous tomberez sur les opposants à bras raccourci, et probablement ils se sauveront pour échapper à vos coups et ne reviendront plus. Votre salon passera bientôt pour une coterie, intolérante, exclusive, où nul n'aura de l'esprit hors vous et vos amis.

En ce qui concerne les choses religieuses, vous vous contiendrez davantage, ou du moins vous en ferez le ferme propos, parce que vous avez de la foi, et que la foi commande la charité. Puis, la matière est si grave, et les paroles y ont tant de conséquence, qu'on ne saurait trop réfléchir avant de parler, ni parler avec trop de mesure. Mais ici encore, vous trouvez moyen d'être excessive, intolérante, non point en matière dogmatique où il n'y a point à tergiverser ni à composer, mais dans les choses douteuses ou libres que vous êtes portées à tourner en dogmes, pour accuser ou condamner ceux qui ont des opinions contraires aux vôtres. Vous oubliez que vous avez vous-même changé d'avis dans les questions les plus agitées de nos jours, soutenant successivement avec la même ardeur les sentiments les plus opposés. Quand vous étiez gallicane, vous alliez jusqu'au jansénisme, et, maintenant que vous êtes devenue ultramontaine, vous êtes plus catholique que le pape, qui ne voudrait certainement pas de tout ce que vous lui donnez. Puis, vous n'avez jamais assez de dévotions particulières, louables sans doute, mais à la condition que le nécessaire, et surtout l'intérieur, ne soit pas négligé. Vous voudriez les imposer à tous pour aider à leur salut, et en ce qui concerne les schismatiques, les hérétiques ou les indifférents, vous ressentez pour les convertir un zèle si ardent, qu'il tourne aisément à la colère. Dans l'esprit qui vous anime, et que Notre-Seigneur blâmait dans ses disciples, vous appelleriez volontiers comme eux le feu du ciel sur tous ceux qui refusent de croire ce que vous croyez. Il ne faudra donc point parler chez vous de religion, ni de ce qui s'y rapporte. Autrement à la première opposition, le zèle de la maison de Dieu vous dévorera. Vous vous croiserez contre les infidèles de nos jours, et les traiterez rudement ; et comme malheureusement il y en a partout aujourd'hui, même parmi les défenseurs du trône et de l'autel, vous blesserez beaucoup d'hommes sans les convertir, et ils deviendront vos ennemis, sans être davantage les amis de Dieu et de l'Église. Encore de ce côté je ne vois pour vous dans votre salon aucune chance de succès.

De quoi donc parlera-t-on dans vos réunions et sous votre présidence, si l'on ne peut causer sans danger ou sans exagération ni de politique, ni de littérature, ni d'art, ni de religion, c'est-à-dire d'aucune chose sérieuse ou intéressante ?

Mais, vous le dirai-je ? Il y a une chose plus fatale, plus mortelle encore à la vie d'un salon que le laisser aller ou l'exagération : c'est le vide, c'est l'ennui. Qui a de l'esprit tous les jours ? Personne, pas même les journalistes, qui sont obligés par état d'en avoir. Qui de nous est disposé chaque jour à discourir, à s'ouvrir, à s'épancher par l'esprit ou par le cœur ? Et même quand on le voudrait, est-on toujours en train ? Cependant il n'y a point de conversation intéressante sans entrain, et c'est à la maîtresse du logis de le donner.

Le pourrez-vous tous les soirs, même quand vous serez souffrante, quand vous aurez mal aux nerfs ou des vapeurs, ce qui s'appelle aujourd'hui la migraine : ou quand vous serez agacée, irritable, prête à éclater, par exemple si vous avez eu quelque contrariété de ménage, une lutte à l'intérieur, un désir ou un caprice non satisfait, peut-être encore une grosse peine qui serre le cœur et qu'il faut dévorer ? Alors, le dépit ou la mort dans l'âme, vous devrez faire bon visage à tout venant, recevoir chacun le sourire sur les lèvres, et vous asseyant sur votre fauteuil comme la sibylle sur son trépied, vous vous y agiterez comme elle, attendant l'inspiration qui n'arrivera pas, et déconcertée, confuse devant vos visiteurs embarrassés. Il faudra cependant parler, ne fût-ce que pour éviter le silence, qui est la mort d'un salon et, l'entretien, n'étant ni excité, ni dirigé, ni soutenu, tombant à chaque pas faute de nourriture, se traînera dans les lieux communs, dans les banalités, dans les niaiseries de la vie sociale. Puis, pour l'animer un peu et lui donner du sel, et parce que les hommes préfèrent la méchanceté à l'ennui, viendra la médisance avec son cortége de nouvelles, d'histoires, de tableaux, d'allusions, de plaisanteries et de pointes, qui fera de votre salon une école de scandale et une source de commérages. La montagne en travail accouchera d'une souris.

En vérité, ce n'était pas la peine de se donner tant de mal pour en arriver là. Il ne faut ni un magnifique salon, ni une marquise qui y préside, ni tant de beaux messieurs et de belles dames réunis à grands frais de toilette et d'équipages, pour obtenir un tel résultat, et se procurer ce plaisir, si plaisir il y a. On peut le trouver sans tant d'embarras, sur la place publique, dans un café, dans les cercles, les clubs, ou même chez l'épicier ou la fruitière du coin, partout, en un mot, où il y a des hommes et des femmes qui glosent sur le compte du prochain : et il y en a partout. Voilà jusqu'où peut tomber votre salon, si vous ne savez pas l'élever ni le soutenir ; et vous voyez que cela n'est pas facile. Si vous ne le rendez point intéressant, et il ne peut l'être d'une bonne manière que par une conversation spirituelle, instructive sans pédantisme, et amusante sans médisance, il deviendra ennuyeux. Si l'ennui le gagne, il se fera médisant pour se distraire, et alors, malgré ses lambris dorés et ses riches tentures, malgré l'élégance et la distinction de ceux qui s'y rassemblent, il ne vaudra pas mieux au fond et moralement, sauf la grâce de la forme, qui encore ne sera pas toujours aussi pittoresque, que la coterie la plus bourgeoise, ou le colloque du peuple au coin de la rue et dans la loge de la portière.

Voilà, madame, à quels risques, à quels ennuis vous vous exposez, si vous entreprenez d'avoir un salon : sans compter tout ce qu'on dira, si vous ne réussissez pas. Car vous aurez excité des espérances non satisfaites, et éveillé en pure perte des jalousies qui ne le seront que trop. Les uns diront que vous êtes un bas bleu, mal teint, qui perd sa couleur au grand jour ou à la lessive; les autres, une précieuse ridicule ou une femme savante, comme Molière les a peintes; d'autres, que vous n'avez que ce que mérite votre présomption, et que le *fiasco* n'est pas encore en proportion de votre outrecuidance. Les plus charitables vous plaindront de vous être ainsi affichée devant la société pour une gloriole ; ils sembleront vous excuser en mettant en avant, et avec une bonhomie perfide, toutes sortes de motifs qui tourneront contre vous. « Elle ne l'aurait pas fait d'elle-même, répondront-ils ; elle a trop d'esprit pour vouloir tant en avoir ; mais elle était lasse d'entendre vanter le salon de Mme la comtesse N..., dont les succès l'empêchaient de dormir. Il est seulement fâcheux qu'elle n'ait pas réussi ! » On ira même jusqu'à prétendre, car que ne dit pas le monde dans ces cas, que vous n'avez eu l'envie d'avoir du monde chez vous tous les soirs, que pour vous épargner le tête-à-tête avec votre mari, et vous ménager des entretiens plus agréables. Comme toujours, dans ces explications, interprétations, commentaires et allusions, il y aura du vrai et du faux ; et le vrai servira à faire passer le faux.

Au fait, madame, comment voulez-vous que le public explique cette tentative, et quel motif lui trouver? Vous êtes-vous rendu compte à vous-même de ce qui a fait naître cette envie, et connaissez-vous le principal ressort qui pousse votre volonté? Je ne le crois pas ; car vous n'êtes pas accoutumée à scruter si avant vos actions, et la plupart du temps vous êtes le jouet de vos impressions et de votre imagination. Enfant gâtée, d'abord par vos parents et ensuite par votre mari, vous êtes portée à trouver bien ce qui vous plaît et mal ce qui vous contrarie. Et en vérité, si la foi religieuse et l'autorité à laquelle elle vous soumet, n'était venue mettre un frein à votre humeur altière et aux caprices de votre volonté, il y aurait eu un éclat dans votre ménage, et votre réputation en eût grièvement souffert. Moi qui vous connais bien plus que vous-même, je vais vous dire en deux mots le secret de votre ambition.

Vous avez cru apercevoir que votre mari n'était plus le même pour vous, et que son autorité commençait à se faire sentir plus que son amour; ce qui est bien naturel après dix années de mariage. Vous trouvez qu'il n'a plus le même empressement, la même prévenance, les mêmes attentions. Il ne vous courtise plus comme autrefois, et il a l'air de pouvoir se passer de vous; ce qui vous dépite. Eh bien, vous voulez lui montrer à votre tour que vous pouvez vous passer de lui, et que, si ses hommages vous manquent, vous saurez en trouver d'autres. Mais comme vous êtes une femme honnête, que vous ne voulez pas vous exposer, ou le moins possible, et qu'après tout ce n'est pas une affection que vous cherchez, mais la gloire d'être entourée, courtisée, et de régner, la pensée vous est venue d'ouvrir votre maison à beaucoup d'hommes, pour ne pas risquer d'entrer en rapport particulier avec aucun : ce qui vous semble avoir ce double avantage, de vous procurer des hommages plus nombreux d'un côté, et de préserver votre cœur et votre réputation de l'autre. Permettez-moi de vous le dire, madame, vous jouez là un jeu bien dangereux, et il est à craindre que vous ne perdiez ce que vous voulez sauver, sans gagner ce que vous désirez obtenir.

Un autre motif est venu s'ajouter à celui-là pour vous pousser en avant. Vous aimez à paraître en public et à y faire sensation, non pas tant par vos avantages extérieurs, que vous ne dédaignez cependant pas, que par votre esprit et le brillant de votre conversation. Vous avez du succès dans les salons des autres, dont vous êtes un ornement ; et tout en admirant ces salons, qui vous glorifient, et la manière dont ils sont tenus, l'ambition vous est venue de monter au premier rang et de prendre la place de l'astre en quittant celle du satellite. Vous avez cru plus digne de vous et plus profitable à votre gloire de ne plus briller d'un éclat réfléchi ou emprunté. Vous avez voulu rayonner au centre ou à la première place. Hélas !

Tel brille au second rang qui s'éclipse au premier !

Cela pourrait bien vous arriver, à votre grand mécompte, et je serais heureux de vous épargner non-seulement cette confusion, qui ne serait qu'une affliction de vanité, mais les peines de cœur et d'esprit, et peut-être les désordres et les calamités que cet essai malheureux pourrait amener dans votre intérieur. Ah! je vous en conjure, ne risquez pas pour une vaine gloire, qui ne vous rendrait pas heureuse en vous nourrissant d'illusions et de fumée, ce qu'il y a de plus précieux, de plus honorable pour une femme mariée, pour une épouse chrétienne, l'estime, la confiance et l'affection de son mari. Je vous le demande au nom de votre foi, qui condamne la vanité; au nom de votre mari, auquel vous avez juré de vous dévouer; au nom de votre famille, dont l'honneur serait exposé avec le vôtre; enfin pour le bien éternel de votre âme, que vous voulez cependant sauver, et que vous mettriez en péril.

LETTRE XVIII.

SUR LES PEINES DANS LE MARIAGE.

Votre dernière lettre, chère madame, m'a consolé de la précédente, qui m'avait laissé une grande tristesse. Vous étiez près du désespoir, et il ne fallait qu'une tentation pour vous y précipiter. Vous envisagiez votre situation d'un œil si sombre, et comme si vous n'y voyiez plus de remède, que j'appréhendais quelque chose de violent, un coup de tête, c'est-à-dire un acte insensé, comme les femmes y sont poussées quelquefois par une sensibilité exaltée, une imagination obsédée, et quand elles sont à bout de voie.

Ne pouvant faire autre chose dans le moment, je me suis mis à prier ardemment pour vous ; et il paraît que c'était le mieux : car un rayon de lumière a percé les ténèbres de votre cœur, et Jésus-Christ, qui dormait dans la barque agitée par les flots d'une mer en fureur, s'est réveillé et d'un mot a calmé la tempête. Il vous a dit comme à ses apôtres sur le lac de Génésareth : « Où donc est votre foi ? » Pourquoi craignez-vous ? Vos craintes sont maintenant dissipées, chère madame, et vous avez repris du courage pour supporter vos tribulations. Vous avez repris aussi votre croix, qui allait s'échapper de vos mains, et vous reconnaissez la nécessité de la porter tous les jours en marchant sur les traces de l'Homme-Dieu pour être vraiment son disciple, c'est-à-dire une véritable chrétienne, et mériter de le suivre un jour dans sa gloire et sa félicité, après avoir participé ici-bas à ses souffrances et à sa patience.

J'ai vu avec plaisir que vous vous êtes remise courageusement en marche sur votre voie douloureuse. Hélas! chacun a la sienne en ce monde : car la vie de l'homme sur la terre est une épreuve, par conséquent une succession de douleurs mêlée de quelques joies, et qui va aboutir à la mort. Heureux ceux qui, combattant pour la vérité et la justice, sentent croître leur espérance à mesure qu'ils avancent, et aperçoivent de loin le but à atteindre et le prix à remporter. Alors ils ne frappent point en l'air, comme dit l'apôtre; chaque coup porte au delà de ce monde, et ils triomphent quand ils paraissent vaincus, à l'exemple du divin Maître, qui a tout restauré par son sacrifice, et nous a rendu la liberté et la vie par sa mort. Le chrétien seul comprend à quoi sert la souffrance et ce que vaut la résignation. Lui seul aussi, par la parole et l'exemple du Sauveur, peut faire de nécessité vertu, et avec le secours de la grâce, qui ne lui manque jamais quand il l'implore, tirer comme Dieu le bien du mal, et transformer par la patience sa misère ici-bas en une source de félicité.

Voilà ce que vous avez à faire, madame; vous le voyez maintenant. Vous allez vous remettre chrétiennement à l'œuvre; et votre situation, qui vous paraît si sombre et si lourde, va s'éclaircir, s'alléger. La divine espérance, comme un soleil bienfaisant, y jettera quelques rayons de lumière, pour vous relever et vous encourager. Vous supporterez mieux les peines qui viennent des autres, quand vous reconnaîtrez qu'elles sont utiles à votre sacrifice, et vous verrez dans ceux qui vous tourmentent les instruments de Dieu pour vous éprouver, vous épurer et vous perfectionner. C'est dans ce sens que Jésus a prié pour ses bourreaux; et c'est pourquoi il nous a recommandé de bénir ceux qui nous maudissent, et de faire du bien à ceux qui nous persécutent. Vous en viendrez là, je l'espère; car il faut que Dieu veuille vous rendre sainte et parfaite, s'il permet que vous ayez tant à souffrir. Personne n'est tenté au delà de ses forces, ni des desseins de Dieu. D'autre part, vous prendrez plus sur vous-même, en voyant où doivent aboutir vos efforts d'abnégation. Loin de vous révolter contre la douleur, ce qui l'augmente, vous l'adoucirez, vous l'absorberez en l'acceptant; et votre volonté, correspondant par sa résignation à la direction et à la grâce d'en haut, ne risquera plus de traverser par ses actes propres l'ordre providentiel, et de répandre elle-même dans le champ de son existence la semence de ses tribulations.

Votre mari, me dites-vous, est mieux pour vous depuis quelque temps. Il a rompu ce silence glacial, si pénible quand on est obligé de vivre ensemble le jour et la nuit, en sorte que, toujours à côté l'un de l'autre, on est sans cesse en défiance, en inquiétude, sur le qui-vive; et comme il n'y a ni ouverture, ni explication, on tremble au moindre incident, et l'on sent toujours un orage suspendu sur sa tête. Que de ménages en sont là après quelques années! Quand on s'est fait un tel intérieur, est-il étonnant qu'on aspire à secouer sa chaîne, et qu'on aille chercher au dehors la paix et le plaisir qu'on ne trouve plus chez soi?

Dans ces cas, il y a presque toujours de la faute des deux parties : et si le mari est impérieux, brusque, parfois brutal, la femme est souvent exigeante, taquine et tracassière. Elle le pousse à bout par son obstination ; elle le met hors des gonds par ses ruses et ses subtilités : et alors, quand il voit que sa ténacité est plus forte que la violence, et qu'il ne gagne rien à se fâcher, il prend le parti de se taire, et il la torture plus par son silence, par une indifférence affectée, que par des querelles et des emportements. Elle aimerait mieux des injures et même des coups.

Vous l'avez éprouvé, chère madame, et vous savez très-bien ce que votre conscience vous reproche à cet égard. Vous avez trop souvent cédé à la mauvaise humeur, à l'irritation, à l'indignation : soit qu'un désir secret ait rencontré une opposition inattendue; soit que votre éloquence et vos habiletés n'aient pu faire prévaloir vos raisons et votre volonté; soit que vous croyant humiliée, outragée, vous vous soyez posée en victime, et enveloppée dans le manteau de votre dignité offensée, qui trop souvent n'était que de la bouderie. Vous avez dû porter la peine de ces fautes, et en effet les expiations n'ont pas manqué. Les unes et les autres sont inévitables; on ne devient sage qu'à ses dépens, dans le mariage comme ailleurs et plus qu'ailleurs.

La paix n'est possible dans le mariage que si les deux parties deviennent une par l'âme comme par le corps ; et il n'y a que trois moyens de les unir et de les tenir unies : l'amour, la force, ou la patience.

L'amour commence ; mais il n'a qu'un temps, au moins dans son ardeur, et il inspire une condescendance, une prévenance réciproques. La force soumet la volonté la plus faible à la plus puissante, et alors c'est une sorte d'esclavage, qui donne au moins de la tranquillité en général avec quelques intermèdes de révolte. La patience chrétienne, inspirée par la foi, soutenue par l'espérance et animée par la charité, est le moyen le plus efficace et le seul durable ; parce que, pénétrée d'une vertu divine, elle unit les âmes par un lien spirituel, et, les élevant au-dessus des instincts et des petitesses de ce monde, elle leur fait faire pour Dieu ce qu'elles ne feraient jamais pour les hommes. Là il y a un motif de se contenir d'une part, et de concéder de l'autre, qui ne se trouve dans aucun ressort ni intérêt de la terre. En effet, si rien de supérieur aux époux n'intervient dans leur dissidence pour les mettre à la raison et les ramener à l'ordre, comment voulez-vous qu'ils se réconcilient et s'unissent de nouveau, sauf par la légèreté du caractère, par le hasard, ou par la violence qui fait de la paix en écrasant ? Voilà pourquoi il n'y a de gage de bonheur, c'est-à-dire de paix constante dans le mariage, que par l'influence dominante de la foi religieuse, parce qu'elle y fait intervenir l'autorité divine pour dompter les volontés par la conscience chrétienne, c'est-à-dire par la crainte ou l'amour de Dieu. Aussi le mariage est-il un sacrement de la loi nouvelle, qui scelle par la vertu d'en haut le libre consentement des époux, et, lui imprimant une indissolubilité qui ne peut venir d'ailleurs, leur transmet la grâce nécessaire pour en remplir les obligations.

Cependant, chère madame, et vous ne le savez que trop, que d'agitations dans cette unité! et comme ces deux volontés, qui se sont liées librement de la même chaîne, qu'heureusement elles ne peuvent rompre, la secouent violemment dans leur vie de tous les jours, jusqu'à ce que, par habitude ou par lassitude, elles se soient résignées à la porter ensemble et à marcher d'un pas uniforme et réglé pour l'alléger et en être moins embarassées! Que de frottements durs et criards dans cet engrenage, et comme on croirait à chaque instant que la machine va craquer et se disloquer! Il est difficile qu'il en soit autrement entre deux êtres raisonnables à divers degrés, doués chacun de leur libre arbitre, et qui doivent fournir ensemble la carrière de la vie, d'un même pas et sans se quitter. Ce sont deux coursiers qui traînent le même char, et dont incessamment l'un veut aller à droite et l'autre à gauche, l'un avancer et l'autre reculer. Ils ne s'accordent la plupart du temps qu'en neutralisant leurs efforts, et leur impétuosité respective, en se contrariant, produit l'immobilité. Figurez-vous en outre que les deux coursiers, libres tous les deux, n'aient pas de conducteur qui les ramène sous la main en les tempérant l'un par l'autre, et voyez ce que risque le char et ceux qui le traînent!

Le guide indispensable pour marcher droit, en bon accord et vers le but, ne manque jamais dans un ménage chrétien, où les époux, en vertu de leur foi, reconnaissent un supérieur qui doit les diriger et les accorder. C'est l'autorité divine, dont l'Église est le dépositaire et qui par son influence incessante et respectée tend à conserver et à fortifier le lien qu'elle a formé. L'Église seule a le secret de cette union indissoluble entre les hommes. Elle n'attache pas l'homme et la femme, comme la nature, seulement pour leur donner les joies de l'amour et de la paternité. Elle ne les unit pas seulement, comme la loi sociale, pour constituer la famille et garantir les intérêts publics ou privés. Elle les enchaîne pour leur apprendre à s'aimer l'un l'autre, non en passant, par un attrait des sens qui ne dure qu'un temps; non par une communauté d'intérêts qui a aussi sa valeur, mais qui peut changer avec les circonstances ; mais à s'aimer d'un amour de charité, qui s'attache à l'âme plus qu'au corps, et vise plus au salut de celui qui en est l'objet et à son bonheur éternel, qu'à son bien-être du moment et à un plaisir passager. C'est le rayonnement de l'amour divin qui doit purifier et transfigurer l'amour humain. En y mêlant un élément céleste, qui triomphe de l'égoïsme naturel des deux parties, toujours prêt à reprendre le dessus après l'apaisement de la passion, il ennoblit les cœurs, et les rend capables de se dévouer l'un à l'autre en vue de Dieu, à tous les degrés, depuis le support mutuel avec les concessions et les renoncements qu'il entraîne, jusqu'au sacrifice.

Le but chrétien ou surnaturel du mariage est de perfectionner deux âmes l'une par l'autre, en leur imposant des devoirs et des services réciproques, qui les plient, les brisent, les domptent par une loi et une discipline communes, en sorte que, portées à se combattre par leurs instincts naturels, elles tendent à s'harmoniser dans une loi supérieure, et au moyen de la patience et de l'abnégation. Elles se traversent, se contrarient, se crucifient l'une l'autre, pour s'apprendre respectivement à se renoncer dans leur corps, dans leur esprit et dans leur volonté. Elles portent ensemble leur croix à la suite de Jésus-Christ, dans son esprit et pour la même fin, c'est-à-dire pour délivrer l'humanité du hideux égoïsme, que le péché héréditaire insinue par la génération de la chair, et qui ne peut être détruit que par la régénération de l'esprit.

Le mariage, en tant que sacrement, est donc aussi un moyen employé par la Providence pour le perfectionnement des hommes, pour aider leur progrès dans le bien et les préparer à l'éternelle vie, à la vie de Dieu même, qu'il a daigné leur communiquer, et à laquelle l'âme ne peut prendre part qu'après l'effacement complet en elle du péché et de ses suites. Il est donc un instrument de salut, moins pur sans doute, moins élevé que la virginité consacrée à Dieu et au service des hommes, laquelle pratique la charité dans toute son expansion et envers tous. Néanmoins, à son degré, il a aussi sa vertu salutaire en Jésus-Christ, et, s'il ne s'élève point jusqu'à l'héroïsme de l'amour le plus pur, il fait des époux fidèles, s'exerçant l'un par l'autre, et dans une sphère restreinte, au désintéressement, et dévoués jusqu'à la mort à la loi et au bonheur de la famille.

Voilà, chère madame, la vertu que j'ambitionne pour vous : c'est la vertu chrétienne dans le mariage. Elle naît, elle se forme, au milieu des tribulations, à mesure que l'affection naturelle s'affaiblit. Elle s'y substitue, quand celle-ci défaille ou périclite ; et par la patience, le support mutuel et le renoncement, elle établit entre les âmes un lien cent fois plus solide que l'amour et les intérêts humains. Vous n'aurez pas trop souffert si vous l'acquérez par vos douleurs, et ce qu'elle vous aura coûté ne sera point en proportion avec ce qu'elle vous rapportera : car non-seulement elle vous donnera la paix dans votre ménage et surtout dans votre cœur ; mais encore, si vous la pratiquez avec persévérance et jusqu'au bout, en consentant à perdre votre vie par l'abnégation, suivant les paroles du Sauveur, vous la gagnerez avec le bonheur éternel, et vous gagnerez aussi pour le ciel l'âme de votre époux.

Outre cette opposition instinctive, qui surgit spontanément et d'une manière plus ou moins marquée dans tous les mariages, comme partout où deux volontés sont obligées d'agir ensemble et de coopérer à une fin commune, il y a encore, entre votre mari et vous, un antagonisme particulier, provenant de la différence des caractères, des tendances et des goûts. M. N. est surtout un homme de raison ; il a de l'instruction et même un certain goût littéraire. Mais il met l'industrie et ses affaires au-dessus de tout, parce qu'il a conquis par cette voie une belle position et la considération publique. Il est donc accoutumé à estimer les hommes et les choses par le côté solide et sous le rapport utilitaire ; ce qui le rend très-positif, comme on dit aujourd'hui, et un peu matériel. C'est du reste un honnête homme selon le monde, ami de la justice et de l'ordre, mais qui se contente volontiers de ce qui est prescrit, fait juste ce que la loi demande, et n'aime point à s'aventurer au delà. C'est l'homme du précepte, qui ne vise point à la perfection. Il a un bon cœur; ce qui le rend bienveillant pour tous, obligeant même, à la condition de ne pas trop se gêner; et, bien que capable de bons mouvements, il ne comprend pas l'entraînement ni les raffinements du sentiment. Il est donc aussi positif dans ses affections que dans ses affaires. En un mot, c'est un homme de bon sens, qui a un esprit distingué sans beaucoup d'élévation, et qui a horreur de la métaphysique dans la science, comme de tout ce qui dépasse le niveau commun dans la vie. Il aime son corps autant que son âme, sinon davantage: car il comprend mieux et préfère la jouissance physique, et c'est en effet le motif dominant de sa conduite, qui, même en ce qu'elle a d'honnête, tient plus des sens que de l'esprit.

Voilà votre mari tel que vous le jugez, et il y a beaucoup de vrai dans ce portrait. Le vôtre est tout l'opposé, et comme on ne se connaît pas soi-même, au moins du côté défavorable, je vais vous l'esquisser en deux mots.

Vous aimez aussi la justice et cherchez sincèrement à accomplir le devoir. Mais vous aspirez à plus, et le désir de la perfection vous anime. Vous goûtez l'idéal plus que le réel, et le réalisme de votre mari vous pèse et parfois vous répugne. En fait de sentiment, vous le trouvez trop sensuel, et vous voudriez être aimée par l'âme plus que par le corps. Votre cœur, dominé par une sensibilité spirituelle et exalté par le désir de l'idéal, qui se réfléchit sans cesse dans votre imagination, aspire à des sentiments plus délicats, plus relevés, où il y ait une teinte poétique, romantique, et qui rapprochent du ciel plus que de la terre. Bref, autant votre mari aime le positif, autant vous l'aimez peu, et vous êtes peut-être encore plus idéaliste qu'il n'est réaliste. En toutes choses vous préférez la part de l'âme, et lui celle du corps, en sorte que vos tendances et vos goûts sont en sens contraire : ce qui explique pourquoi vous ne vous entendez pas, et êtes toujours prêts à vous repousser.

Cependant, je dois vous le dire, s'il y a exagération, c'est le plus souvent de votre côté ; et il est plus tolérant à votre égard que vous ne l'êtes au sien. Dans son bon sens, et avec son humeur bienveillante, il y va plus simplement, plus rondement que vous, qui faites souvent la précieuse dans vos rapports avec lui. Vous avez trop l'air de descendre, en vous prêtant à ses désirs. Tantôt vous le froissez par votre froideur ; tantôt vous l'humiliez par votre condescendance superbe. Alors il se fâche, vous dit quelques gros mots, et vous pleurez. Mais un malheur en amène un autre : car, en pleurant, vous vous posez en victime, vous devenez à vos yeux une femme incomprise ; et plus vous vous apitoyez sur votre triste sort, plus votre peine et vos répugnances s'accroissent ; et vous le faites sentir, longtemps après vos larmes, par un visage pâle et abattu, des traits tirés, une contenance découragée, un silence obstiné, et finalement, comme complément de tout cela, par une attaque de nerfs ou une migraine.

Cependant, avec tous ces moyens plus ou moins naturels, vous n'avez pas gagné grand'chose. Au contraire, vos affaires se sont gâtées de plus en plus, et il en est sorti deux graves inconvénients. Votre mari, ennuyé de vous trouver presque toujours dans les nuages ou dans les larmes, irrité de votre froideur et de vos répugnances, vexé de votre spiritualité qu'il appelle de l'exaltation, et de votre réserve qui lui paraît de la roideur, ne trouvant plus chez lui la paix et les joies qui lui sont chères, est allé les chercher au dehors; et, sous le prétexte qu'il ne peut jouir de sa femme, il se croit autorisé à demander des consolations ailleurs. Il a donc pris l'habitude de sortir tous les soirs pour se distraire; et Dieu sait à quelles distractions il s'abandonne, et comment il se dédommage de ses ennuis domestiques. J'ignore jusqu'où peut aller le désordre; mais ce que je sais bien, c'est que s'il se dérange par votre faute, au moins en partie, vous en répondez pour votre part, et son péché vous revient dans la proportion où vous avez pu l'occasionner. Cela doit vous donner à penser.

Vous, de votre côté, vous vous êtes sentie délaissée, peut-être trompée, sacrifiée, et, avec l'indignation que vous en avez éprouvée et qui augmentait votre éloignement, sont revenues plus fortes que jamais dans votre esprit les aspirations à l'amour idéal que vous avez rêvé, et qu'une imagination ardente et subtile vous a représenté sans cesse comme le bonheur suprême et le seul digne des âmes élevées. Triste d'être méconnue et toujours incomprise, l'abandon de votre mari vous a portée à regarder autour de vous si vous ne trouveriez pas quelqu'un pour vous comprendre, et en qui vous pussiez verser ces trésors de sentiments purs et de tendresse spirituelle refoulés dans votre âme, faute d'une autre âme capable de les recevoir et de les rendre. Ne le trouvant point dans votre intérieur, vous vous êtes mise à le chercher instinctivement au dehors, et vous êtes redevenue mondaine pour vous consoler par une vague espérance. Le goût des soirées, des bals, des spectacles, vous est revenu ; vous vous êtes relancée dans la société avec une sorte de fureur, et par conséquent il a fallu en reprendre toutes les vanités, la toilette, les visites, et tout ce qui s'ensuit. Une espèce de fièvre vous a saisie, et deux pensées l'enflammaient sans cesse : l'une, plus explicite, le désir de donner satisfaction aux aspirations de votre cœur ; l'autre, plus secrète et que vous n'osiez pas vous avouer, l'envie de vous venger de votre infidèle et de lui faire sentir par les tortures de la jalousie, que d'autres savaient apprécier ce qu'il méconnaissait.

Hélas ! une fois dans cette voie du désordre, on est entraîné sans plus savoir qui vous conduit, et le tentateur a d'autant plus de puissance qu'il se cache mieux, se dissimule plus subtilement ou revêt les plus belles apparences, parfois celles d'un ange de lumière. Il vous a, en effet, et sans que vous vous en doutiez, amenée comme par la main à celui que vous aviez rêvé ; ou du moins il vous a fait accroire que c'était lui, votre idéal personnifié, incarné, mais à la condition, bien entendu, qu'il n'aurait point de corps pour vous, que vous le posséderiez uniquement dans son âme, laquelle n'aimerait que votre cœur, sans tenir compte du reste de votre personne.

Il ne paraît pas que votre illusion, sincère bien que chimérique, ait été longtemps partagée ; et bientôt, au trouble de vos sens et aux émotions de votre cœur, vous avez reconnu que vous n'étiez pas un ange, comme les désirs et les entraînements qu'il vous a fallu combattre vous ont montré que ce n'était pas non plus un ange qui vous aimait. Vous avez eu peur de vous-même et de ce que vous aviez tant désiré. Vos yeux se sont ouverts au bord du précipice. Vous vous êtes rejetée en arrière par un courageux effort; et la frayeur et la honte vous faisant rentrer en vous-même, la conscience de votre faiblesse, dont vous veniez de faire la triste expérience, vous a ramenée à Dieu longtemps négligé, et qui pouvait seul vous tirer de la position critique où vous vous étiez aveuglément engagée. Car il n'y avait pas seulement une liaison coupable à briser, il y avait encore une blessure à guérir.

C'est alors, vous vous le rappelez, qu'allant plus souvent à l'église pour chercher au pied des autels la paix que vous ne trouviez plus ni dans votre maison ni dans le monde, vous eûtes le bonheur, comme par hasard et par un effet de la grâce divine, d'entendre une parole sévère et douce à la fois, laquelle, inspirée de Dieu pour vous sauver, fit un tableau si vivant de l'état de votre âme et de ses périls, que vous crûtes qu'elle avait parlé pour vous seule, et que Dieu lui-même vous parlait par elle. Vous avez pensé que le ministre de Jésus-Christ, qui décrivait si bien votre mal, saurait aussi le guérir; et comme Madeleine, sans avoir été aussi coupable qu'elle, vous êtes allée vous jeter à ses pieds, baignée de larmes, pour y répandre le parfum du repentir et votre désir sincère de revenir au bien, acceptant humblement les remèdes et les expiations imposées. Votre âme, lavée dans la piscine salutaire de la pénitence, a repris sa pureté, et avec sa pureté son courage. Elle a retrouvé la vie divine, par le rejet du péché qui l'avait blessée mortellement, par l'absolution reçue, et alors, sauvée du crime et de la honte, vous n'avez plus risqué d'être une épouse infidèle et une mère coupable.

Cependant, comme vous aviez bu à cette coupe empoisonnée, vous avez été longtemps à vous remettre du trouble de votre cœur. Le remords vous torturait encore, même après le pardon divin, et vous sentiez le besoin de l'expiation. Vous rougissiez, vous pâlissiez tour à tour en la présence de votre mari que vous aviez failli outrager si cruellement, et c'était un soulagement, une consolation pour vous, que de réparer de toutes manières vos torts à son égard. Vous êtes devenue douce, prévenante, bonne pour lui, cherchant à lui complaire en toutes choses, au lieu d'être exigeante et roide comme auparavant. Touché de vos avances, son cœur s'est rouvert, et, reprenant son ancienne affection pour vous, il a quitté ses distractions coupables et vous est revenu tout entier. Attribuant ce changement à votre retour à la piété et aux sages avis de votre directeur, il vous a encouragée à persévérer dans cette voie, dont il recueillait aussi les fruits, et il s'est senti porté lui-même à vous imiter en rentrant à son tour dans la pratique chrétienne.

Ainsi, chère madame, Dieu a été pour vous et les vôtres plein de miséricorde. En votre faveur il a tiré le bien du mal; et d'une mauvaise pensée, qui avait traversé votre cœur ou plutôt votre imagination, en vous frappant du rayon de sa grâce il a fait jaillir une source d'eau vive qui a enlevé les taches de votre faute. En changeant votre cœur il a changé celui de votre époux. Votre union s'est raffermie par ce qui devait la détruire, et la paix est rentrée dans votre famille au moment où le déchirement le plus profond allait la bouleverser. Rendons grâces et adorons l'infinité de l'amour divin : car comment expliquer autrement tant de bonté pour une créature qui s'en était rendue indigne, et l'espèce de miracle qui l'a sauvée, quand elle avait à peu près tout fait pour se perdre ?

Mais je le sais, et votre dernière lettre le confirme, vous n'êtes pas au bout de vos peines, et vous avez dans votre maison même une source intarissable d'amertumes et de tribulations. Je vous le disais tout à l'heure, la vie est un combat ; et après un ennemi vaincu, on en retrouve un autre, jusqu'à ce qu'on soit parvenu au bout de la carrière, et que l'épreuve de notre liberté en ce monde soit achevée pour notre bonheur ou notre malheur éternel. Cet ennemi est dans votre camp, depuis le jour même de votre mariage, et il est d'autant plus redoutable que, vivant avec vous, mêlé à votre intimité, et puissant sur le cœur de votre mari, qui aime tendrement sa mère et n'a pas voulu s'en séparer, il a droit à votre respect et à vos égards.

Votre belle-mère ne vous aime point; elle vous le fait sentir à chaque instant, et par tous les moyens, dans les grandes occasions comme dans les petites, et surtout dans les petites, qui, revenant tous les jours, vous font un supplice incessant de coups d'épingle. Elle ne vous aime pas, d'abord parce que vous n'avez pas été l'épouse de son choix, et que vous avez conquis son fils sans elle et malgré elle. C'est un péché d'origine qu'elle ne vous a pas encore pardonné. Vous lui avez enlevé un cœur dont elle vous dispute maintenant la possession avec toutes les ardeurs de la jalousie maternelle; et, si elle ne peut réussir à le ravir à votre affection, au moins elle vous inquiète sans cesse dans ce qui vous appartient, et le tiraille pour l'éloigner de vous. Elle ne vous aime pas, en outre, parce que, habituée à le gouverner dès l'enfance, et plus tard à régner dans sa maison, elle a vu avec peine son empire partagé par une étrangère qu'elle n'y avait point appelée, et elle n'a jamais pu se résigner à se dessaisir du sceptre qu'elle a si longtemps porté.

Il est difficile que deux femmes s'accordent dans un ménage; car chacune veut en être le centre, attirer tout à soi, faire tout graviter autour de soi : et cela est impossible dans un cercle régulier. Vous êtes donc continuellement en bataille, vous disputant le pouvoir et surtout l'influence. Elle use et abuse de sa position et de ses droits maternels pour vous entraver et vous rabaisser, non-seulement dans la direction de votre maison, mais dans l'estime et la confiance de son fils. A table, au salon, dans l'intimité et en public, elle vous harcèle de paroles piquantes, d'allusions malignes, de mots à double entente, de remarques désagréables où son fiel se répand, et sa mauvaise humeur en ce qui vous touche prend toutes les formes et vous poursuit par toutes les voies. Vous ne respirez un peu que si elle s'absente, et encore, même pendant son absence, elle ne lâche point sa proie, et ses lettres sont plus cruelles, plus perfides que ses discours.

Mais ce n'est pas seulement dans le cœur de votre mari qu'elle vous fait la guerre; elle la porte encore sur un terrain plus sensible, pour ainsi dire, dans vos enfants. Elle vous contrecarre sans cesse dans leur éducation, pour les soins du corps comme pour la direction de l'esprit. Elle trouve à redire à tout, sinon ouvertement, au moins par insinuation; et de cette manière, si elle ne peut entièrement vous empêcher de faire ce que vous voulez et comme vous l'entendez, elle réussit néanmoins à jeter du doute ou de la défiance dans l'âme du père, soit sur votre capacité pour les élever, soit sur la méthode que vous suivez ou les moyens que vous employez. Elle vous arracherait le cœur de vos enfants, s'il lui était possible, pour en jouir seule, et surtout pour vous les ravir; et comme elle est presque toujours là, entre le mari, la femme et les enfants, et que ces petits êtres, dont l'innocence ignore ce perfide manége, vont sans cesse de leur mère à leur grand'mère, et les mettent sans le savoir en collision incessante, le vase trop plein menace de déborder à chaque instant, et il y a toujours dans votre horizon un orage prêt à éclater.

Le plus pénible, dans cette situation tendue, c'est que vous n'avez sous la main personne à qui vous confier pour épancher la surabondance de votre chagrin, et trouver un secours ou un conseil. Votre mari, qui serait votre appui naturel en toute autre circonstance, est trop intéressé des deux côtés, trop partagé, pour vous aider efficacement. Vos confidences, vos plaintes l'inquiéteraient, sans lui donner plus de courage ni de décision, et vous troubleriez son repos sans retrouver le vôtre. Vous évitez donc de lui en parler, afin de ne pas le fatiguer de vos récriminations, et surtout pour ne pas paraître à ses yeux l'ennemie de sa mère. Il trouverait peut-être que vous exagérez par malveillance, et il pourrait se tourner aussi contre vous, vous accusant de susceptibilité et d'injustice, parce qu'étant la plus jeune, vous devez le plus prendre sur vous; et il excuserait sa mère à cause de son âge, du respect que vous lui devez, et surtout parce qu'il la craint plus que vous.

Il ignore donc ce qui déchire son intérieur, ou il fait semblant de l'ignorer, parce qu'il ne veut pas le savoir. Absorbé toute la journée par ses affaires, et ne se trouvant à la maison que pour les repas et le soir, il désire par-dessus tout avoir la paix et jouir de son repos. Il veut la paix à tout prix, et pour cela il détourne la tête pour ne pas voir ce qui lui crève les yeux. Éludant, autant qu'il le peut, toutes les difficultés, grandes ou petites, qui peuvent rompre les trêves et rallumer la guerre, il vous saurait mauvais gré de ne point vous prêter à ses accommodements, et il serait vivement contrarié, dans ces cas, non de ce que vous auriez à souffrir, mais de ce qu'il serait mêlé et peut-être compromis dans les hostilités. Il se dit à part lui que ce sont des affaires de femmes, qui ont toujours besoin de se chamailler; qu'elles n'ont qu'à s'en tirer comme elles pourront, en se faisant des concessions réciproques; et qu'avec un peu de patience et de bonne volonté des deux côtés, on finira par s'arranger. Il compte là-dessus pour ne pas se troubler ni se déranger, et laisse aller.

En attendant, comme la goutte d'eau creuse la pierre en tombant incessamment à la même place, la peine de chaque jour vous mine, et vous dépérissez. Le reflux perpétuel de toutes ces émotions sur votre cœur, qui, ne pouvant les épancher, est forcé de les absorber, l'ébranle, l'étouffe, et l'oppression morale qui le contracte accable le corps, attaque les organes et tourne en maladie. Votre nature sensible et nerveuse, excitée violemment par une torture sans relâche, dont une imagination vive redouble encore les effets, a déjà failli une fois succomber à la peine. Exaspérée par les souffrances de l'âme, encore plus que par celles du corps, vous aviez perdu la tête dans votre désespoir, et à bout de voie, ne voyant plus rien à faire pour vous délivrer de votre supplice, la funeste tentation vous est venue d'échapper par une mort volontaire à la situation fatale où vous êtes comme rivée par les chaînes de votre existence actuelle.

Cette fois encore, Dieu est venu à votre secours par une maladie grave qui, en vous mettant aux portes de la mort, vous a rendu la vie. Il vous a ôté momentanément l'usage de votre liberté, dont vous alliez criminellement abuser, en vous clouant sur un lit de douleur. La violence de la souffrance du corps a fait diversion à celle du cœur, et d'ailleurs, l'état critique où vous vous trouviez, et la peine sincère de votre mari, ont suspendu la lutte pendant quelque temps. Le calme intérieur que vous en avez ressenti, et les longues heures de réflexion que laisse la maladie, en vous faisant rentrer en vous-même vous ont retournée vers Dieu, et la bonne parole du ministre de Jésus-Christ, qui est venu vous assister et vous relever, vous a mieux fait comprendre le bienfait de la croix du Sauveur, et comment il faut la porter avec lui pour se sauver.

Vous l'avez acceptée, cette lourde croix, cette croix douloureuse, dont votre situation vous a chargée par votre mariage même, et que la force des choses continue à vous imposer. Elle est à la fois l'instrument de vos peines et de votre salut : car elle vous fera mourir à vous-même pour renaître en Jésus-Christ, et vous aurez part à sa félicité si vous participez à ses douleurs. Vous en mourrez, dites-vous ! Non, ma chère enfant, vous en vivrez ; et si vos forces physiques y succombent, si vous périssez à la tâche, la mort que vous avez invoquée si souvent avec imprudence, et que vous avez même méditée contre l'ordre divin, sera pour vous cette fois une véritable délivrance et la porte du ciel.

Courage donc, et patience jusqu'au bout ! Celui-là seul remporte le prix, qui parcourt toute la carrière ; et la gloire est en proportion de la vaillance et du danger. L'Église, dont vous êtes devenue l'enfant fidèle et dévouée, et c'est le bonheur de votre malheur, vous soutient de ses prières, de sa parole divine, de ses grâces et par le pain des anges. Elle a fait sortir de votre poitrine une eau salutaire qui jaillira jusque dans l'éternité, et, maintenant que votre foi est vivante, vous goûtez et voyez combien le Seigneur est doux. Votre piété, qui autrefois n'était qu'une forme, une lettre morte, un ennui peut-être, parce qu'elle était vide, aujourd'hui que vous adorez Dieu en esprit et en vérité, et que vous l'aimez vraiment, lui et sa volonté sainte, par-dessus tout et au prix de tous les sacrifices, est devenue l'âme de votre âme, la vie de votre vie. Votre foi, vivante comme celle du père des croyants, vous sera réputée à justice ; elle vous portera, comme lui, à espérer contre l'espérance, parce que Dieu est plus puissant que les hommes et que la nature. Et avec le Rédempteur, objet de la foi et de l'espoir d'Abraham, attachée à la croix qui a sauvé le monde, et qui doit être la vôtre, vous commencerez à aimer ceux qui ne vous aiment point, à faire du bien à ceux qui vous persécutent, et vous prierez aussi pour vos bourreaux.

LETTRE XIX.

UN SCRUPULE.

Vous me consultez, madame, sur un cas qui ne m'a pas encore été proposé, et j'en admire d'autant plus la délicatesse de votre conscience. Vous régnez, à ce qu'il paraît, là où vous devriez obéir, et vous êtes non pas embarrassée, mais inquiète de votre puissance. Il n'est pas dans l'ordre, en effet, que les femmes soient maîtresses au logis, bien que cela se voie souvent. Mais votre conscience chrétienne n'est pas rassurée par les exemples, et, tout en croyant faire pour le mieux dans la position délicate où vous êtes, un scrupule vous tourmente.

Vous vous demandez si vous êtes bien à votre place, quand vous tenez les rênes de la famille ; si les droits divins et humains ne sont pas intervertis quand la femme est obligée de gouverner au lieu d'être conduite, et enfin, si ce n'est pas à la fois manquer à la justice et à l'humilité que de prendre le rang de votre mari, et de vous mettre à la première place. « Et cependant, dites-vous, si je ne commande pas, personne ne commandera, et les affaires ne se feront point. Il n'y aura dans notre maison ni ordre ni tenue; l'intérieur en souffrira comme l'extérieur. Les enfants ne seront point élevés convenablement, les domestiques deviendront les maîtres, et notre fortune sera compromise. Mon mari, qui certes a plus d'esprit qu'il n'en faut pour user de ses droits et remplir sa tâche de père de famille, n'en a ni la volonté ni le caractère. Absorbé par l'histoire ancienne, il ne s'inquiète nullement de ce qui se passe autour de lui; et les bandelettes d'une momie égyptienne, une inscription illisible, une médaille inconnue, ou les tessons d'un pot cassé des Grecs ou des Romains, ont plus d'intérêt pour lui que sa femme, ses enfants, son ménage et sa fortune. Il me laisse tout faire avec les vivants et ne s'occupe que des morts. »

Bref, madame, si je vous comprends bien, à l'encontre de beaucoup de femmes mariées, vous avez plus de pouvoir que vous n'en voulez; ou du moins, vous vous arrangeriez encore de cet excès de puissance, qui en soi ne vous pèse pas beaucoup, si vous n'étiez en même temps effrayée de votre responsabilité, laquelle, s'étendant au delà de vos droits naturels avec le cercle de votre activité, alarme votre conscience.

Ce scrupule vous honore, madame: il prouve à la fois la droiture de votre esprit et l'honnêteté de votre cœur. Vous sentez qu'il y a dans cette situation, que vous n'avez pas faite, quelque chose d'insolite, d'anormal, qui a besoin de justification ou d'excuse; et vous demandez à être éclairée, soit pour déposer le pouvoir, s'il y a usurpation, soit pour l'exercer avec sûreté et sans trouble, si l'usage peut en être légitimé. Une femme du monde ne s'en inquiéterait guère, regardant comme une bonne fortune ce qui vous semble un malheur. Une foi sincère, une piété vraiment chrétienne et le sentiment délicat de la justice, qui nous portent à subordonner nos goûts et notre intérêt à nos devoirs, peuvent seuls inspirer une pareille inquiétude.

Voyons donc, au point de vue chrétien, les principes qui régissent la matière, et comment ils peuvent s'appliquer à votre position.

Suivant les paroles de l'ancienne loi, confirmée par la nouvelle, l'homme et la femme, en se mariant, s'unissent d'une manière indissoluble en ce monde; car ils sont deux dans une seule chair, et l'homme ne doit point séparer ce que Dieu a uni. Ils sont donc chacun la moitié d'un même tout, et, bien que ni l'un ni l'autre n'ait la même place ni la même fonction dans l'unité, la femme en est cependant comme l'homme une partie intégrante, et, à ce titre, elle a des droits naturels qui lui sont inhérents, et dont elle ne peut être frustrée sans injustice. Saint Paul les a déterminés d'une manière précise; et la doctrine de l'Église sur les droits et les devoirs respectifs des époux, qui ressort de l'institution divine du mariage, a été surtout fixée par les paroles de l'apôtre. L'homme, dit-il, est le chef de la femme, comme Jésus-Christ est le chef de l'Église; et ainsi il doit être pour elle ce que Jésus-Christ est pour son Église, comme elle doit être pour lui ce que l'Église est pour le Christ. Elle doit donc lui être soumise et lui obéir; mais lui, il doit l'aimer comme son propre corps, comme lui-même, jusqu'à se sacrifier pour elle, comme Jésus-Christ s'est livré pour son Église. Elle n'est donc pour lui ni une esclave, ni un instrument qu'il peut employer comme il lui plaît. Mais elle lui a été donnée comme un aide semblable à lui, tirée originairement de sa propre existence, et qui s'y unit de nouveau par le mariage pour ne faire avec lui qu'une seule chair. Or, si elle lui ressemble par son âme et ses facultés, si elle a la même fin et la même loi, si elle a été comprise dans la miséricorde divine et rachetée par le sang de Jésus-Christ, elle a tous les priviléges de l'humanité en raison du rang qu'elle y occupe et des fonctions qu'elle y remplit. Créature raisonnable et libre, elle entre volontairement dans le mariage ; elle s'unit à l'homme de son plein consentement, sans lequel il n'y a point d'union légitime ni devant Dieu, ni devant les hommes. Elle occupe la seconde place, il est vrai, et ainsi elle est astreinte aux obligations que cette place subordonnée lui impose; mais elle l'occupe parce qu'elle y a consenti, et elle n'a abjuré pour cela ni sa raison, ni sa liberté, qui doivent s'exercer dans la position que Dieu, la nature, la loi civile et sa propre volonté lui ont faite. Elle est l'aide de l'homme de toutes manières, par ses forces morales et par ses forces physiques; et c'est pourquoi elle doit être consultée, et non pas seulement employée, dans tout ce qui concerne la famille, comme membre libre de la communauté.

Il suit de là que, dans l'intérêt même de la famille et pour qu'elle subsiste, ce qui ne peut arriver que par un gouvernement chargé de pourvoir à ses besoins et au bon ordre, si celui qui en est le chef naturel vient à manquer ou à défaillir, c'est à son second de le suppléer ou de le soutenir; comme, dans une bataille, le lieutenant prend la place du capitaine tué ou blessé. C'est ce qui vous arrive. Votre chef ou votre capitaine néglige ou déserte ses fonctions par faiblesse, par incurie, ou parce qu'il aime mieux faire autre chose. Il faut donc que quelqu'un agisse ou commande à sa place; sinon, le désordre va se mettre dans la famille, et elle sera ruinée de toutes manières. Ce quelqu'un ne peut être que vous, tant que vos fils sont mineurs: car, de droit naturel et de droit divin, vous êtes l'aide de votre époux, et par conséquent son lieutenant ou son substitut, quand l'occasion le demande. Nous verrons tout à l'heure à quelles conditions.

Cependant, c'est toujours une situation fâcheuse pour la famille et pour chacun de ses membres, mais surtout pour la femme, bien qu'elle y trouve un surcroît de pouvoir, un accroissement d'autorité, dont elle use volontiers, et dont elle abuse trop souvent. Car la femme n'est pas faite pour commander; les fonctions de son sexe et les infirmités qu'il entraîne la rendent plus passive qu'active, et elle n'a en général ni la santé, ni la force, ni la raison suffisante pour exercer un gouvernement bien ordonné.

En outre, sensible et passionnée comme elle l'est, ce qui est un charme quand elle est à sa place, elle met trop de sentiment, d'entraînement et d'imagination dans ce qu'elle fait, et toutes les affaires deviennent pour elle des questions de personnes, qu'elle apprécie surtout par ses impressions, c'est-à-dire par ses sympathies ou ses antipathies; ce qui fausse souvent son jugement et son action. Elle a donc besoin d'une raison plus sûre qui la dirige, d'une volonté plus forte qui la maintienne; elle a besoin d'un guide dont elle respecte l'autorité et craigne la puissance. Comme la vigne, qui produit le fruit le plus excellent, celui qui réjouit le plus le cœur des hommes, ramperait sur la terre et serait foulée aux pieds du voyageur, meurtrie, déshonorée, exposée à tous les outrages, si elle n'était soutenue et protégée par un tuteur; ainsi la femme, qui apporte ce qu'il y a de plus doux, de plus joyeux dans la famille, l'amour et toutes ses tendresses, ne peut guère se soutenir par elle-même, et sa faiblesse réclame un appui vigoureux. C'est donc toujours pour elle un malheur que de ne point trouver cet appui ou de le perdre, et dans le premier cas il faut qu'elle agisse comme dans le second: car, si elle devient veuve, elle est obligée de se faire homme, jusqu'à un certain point, pour gouverner la famille privée de son chef. Cette obligation, que la force des choses lui impose en dépit de sa nature, amène le plus souvent beaucoup de difficultés et de graves inconvénients. Mais entre deux maux on doit choisir le moindre, et le plus grand de tous est le désordre et la ruine de la famille.

Par ce mécompte, quand elle se trouve sans chef avec un mari vivant qu'elle est forcée de suppléer, elle est privée de l'une de ses plus douces joies, de celle qu'elle avait surtout imaginée dans ses rêves de jeune fille, et dont elle espérait trouver la réalité dans le mariage. Chaque sexe, par cela qu'il est la moitié d'un tout que l'union conjugale doit reconstituer, cherche instinctivement avant l'union ce qui lui manque. L'homme, qui a un excès de force et d'activité, cherche la faiblesse et la passivité; la femme, qui les a en excès contraire, aime ce qui est fort et actif; et en s'unissant ils se complètent l'un l'autre. C'est donc un bonheur et un orgueil légitime pour elle, que de rencontrer en celui auquel elle se donne ce qui la fortifie et la relève à ses propres yeux et aux yeux des autres. Elle a besoin de croire à l'intelligence et à la fermeté de son époux. Puisqu'elle doit obéir, elle désire que le commandement l'honore, et elle trouve sa gloire à se soumettre à ce qui lui est vraiment supérieur. C'est la gloire la plus pure de la femme dans le mariage ; et ce sentiment de solidarité, qui la fait vivre et jouir des qualités de son époux, fait la force et le charme du lien conjugal. C'est un grand vide dans le cœur de l'épouse quand elle y doit renoncer; et il n'y a que les espérances, les pressentiments ou les illusions de la maternité qui puissent le remplir.

C'est votre cas, madame, et Dieu vous a aussi donné cette consolation. Transportez dans vos fils l'espoir que vous aviez placé dans votre mari. Il sera mieux fondé, puisque, par l'éducation que vous leur donnerez, vous travaillerez efficacement à préparer leur avenir, et, en cultivant leur esprit et leur cœur, vous pouvez répandre dans ce champ précieux les semences des fruits que vous devez récolter un jour. C'est de ce côté maintenant que doit se tourner votre ambition. Les devoirs bien remplis de la maternité et ses succès vous absoudront plus tard, devant Dieu et devant les hommes, de l'autorité que vous exercez presque malgré vous, et de ce qu'on pourrait appeler vos usurpations conjugales.

Cependant, toute usurpation, si usurpation il y a de votre part, doit tendre à se légitimer, autant qu'il est possible, et elle ne le peut qu'à deux conditions : d'abord, en opérant tout le bien qu'aurait dû accomplir ce qu'elle remplace; puis en se faisant pardonner sa puissance indue par toutes sortes de ménagements, de tempéraments et de précautions au milieu des hommes et des choses qui peuvent en être froissés ou troublés. En un mot, il faut qu'elle se fasse accepter volontairememt par ceux auxquels elle est imposée ou s'impose. Il nous reste donc à voir ce que la prudence et la charité vous commandent sous ce rapport, afin que, dans une situation si délicate, votre conscience soit en repos.

Il faut avant tout, et autant qu'il est possible, sauver les apparences, et laisser à votre mari, entre vous et en face du public, tout ce qu'il ne s'ôte pas lui-même. Consultez-le toujours, au moins dans les choses de quelque importance, pour l'acquit de votre conscience; et alors, s'il peut avoir un avis, tâchez de lui faire vouloir ce que vous voulez. C'est l'art de la plupart des femmes mariées, et on ne peut les en blâmer, si elles y parviennent par la persuasion ou tout autre moyen convenable. Car c'est aussi la fin de l'éloquence, qui s'efforce de convaincre ou d'entraîner; et en définitive on ne parle que pour faire partager aux autres son sentiment, sa pensée, sa volonté. A mesure qu'on est plus faible, on devient plus habile, plus insinuant dans cet art, parce qu'on en sent davantage le besoin; et c'est pourquoi les femmes en général y réussissent mieux, outre qu'à leur facilité naturelle d'élocution elles joignent toutes les ressources de l'action extérieure et les grâces de leur personne. Il n'y a donc aucun scrupule à vous faire de ce côté: car, si votre mari adopte votre avis, il est libre, après tout, d'avoir un avis contraire, et il ne subit aucune coaction.

Mais si, faute d'écouter ou de comprendre vos raisons, ou par indolence et simplement par indifférence, il ne veut pas se prononcer, et que vous ne puissiez lui arracher un *oui* ou un *non* décisif, ne restez point en suspens, de manière à ne savoir que faire et à ne rien faire, ce qui compromettrait l'ordre ou les intérêts de votre maison. Persistez, revenez à la charge, même avec importunité, et tâchez d'obtenir au moins qu'il vous dise : « Eh bien ! faites comme vous l'entendrez. » Cela vous suffira pour aller de l'avant ; car l'autorité a parlé : elle vous a déléguée pour agir à sa place, et vous avez un mandat. Sans doute il le dira le plus souvent pour se débarrasser de vos instances, et ainsi ce sera une affaire de forme. Mais ici, la forme sauve le fond ; et comme, après tout, vous ne le consultez que pour la forme et par respect pour son droit, puisque vous n'en attendez pas une décision sérieuse dont vous n'avez même pas besoin, l'accomplissement de cette formalité suffit aussi pour vous tranquilliser, en vous donnant le pouvoir d'agir.

Cependant, évitez de toute manière de lui faire sentir votre supériorité, qui d'ailleurs n'est que relative : car il a plus de capacité que vous sous d'autres rapports, et il vous écraserait certainement sous le poids de son savoir en ce qui concerne les Égyptiens, les Chaldéens, les Indiens, les Grecs et les Romains, avec lesquels du reste vous n'avez rien à faire. C'est un motif de plus pour le respecter, puisqu'il a un mérite incontestable aux yeux des hommes, une réputation de savant, qu'il préfère aux soins de sa fortune et au gouvernement de sa famille. Il a tort sans doute ; mais ce tort, qui n'excuserait point le vôtre, ne doit lui ôter à vos yeux ni le droit de sa position, ni la dignité de l'époux et du père. Aussi, n'entrez jamais en contestation avec lui sur ce point, et accordez-lui en public comme en particulier tous les honneurs qui lui sont dus. Faites plus: ajoutez-y les prévenances, les attentions en tout ce qui peut lui complaire, et comme dédommagement de l'autorité qu'il vous abandonne; en sorte que votre gouvernement, ou plutôt votre régence, pourvoie si bien à tous ses besoins et même à ses plaisirs, que, s'applaudissant du régime intérieur dont il a les avantages sans en éprouver les embarras, il en vienne à vous regarder comme une seconde providence sans laquelle il ne pourrait pas vivre. Ce serait la perfection de la situation. Mais sans aller jusque-là, ce qui, je l'avoue, n'est pas facile, tâchez au moins qu'il se trouve bien de la latitude qu'il vous laisse, et qui ainsi profitera à tout le monde.

Mais c'est surtout en face des autres que vous devez être prudente, et principalement devant vos enfants et vos domestiques. Les enfants ne doivent pas regarder les défauts ni les vices de leurs parents, et, si par malheur ils ne peuvent s'empêcher de les apercevoir, ils doivent, comme les fils de Noé, les couvrir d'un manteau ou en détourner la vue. Vous leur en donnerez l'exemple en relevant toujours leur père à leurs yeux; et dans tout ce qui les concerne, s'il y a quelque importance, vous mettrez en avant la volonté ou le consentement du chef de la famille. Ils ne s'y tromperont point sans doute: car les enfants discernent bien vite à qui ils ont affaire, et ce qu'ils peuvent en craindre ou en espérer. Mais vous les maintiendrez par là dans le respect des convenances, et, s'ils vous les voient observer la première, ils vous en estimeront et aimeront davantage.

Quant aux domestiques, vous ne leur ferez pas

non plus longtemps illusion, je le sais. La vie familière est trop à jour pour ne pas faire ressortir ce qui est au fond, et il sera bientôt reconnu par tous que Madame est maîtresse au logis et que tout à peu près dépend d'elle. Ils sont d'ailleurs aussi rusés que les enfants sous ce rapport, parce qu'en général les subordonnés sont très-intéressés à découvrir le fort et le faible de leurs supérieurs. Mais ce que vous pouvez établir parmi eux, c'est le respect extérieur pour le chef de la famille ; en sorte qu'il soit reçu et tacitement convenu dans votre maison que celui qui manquerait à votre mari vous manquerait à vous-même, et qu'aucun écart de ce genre ne serait toléré. Quand vous aurez fait deux ou trois exemples, si cela est nécessaire, en congédiant les délinquants, vous aurez affermi votre terrain et personne n'y glissera plus.

Toutefois, il vous restera encore beaucoup à faire en ce qui vous regarde, et c'est sur vous-même que vous aurez le plus à travailler. On s'exalte aisément dans l'exercice continu du pouvoir, et surtout d'un pouvoir douteux, dont on n'est point assuré, et qui peut échapper à tout moment. On est parfois d'autant plus pressé d'en jouir qu'on craint de le perdre, et alors on peut l'user ou le compromettre par des emportements ou des imprudences. Puisque vous êtes obligée de devenir l'homme de la famille en prenant la place du chef, efforcez-vous, au moins dans ce cas, d'en prendre le caractère, et de revêtir votre cœur de femme d'une robe virile. Attachez-vous surtout à devenir raisonnable dans vos pensées, vos paroles et vos actes, et cédez le moins possible à l'entraînement de l'imagination, du sentiment et de la passion. Cherchez en toutes choses ce qui convient le mieux à la situation, aux affaires de la famille, à ses intérêts, aux besoins de vos enfants et à leur avancement dans le bien. Ne soyez plus femme que par le sacrifice de vous-même à ceux que vous aimez; par le renoncement, dans leur intérêt véritable, à ce qui pourrait vous plaire; en un mot en vous dévouant, comme les femmes savent si bien le faire, au bonheur de votre mari et de vos enfants, à la prospérité et à l'honneur de votre famille.

En public surtout, et devant le monde, honorez celui dont vous portez le nom, et ne souffrez pas qu'on le ravale. N'affectez jamais de prendre la première place en sa présence, et tenez-vous modestement à ses côtés et au-dessous de lui. Ne laissez échapper aucune plainte ni allusion quelconque, qui dévoile ou fasse comprendre votre situation; et tâchez, par votre tenue digne et votre conduite honorable, qu'on ne la soupçonne même pas. Évitez le moindre scandale de ce côté, et que le père de vos enfants n'ait jamais à vous accuser de l'annuler à votre profit et de le rabaisser pour vous élever. Ce serait d'ailleurs peu habile de votre part: car ce que vous afficheriez de prétentions au dehors n'ajouterait rien à la bonne opinion qu'on peut avoir de vous, et diminuerait à coup sûr votre influence sur l'esprit de votre mari. Rapportez-lui donc, dans vos discours, tout ce que vous faites, tout ce que vous voulez faire. Qu'il ait toujours l'air d'être l'arbitre de la famille, et sans affectation, toutes les fois qu'il a un parti à prendre ou un projet à exécuter, mettez son nom et son consentement en avant. Faites tout cela simplement, chrétiennement, sans prétention aucune; et, si vous n'ajoutez rien par là au respect qu'on doit avoir pour votre époux, du moins vous ne nuirez pas à sa considération, et vous augmenterez celle qu'on a pour vous.

Par cette bonne tenue au milieu du monde, vous éviterez encore un inconvénient grave pour une jeune femme, qui a tout ce qu'il faut pour plaire et être recherchée. On verra que vous aimez sincèrement votre devoir, que vous tenez à le remplir en conscience; et l'on vous respectera assez pour ne pas tenter de vous en détourner. Ne vous posant point en victime ni en femme incomprise, vous n'attirerez point les consolateurs, ou du moins vous les découragerez. Ils sentiront bientôt qu'il n'y a rien à faire avec vous, et que, si votre mari ne remplit pas entièrement votre cœur et n'en satisfait pas toutes les aspirations, vous trouvez dans l'amour maternel, dans les joies d'une bonne conscience et dans la piété, plus qu'il ne faut pour en combler le vide. Les femmes n'ont des aventures de ce genre que si elles les cherchent, ou du moins les attirent par une coquetterie instinctive ou réfléchie qui sert d'appât. Elles sont presque toujours prises dans le piége qu'elles ont tendu. Elles ne pensaient d'abord qu'à se distraire, à s'amuser, et ce que l'imprudence ou la légèreté a commencé finit trop souvent par le désordre et par le crime : car, dès qu'elles donnent prise sur elles, elles sont bientôt dominées et entraînées au delà de ce qu'elles voulaient. C'est une comédie qui finit presque toujours par une tragédie. J'espère que vous ne jouerez ni l'une ni l'autre, en restant dans la vérité et dans la dignité de votre position.

Néanmoins, je vous engage à ne pas aller beaucoup dans le monde, et à cet égard vous êtes parfaitement libre, puisque votre mari n'y va pas volontiers. Vous devez vivre, autant que possible, en veuve chrétienne, puisque vous en remplissez les fonctions, obligée d'agir le plus souvent comme si vous n'aviez point de chef. Il y aurait du danger pour vous à fréquenter assidûment les sociétés : d'un côté, parce que, y paraissant avec votre mari vous auriez plus de peine à dissimuler ce que vous ne devez pas laisser voir, et de l'autre, parce que la comparaison fréquente avec des hommes plus distingués lui serait défavorable et pourrait exciter dans votre esprit des désirs ou des regrets. C'est ce que je crains le plus pour vous, à cause de votre intelligence et de vos goûts relevés. Les sens ni l'imagination seuls ne vous entraîneraient pas; mais les charmes de l'esprit, la distinction des manières, les grâces du langage et tout ce qui annonce un noble cœur et une raison supérieure, voilà ce qui pourrait vous séduire; et alors la séduction serait d'autant plus subtile, d'autant plus profonde, que l'âme y aurait plus de part, et que la délicatesse des sentiments éprouvés, vous aveuglant plus facilement sur le danger, paraîtrait vous mettre au-dessus de la faute. Je vous signale ce piége, auquel beaucoup de jeunes femmes lancées dans le monde se laissent prendre après quelques années de mariage; et toutes n'ont pas le bonheur de s'en tirer.

Restez donc chez vous le plus que vous pourrez, dans le calme, dans la retraite d'une vie vraiment chrétienne, où les soins de votre maison et de vos enfants, plus multipliés puisque vous y vaquez à peu près seule, mêlés aux occupations des bonnes œuvres et aux exercices de piété, suffiront parfaitement à remplir votre temps et votre cœur. C'est le vide de votre âme qu'il faut surtout combler, puisque l'homme auquel vous êtes unie ne lui donne ni la nourriture ni le bonheur dont elle a besoin; et c'est peut-être heureux pour vous : car votre âme vraiment chrétienne sera portée à les chercher plus haut.

En Dieu seul, madame, elle trouvera cette vérité, cette bonté, cet amour infini dont elle a le pressentiment et le désir. Car il est le principe et l'ensemble de toutes les perfections, la source de tous les dons parfaits; et quand une fois, par la prière intérieure et par la méditation de la parole sainte, vous aurez appliqué la bouche de votre âme à cette source de la vie, vous goûterez dans le silence et dans la paix de votre intérieur combien le Seigneur est doux. Vous apprendrez à connaître, ou plutôt à ressentir, les transports de l'amour divin, qui surpasse les autres amours comme Dieu est au-dessus des créatures, comme son infinie sagesse est supérieure aux reflets que nous en voyons dans ses œuvres, lesquels cependant nous ravissent encore d'admiration et de joie. Si alors, avec la participation aux grâces que l'Église distribue par ses sacrements, et surtout par le plus adorable qui est le principe et le complément de tous les autres, vous recevez encore dans votre prière de tous les jours cette eau qui désaltère à jamais, comme a dit le Sauveur à la Samaritaine, oh! alors, je vous le garantis, vous n'aurez plus à demander aux hommes ni jouissance ni dédommagement, et vous serez remplie d'une paix céleste qui surpasse tout sentiment et que le monde ne peut donner.

Enfin, tout en mettant votre confiance en Dieu, et le priant souvent et du plus profond de votre cœur, pour obtenir les lumières et les grâces dont vous avez besoin dans votre position, et plus particulièrement les dons de sagesse, de conseil et de force, ne négligez point les secours humains, soit pour le gouvernement de vos affaires temporelles, puisqu'il repose presque en entier sur vous, soit pour la direction de vos affaires spirituelles et la tranquillité de votre conscience. Ne décidez rien à la hâte, et surtout jamais dans l'entraînement d'une première impression ou de la passion. Possédez votre âme dans la patience, et laissez, autant que possible, mûrir vos pensées et vos résolutions. On gagne rarement du temps à se presser : car on fait alors de la mauvaise besogne qu'il faut défaire et recommencer. Prenez donc, dans les circonstances graves, dans les cas importants, les avis de personnes pieuses et désintéressées, principalement en ce qui concerne l'éducation de vos enfants; et pour assurer la paix de votre esprit, quand vous éprouvez du trouble ou de l'incertitude, ce qui arrive souvent dans les affaires de ce monde, ayez recours à l'homme de Dieu qui a votre confiance; ouvrez-lui votre cœur sans détours, sans ambages, sans restriction ni réserve, et vous trouverez toujours dans ses conseils, sinon un remède à vos peines et la solution de vos difficultés, au moins une lumière pour diriger vos pas, un appui pour les soutenir et du courage pour avancer.

LETTRE XX.

DU MÉLANGE DE L'ESPRIT DU MONDE AVEC LA DÉVOTION.

J'ai reçu votre lettre, madame, ou plutôt votre longue complainte sur votre état intérieur. Vous me dites que, malgré tous vos efforts, vous ne faites point de progrès dans la vie spirituelle, et que vous n'avez jamais eu plus de distractions ni plus de sécheresse dans la prière. Vous avez beau multiplier les lectures pieuses, les méditations, les confessions et les communions : rien n'y fait. Vous n'en êtes pas plus avancée au dedans ; vous ne vous sentez ni meilleure ni plus heureuse, et, dans votre découragement, vous êtes tentée d'abandonner tout ce que vous avez fait jusqu'ici pour plaire à Dieu, puisque vous y réussissez si peu, et de vous laisser aller au dégoût de la piété.

Je pense aussi, madame, que vous feriez bien d'abandonner, non pas ce que vous avez fait jusqu'à présent, mais la manière dont vous le faites. Rien n'est plus excellent ni plus efficace pour le perfectionnement et le salut des âmes, que les divers exercices dont vous me parlez, et que l'Église nous recommande ; mais elle veut que nous les accomplissions dans son esprit et comme Jésus-Christ nous l'a enseigné, c'est-à-dire non pas selon la lettre et pour la forme, mais en esprit et en vérité, comme le Père céleste veut être adoré. Voilà ce qui vous manque, je le crois, et c'est pourquoi vous n'y trouvez pas la vie : car la lettre tue, et l'esprit seul vivifie.

Après m'avoir exposé votre mal (et il faut qu'il soit bien grave pour que vous l'avouiez si franchement), vous me priez de vous en indiquer la cause et le remède. Au défaut de votre médecin ordinaire, qui ne le voit pas, dites-vous, ou du moins n'y apporte point de soulagement (et peut-être est-ce vous qui ne faites point ce qu'il prescrit), vous me demandez une consultation, et vous désirez que je vous la donne par écrit pour pouvoir la relire et la méditer à loisir. Je ne refuse rien, madame, de ce qui peut servir au bien de votre âme ; et, quoique mes avis précédents n'aient pas eu un grand succès quand vous m'avez appelé à votre aide en des cas à peu près semblables, je ferai cependant ce que vous désirez. Je vous dirai simplement le principe de la maladie de votre âme, tel que je le vois ; pourquoi elle empire au lieu de guérir, malgré tout ce que vous faites, ou plutôt en raison de ce que vous faites ; et enfin le remède qu'il faudrait y appliquer.

Mais, chère madame, il n'en est point des remèdes de l'âme comme de ceux du corps. Ceux-ci opèrent toujours plus ou moins par leur seule application, et la volonté du malade y fait peu de chose. Pour l'efficacité des remèdes spirituels, au contraire, le concours actif et complet de la volonté est indispensable, et, si elle ne les accepte et ne les aide par un consentement sincère, ils restent infructueux. Dieu veuille vous donner par sa grâce cette bonne volonté, non pour consulter seulement, ce que vous avez toujours fait assez volontiers, mais pour recevoir dans votre cœur et prendre au sérieux ce qui vous est recommandé, et surtout le mettre en pratique. Je vous connais bien : vous le savez, et la confiance ne vous a jamais manqué à cet égard, puisque dans vos plus grandes peines vous invoquez toujours mon secours. Mais vous savez aussi que je ne vous ai jamais déguisé ni atténué la vérité, même au risque de vous paraître trop sévère, ce que vous avez pensé plus d'une fois. Je vais donc vous la dire encore aujourd'hui, telle qu'elle m'apparaît en ce qui vous concerne, pour l'acquit de ma conscience et pour le bien de votre âme.

Vous avez de la foi, madame : je ne le mets pas en doute. Mais cette foi, implantée en vous dès l'enfance et qui malheureusement n'a pas été suffisamment éclairée ni dirigée, vous porte à une piété superficielle qui prend l'accessoire pour le principal; ou plutôt, n'ayant jamais compris l'essentiel, elle se contente des pratiques extérieures ou des formes, et veut y trouver ce que le fond seul peut donner. Vous aussi, vous nettoyez avec soin les dehors du vase, et vous laissez au dedans ce qui le souille. Vous êtes plus dévote que pieuse, en prenant ce mot dans le sens qu'on lui donne aujourd'hui ; c'est-à-dire que vous êtes plus exacte à remplir les observances de la religion que désireuse de conformer votre vie à ce qu'elle enseigne, et de soumettre votre volonté à la discipline de la justice chrétienne et aux inspirations de la charité. Vous paraissez régulière, et cependant vous n'observez pas la loi, au moins dans son esprit, quand elle vous gêne ; et en fait de charité vous ne consentez guère qu'à ce qui ne vous impose pas un grand sacrifice : et encore faut-il qu'il s'y trouve une compensation ou un dédommagement.

Vos œuvres ne sont donc pas vivantes, soit celles auxquelles vous vous livrez pour votre propre perfectionnement (et parfois vous y mettez une ardeur mondaine et un zèle exagéré, suivant votre disposition du moment), soit celles que vous entreprenez dans l'intérêt du prochain, et qui ont le plus souvent un motif purement naturel et humain. Comme, en tout cela, c'est vous-même que vous avez en vue plus que Dieu, l'esprit qui vous anime, même dans les choses de Dieu ou dans vos actes de religion, change avec votre humeur, comme celle-ci avec les circonstances, suivant les impressions des choses, les tableaux de votre imagination et les désirs de votre cœur.

On vous voit pendant quelque temps pleine d'ardeur pour le ciel et pour l'Église, participant à toutes les dévotions extraordinaires et à tous les projets de bonnes œuvres. Puis tout à coup, par un brusque revirement et sans transition aucune, vous arrivez à faire à peine le nécessaire, ou ne le faites qu'avec froideur, presque avec indifférence. Alors vous reprenez le goût du monde et de ses plaisirs que vous sembliez avoir abjuré, et on vous y voit reparaître plus empressée et plus brillante que jamais. Vous ne renoncez pas pour cela à la dévotion, et vous continuez à parler en très-bons termes de ce que vous ne faites plus ou de ce que vous faites mal. Car vous avez la réputation d'une femme pieuse ; vous ne voulez pas la perdre; et même en ces moments où votre cœur aveuglé ou séduit est le plus loin de Dieu, votre bouche chante encore ses louanges devant les hommes, et des paroles de spiritualité coulent de vos lèvres.

Est-ce de l'hypocrisie ? non, c'est de la faiblesse; et la faiblesse, qui met dans des positions fausses, entraîne aussi à des actes et à des paroles peu sincères. C'est de la faiblesse, parce que vous êtes encore le jouet de vos sens, de votre imagination, de vos passions, et que, tout en sachant bien par votre foi ce qu'il faudrait faire pour devenir une bonne chrétienne et plaire à Dieu (c'est-à-dire, comme Jésus-Christ l'enseigne à tous, renoncer au monde et à soi-même, porter sa croix et le suivre), vous n'avez pas le courage d'accepter et de réaliser ces deux conditions essentielles de la vie chrétienne. Vous continuez à aimer le monde et vous-même de préférence, n'ayant pas le courage de vous en détacher ; et alors vous prenez de la religion tout ce que vous en pouvez accomplir sans trop violenter votre nature, et vous accordez à la nature tout ce qu'elle réclame, quand vous croyez pouvoir le faire sans enfreindre la loi et compromettre votre conscience. Il y a donc dans tout ce que vous faites, même pour le service de Dieu, la forme de la religion et l'esprit du monde. Vous accommodez, vous mélangez la dévotion avec les penchants et les goûts de la nature; et votre piété, même dans son exaltation et quand elle paraît aspirer à la perfection, n'est trop souvent qu'un vernis étendu sur votre vie, et qui sous un certain éclat cache bien des misères, sinon la corruption, comme dans les sépulcres blanchis de l'Évangile.

L'image que je vous présente de vous-même, chère madame, vous paraîtra sans doute peu flatteuse et peut-être infidèle. Je dois donc la justifier en descendant avec vous dans le détail de votre conduite. Je veux vous montrer, et vous convaincre, s'il est possible, que, dans votre manière d'être avec Dieu et avec vos semblables, c'est constamment vous que vous cherchez et que vous aimez de prédilection, même quand vous avez l'air de vous sacrifier. Je veux vous faire voir que dans presque toutes vos actions, comme chrétienne, comme épouse et mère de famille, comme femme du monde, votre moi est le principe et le terme de cette activité; et qu'ainsi votre piété prétendue n'est au fond que l'esprit mondain sous la forme de la dévotion.

Le premier et le plus grand des commandements est celui-ci : « Tu aimeras le Seigneur ton Dieu par-dessus tout, de toute ton âme, de tout ton esprit, de toutes tes forces. » Notre Seigneur Jésus-Christ a ajouté : « Celui qui aime Dieu observe sa parole et accomplit ses commandements. » Il a dit à ses apôtres : « Vous êtes vraiment mes amis, si vous faites ce que je vous prescris. » D'où il suit que, pour aimer Dieu comme il veut être aimé, il faut deux choses : d'abord poser en lui toute notre âme, toute notre volonté, tout notre désir, et employer à son service toutes les puissances de notre esprit et de notre corps; et ensuite chercher avant tout à accomplir ses préceptes pour participer à sa justice, et à réaliser, s'il est possible, les conseils de perfection que Jésus-Christ nous a donnés, pour entrer dans la plénitude de sa charité.

Est-ce là ce que vous faites, madame, vous qui prétendez à la haute dévotion? Répondez, la main sur la conscience, et en présence de Dieu qui nous voit et nous entend.

La justice chrétienne est-elle votre principale sollicitude, et êtes-vous prête en toute occasion à lui immoler votre plaisir, votre intérêt, votre amour-propre? Quand vous l'observez, et cela arrive souvent, je le crois, quel motif vous anime? Est-ce le désir prédominant de plaire à Dieu, le goût de la justice elle-même, ou n'est-ce pas le plus souvent la crainte de Dieu et des hommes, en sorte que, si vous pouviez échapper à leur vindicte ou tromper leur surveillance, vous préféreriez satisfaire votre désir propre, même aux dépens d'autrui? Quand il faut accepter une privation, ou subir une tribulation pour rester dans l'équité, dans l'honnêteté, n'y a-t-il pas une lutte entre le devoir et le moi, et celui-ci ne triomphe-t-il pas trop souvent? Qu'est-ce donc quand il s'agit du dévouement de la charité, qui demande le renoncement à nous-mêmes pour le service des autres, comme Dieu a donné sa vie pour nous sauver en la personne de Jésus-Christ? Combien avez-vous fait d'actes de charité de ce genre, quoique vous en parliez beaucoup? A voir vos aspirations à la spiritualité, à la perfection, n'aurait-on pas lieu de croire que vous avez renoncé au monde et à vous-même, et que vous portez votre croix tous les jours?

Le fait est que vous n'avez renoncé à rien de ce que vous aimez naturellement, sinon en paroles. Loin de prendre courageusement votre croix à la suite du Sauveur, vous faites tout ce que vous pouvez pour l'éloigner quand elle se présente, et toute votre nature frémit d'épouvante devant la plus légère, ne fût-ce qu'une douleur physique, une contrariété de ménage, ou un mécompte de vanité.

Ce n'est donc pas Dieu que vous aimez par-dessus tout, mais vous-même, puisque vous cherchez avant tout ce qui vous plaît, même quand vous accomplissez ses préceptes par peur plus que par amour, et désirant moins faire ce qui lui est agréable qu'échapper à la rigueur de sa justice. Qu'il y ait du bien dans cette manière d'agir, je ne le nie point. La crainte du Seigneur et de ses jugements est un motif légitime et efficace de s'abstenir du mal et de garder la justice. Mais avouez que tout homme qui croit en Dieu peut en faire autant, et que la vertu chrétienne, et surtout la charité, doivent aller au delà? Convenez aussi qu'une piété qui n'a pas de motif plus élevé n'accomplit point pleinement le commandement de l'amour, qui est la plénitude de la loi, comme dit saint Paul; et qu'un chrétien, qui n'observe la loi divine que par la peur d'être puni s'il la viole, n'en est encore qu'aux éléments de la justice et est bien loin de la vie parfaite. Et cependant vous passez dans le monde pour une dévote! Vous avez l'air de marcher dans la voie la plus haute de la piété! Vous êtes dame de charité; il y en a qui vous regardent comme une sainte, et vous jouissez de la bonne odeur de cette réputation!

Aussi, tout en priant beaucoup des lèvres chez vous ou à l'Église, vous ne savez point adorer Dieu comme il le demande, en esprit et en vérité : car cette adoration consiste dans l'hommage du cœur et de la volonté s'abaissant devant leur véritable souverain, et prêts à tout faire, même le sacrifice de la vie, pour lui rester fidèle et le servir. Elle est l'expression de l'humilité qui sent sa misère et avoue son impuissance en face de la sagesse et de la puissance infinie, et l'humilité, en vidant l'âme d'elle-même et la dépouillant de son esprit propre, attire d'en haut la grâce qui la renouvelle par l'esprit de Dieu. Votre prière est-elle le cri du cœur, soit d'un cœur contrit de ses fautes et humilié de son indignité, et que Dieu ne méprisera pas, dit le prophète royal; soit d'un cœur plein de gratitude et de joie, et qui éprouve le besoin d'en faire monter les accents jusqu'au ciel? Est-ce l'esprit qui prie en vous avec des gémissements ineffables, et résumant tout son amour, tout son élan vers Dieu par un seul mot, *abba pater?* Est-elle au moins le cri de votre esprit, au défaut du cœur? et votre attention suit-elle les paroles que vous prononcez, pour en comprendre le sens ou pour leur en donner? Y a-t-il de l'âme ou de l'intelligence dans ces phrases que vous lisez ou répétez de mémoire? ou n'est-ce la plupart du temps qu'un airain sonore, une cymbale retentissante, une forme sans esprit, une lettre morte? Et, comme l'apôtre saint Jacques dit que la foi sans les œuvres est un corps sans âme, ne peut-on pas dire aussi que votre oraison, purement verbale, est un cadavre de prière?

Quand vous priez en particulier, vous trouvez toujours le temps long, parce que vous ne savez point vous recueillir devant Dieu. Vous essayez de vous mettre en sa présence, et votre volonté, tiraillée par les sens, la mémoire et l'imagination, ne peut s'y tenir une minute. Les distractions vous emportent bientôt à travers le monde réel et imaginaire, et vous n'avez le plus souvent ni la force ni le courage de les combattre. Vous vous abandonnez au courant; et, pendant que vous êtes agenouillée au pied de votre crucifix et que vous semblez absorbée en Dieu, votre esprit bat la campagne et s'occupe de toute autre chose que de Dieu. Alors vous prenez un livre pour fixer votre attention, tâchant de suppléer à l'oraison par la méditation. Mais, après quelques efforts, l'attention languit à son tour. Vous ne tirez point de nourriture de votre lecture, parce que vous ne savez pas plus méditer que prier, et vous recommencez à tourbillonner avec les distractions de tout genre; ou, ce qui vaut mieux peut-être, vous vous endormez pendant le reste du temps; ce qui ne vous empêche point de dire dans l'occasion, ou de donner à penser, que vous ne manquez jamais un seul jour votre oraison ou votre méditation.

Vous allez à la messe tous les jours; et je vous en loue, puisque vous en avez le loisir et qu'aucun devoir ne vous en empêche. Mais comment l'entendez-vous? Profitez-vous de ce moment solennel pour vous unir à l'oblation de l'adorable victime, non pas seulement en imagination et par la pensée, mais par la volonté ou pour la pratique de la vie? En sorte que, descendant du Golgotha où vous avez contemplé le sacrifice du Rédempteur, et quittant le pied de l'autel où il vient d'être immolé de nouveau pour vos péchés, vous soyez disposée, à la première épreuve qui se présentera dans la réalité, à souffrir comme lui avec douceur, patience, dévouement, pour prendre part, suivant vos forces et votre position, à l'expiation commune et à l'absorption du mal? Je sais que vous en formez parfois la résolution, quand votre conscience est réveillée par quelque voix secrète ou par un remords; mais le plus souvent que vous reste-t-il de la messe entendue à la légère, par habitude? Votre mari, vos enfants et vos gens, qui vous retrouvent au retour impatiente, capricieuse, irritable ou impérieuse comme à l'ordinaire, ne peuvent-ils pas avoir la pensée que vous ne gagnez pas grand'chose à aller si fréquemment à l'église? N'ont-ils pas le droit de se dire que la grande dévotion ne profite pas beaucoup plus que la petite, et qu'en vérité vous paraissez vous donner bien du mal et faire beaucoup d'embarras pour un mince résultat?

Quoi! vous êtes dévot, et vous vous emportez!

On dit que noblesse oblige, et on a raison. Ceux qui ont l'honneur de porter un nom illustré doivent le porter haut et sans tache. Mais il y a quelque chose qui oblige davantage et avec une plus grande responsabilité: c'est la réputation de piété et la pratique de la dévotion. Car si, avec les secours plus abondants et la force surnaturelle que l'observance assidue de la religion doit donner, on reste un homme comme un autre, ayant les mêmes misères ou les mêmes vices, on risque de scandaliser les faibles dans la foi, et d'autoriser les ennemis de la religion à soutenir qu'elle sert de peu, et qu'au fond les dévotes ne valent pas mieux que les autres.

Mais c'est le dimanche et les jours de fête que votre piété apparaît dans tout son éclat. Vous ne manquez pas la grand'messe de votre brillante paroisse, et vous avez raison. C'est une excellente coutume que d'assister régulièrement aux offices solennels de l'Église qui réunissent les fidèles dans la communauté de la prière, de l'instruction religieuse et du saint sacrifice. Cependant, là encore l'esprit du monde vous suit, ou plutôt vous conduit. Vous voulez paraître avec avantage au milieu de toutes ces femmes richement parées; et votre toilette, et celle des autres, vous occupe avant, pendant et après le service divin. Votre œil exercé discerne rapidement dans l'église tout ce qui vous entoure de près ou de loin ; et comme l'office est long, et que votre esprit, ces jours-là moins que les autres, est capable de se recueillir à cause des excitations du dehors, vos regards, sans qu'il y paraisse, s'occupent de l'assemblée plus que de ce qui se passe à l'autel, et il vous vient toutes sortes de pensées qui ne se rapportent point à Dieu. Heureuse encore, si c'est seulement la toilette des femmes qui attire votre attention, et que vous ne cherchiez pas autre chose dans la foule !

Puis, en arrivant ou en sortant, jusqu'à ce que vous ayez gagné votre chaise de velours ou la porte, que d'incidents où la piété n'a rien à faire, et dont la mondanité fait tous les frais ! On oublie qu'on est dans la maison de Dieu, et qu'en sa présence il faudrait s'abaisser, se recueillir, ne regarder que lui, et surtout se taire. Le recueillement, la modestie et le silence sont les premières convenances du lieu saint ; et, à coup sûr, les dévotes devraient en donner l'exemple plus que personne. Cependant de quel air va-t-on chercher sa place distinguée ? Quelle impatience, si un obstacle en empêche l'accès ou le retarde ! Quel embarras, pour faire passer intacte au milieu des rangs pressés l'immense circonférence de sa personne ! Que de chaises renversées ou bouleversées en passant, et, en passant aussi, que de saluts à droite et à gauche aux nobles habitués du saint lieu ; et non pas seulement des salutations, mais des bonjours, des politesses faites ou rendues, des conversations même, avec les révérences obligées, à peu près comme dans le salon, où l'on se trouvera le soir, pour achever l'entretien commencé le matin à l'église!

Je vous le demande, madame, est-ce là de l'esprit chrétien? Est-ce ainsi qu'on doit se présenter et se tenir dans la maison du Seigneur? Et si le Christ indigné a chassé à coups de fouet les vendeurs du temple qui changeaient la maison de prière en une caverne de voleurs, que ferait-il, s'il apparaissait tout à coup dans l'une ou l'autre de nos églises transformées en salon ou en boudoir?

Vous passez pour aimer à entendre la parole de Dieu, et l'on vous voit à tous les sermons des prédicateurs célèbres. C'est assurément une louable habitude, puisque la foi vient de l'ouïe, et que nous avons tous besoin d'être éclairés et fortifiés dans la pratique des choses du salut. De là, la perpétuité de l'enseignement de l'Église.

Mais, pour que cet enseignement soit profitable, nous devons le recevoir avec humilité, avec respect, et surtout avec le désir sincère de nous l'appliquer et d'en prendre notre part pour reconnaître nos défauts ou nos vices, les moyens de les corriger et de devenir meilleur. « Parlez, Seigneur, dit l'enfant Samuel, car votre serviteur vous écoute. » — « Je suis la servante du Seigneur, dit la Vierge Marie; qu'il me soit fait selon votre parole. » Est-ce dans ces sentiments que vous assistez aux prédications? Hélas! le plus souvent, sinon toujours, c'est comme juge, et non comme disciple. Vous voulez qu'on y parle comme à l'Académie, et, si votre oreille n'est charmée par l'harmonie des périodes, votre imagination frappée par des tableaux saisissants, votre œil flatté par l'action de l'orateur, quand il dirait les choses les plus édifiantes, vous n'êtes point satisfaite, et vous le trouvez au-dessous de sa mission. C'est-à-dire que saint Paul, qui se glorifiait de ne pas employer les pompes de l'éloquence humaine pour ne point rendre vaine la vertu de la parole divine, ne vous aurait produit aucun effet, et que le langage simple des apôtres vous paraîtrait grossier et tout au plus bon pour le peuple.

C'est donc une jouissance littéraire que vous allez chercher à l'église, plutôt que l'instruction ou l'édification. Aussi ne suivez-vous que les prédicateurs en renom d'éloquence; ou, si vous assistez au prône de votre paroisse, par convenance ou parce que vous ne pouvez y échapper, votre air distrait, votre impatience ou votre somnolence protestent, et vous semblez laisser voir que de tels discours ne sont point faits pour vous.

Est-il étonnant que vous tiriez peu de fruit de l'enseignement de l'Église, si vous le recevez de cette façon? Car ce n'est point le prédicateur qui vous instruit; c'est plutôt vous qui lui faites la leçon, ou du moins à son discours. Vous allez l'entendre pour un vain plaisir; et quand vous l'avez entendu, vous vous donnez le plaisir, plus vain encore, d'en parler en critique consommé dans les salons du soir, disant à tout venant ce qui vous plaît ou vous déplaît; reprenant à tort et à travers, suivant votre impression du moment; l'exaltant jusqu'aux nues, s'il a fait de belles phrases et si vous avez aperçu autour de vous des signes d'admiration; le rabaissant jusqu'à terre, s'il a été naturel, et tout simplement édifiant. En un mot, la parole de Dieu est pour vous une matière à conversation, qui sert, comme tous les autres sujets, à défrayer la causerie ou le bavardage de la soirée ; et vous émettez votre opinion à cet égard avec la même assurance et du même ton, entre la critique d'une pièce nouvelle, la chronique des événements du jour, et l'éloge d'un chanteur. N'est-ce pas encore l'esprit du monde qui domine en cette manière d'accomplir un exercice de piété? Et pensez-vous que la maison de prière, dont les uns ont fait une caverne de voleurs, les autres un salon, gagne davantage à devenir une académie?

Une occupation indispensable m'oblige d'en rester là pour aujourd'hui, et en vérité je n'en suis pas fâché, ni pour vous, ni pour moi. Car malgré la liberté que vous m'avez accordée, que vous m'avez même presque imposée, de vous parler franchement, il m'en coûte de vous dire des choses si dures, comme il vous sera pénible sans doute de les entendre. Et cependant, je ne suis pas au bout de mes duretés. J'ai encore des paroles plus sévères à vous adresser, et je prie Dieu de me donner le courage de vous les écrire, et à vous la force de les porter. Ma sincérité vous est un gage de mon estime, de mon zèle pour le bien de votre âme ; et, quoi qu'il m'en coûtât, je m'estimerais encore heureux de la faire souffrir pour la guérir.

LETTRE XXI.

DU MÉLANGE DE L'ESPRIT DU MONDE AVEC LA DÉVOTION (SUITE).

Je reprends, madame, la pénible tâche que votre appel m'a imposée. Nous allons cette fois entrer plus avant dans la pratique de vos devoirs religieux, où je crains bien de retrouver encore jusque dans les choses les plus saintes, si j'en juge par vos lettres, ce malheureux esprit du monde qui se mêle à votre piété et altère ou pervertit tout ce que vous semblez faire pour Dieu et votre salut.

Comme vous aspirez à la haute dévotion, vous vous confessez souvent : trop souvent, je le crois, eu égard au motif qui vous y porte, et à la manière dont vous le faites. Comme toutes les femmes, vous aimez qu'on s'occupe de vous ; et comme dévote, vous voudriez occuper toujours votre directeur. C'est une autre manière de satisfaire votre nature, sous le prétexte du perfectionnement de votre âme. En outre, vous aimez la confession fréquente, parce qu'on y peut parler beaucoup de soi et un peu des autres ; et vous ne vous ferez pas faute de vous accuser longuement de choses légères, ou que vous arrangez pour qu'elles le paraissent, afin d'avoir beaucoup à raconter, avec tous les incidents et les circonstances. Ne voyez-vous pas que, de cette manière, l'aveu de vos fautes n'est ni une effusion de repentir, ni un témoignage de contrition, mais une sorte d'exhibition de vous-même, de votre personne que vous aimez à montrer dans le monde, et que vous venez aussi exposer dans le secret du confessionnal ?

Mais s'il s'agit d'une chose grave, que vous n'êtes pas décidée à avouer complétement, parce que vous n'avez ni le courage, ni la volonté de la quitter, et que, tout en reconnaissant votre mal, vous l'aimez et ne voulez pas en guérir ; oh ! alors, vous êtes moins explicite, sans être moins diffuse ; et vous employez toutes les ressources de votre esprit, qui en a beaucoup, à ne pas articuler ce qu'il faudrait dire, tout en ayant l'air de le confesser ; n'appelant point les choses par leur nom, et couvrant ce qu'il y aurait de trop arrêté dans les actes par le vague des généralités, en sorte que votre confesseur n'y comprenne rien, et que vous puissiez néanmoins vous rendre le témoignage illusoire d'avoir tout avoué. Vous vous imaginez par là profiter des avantages de la confession, sans en avoir les inconvénients.

Je ne prétends point, madame, que vous agissiez ainsi de propos délibéré et avec préméditation. Ce serait un sacrilége, puisque vous abuseriez sciemment d'un sacrement, et pervertiriez la voie de la miséricorde divine. Mais tout cela se fait en vous instinctivement, par l'entraînement de votre nature qui domine votre piété, par l'impulsion de l'esprit du monde qui vit sous toutes vos formes de religion.

C'est de la faiblesse avec la ruse qui l'accompagne ordinairement; et vous continuez, jusque dans l'église et dans les choses du ciel, le manége naturel de la femme dans la famille et dans la société. Rappelez-vous donc, madame, que le sacrement de pénitence suppose le repentir du coupable, et que l'absolution reçue au saint tribunal n'a toute sa vertu divine pour délier du péché, que si, après l'avoir avoué sincèrement, on a une véritable contrition de l'avoir commis et le ferme propos de s'en abstenir. Hors de là, malgré les détours, les ambages, les circonlocutions, les obscurités et tous les artifices et les phrases d'une fausse spiritualité et d'une piété d'imagination, il n'y a qu'illusion et perdition.

Que dirai-je maintenant de vos communions? Hélas! je n'ose y regarder, après ce que je viens de vous écrire. Vous savez que j'aime et conseille volontiers la communion fréquente : et cependant les vôtres m'inquiètent. La facilité avec laquelle vous vous approchez du banquet sacré, prouve l'ignorance de votre foi ou l'aveuglement de votre conscience. Vous croyez, et avec raison, qu'on y trouve le plus excellent des biens, celui qui est le bien même; et, sans penser aux dispositions nécessaires pour le recevoir utilement, et surtout non indignement, vous vous imaginez qu'en multipliant les communions, vous augmenterez le bien en vous avec les moyens de perfectionnement et de salut. C'est comme si vous preniez sans mesure une nourriture fortifiante, même quand votre estomac n'est point disposé à l'admettre, ni capable de la digérer; votre santé en serait compromise au lieu d'être améliorée. Ainsi du pain du ciel, qui communique la vie divine à l'âme convenablement préparée, mais qui tue celle qui ne l'est pas : car, suivant la parole de l'apôtre, celui qui mange le corps et boit le sang de Jésus-Christ indignement mange et boit sa propre condamnation. Dans votre grossière illusion, qui interprète charnellement les paroles sacrées, vous croyez compenser la qualité par la quantité; et vous ne voyez pas qu'en recevant avec si peu de respect Dieu en vous, vous risquez de trouver la mort là où vous cherchez la vie; vous préparez vous-même la perte de votre âme par le moyen le plus efficace du salut, et enfin, comme dit le prophète royal dans son langage hardi, vous pervertissez Dieu lui-même dans votre perversion.

Rentrez donc sérieusement en vous, madame, et réfléchissez à ce que je vous ai exposé dans ma lettre précédente sur l'amour du monde qui domine en vous l'amour de Dieu ; sur votre dévotion formaliste, littérale, qui ne connaît point l'adoration en esprit et en vérité; sur votre prière superficielle et incessamment distraite, où l'âme ne participe que par une vague bonne volonté, sans y mettre même l'attention de son esprit; sur votre manière d'entendre la parole de vérité, où vous ne cherchez qu'un plaisir profane ou un sujet de critique et de conversation; sur vos confessions légères, incomplètes, presque sans contrition ni détestation du péché. Et avec tout cela considérez votre vie de tous les jours, partagée entre Dieu et le monde; dévote le matin à l'église, mondaine le soir au théâtre ou dans les salons, et passant successivement des grâces et des œuvres de Jésus-Christ aux pompes et aux séductions de son ennemi, afin d'accumuler et d'absorber dans votre cœur toutes les jouissances qu'on peut tirer des deux côtés : comme si l'on pouvait servir deux maîtres à la fois, et adorer en même temps Dieu et Mammon. Repassez tout cela dans votre conscience, madame, et voyez si votre âme est en état de recevoir si fréquemment Celui qui est la pureté même, le Dieu jaloux qui veut être aimé de prédilection et par-dessus tout, le feu dévorant qui, au jour de la consommation des siècles, brûlera dans les âmes le bois et la paille superposés au fondement de leur foi, et n'y laissera subsister que l'or pur de la vérité et de la charité divines.

Je vous en conjure donc, commencez par vous abstenir de la communion fréquente. La première précaution à prendre, quand on se sent malade, est de se mettre à la diète : car, si les premières voies sont gâtées, la nourriture, loin de profiter, tourne à mal. Allez trouver au plus tôt votre confesseur, et parlez-lui plus ouvertement, plus franchement que jamais. Videz votre âme jusqu'au fond, et vous serez délivrée du mal qui y fermente depuis longtemps à l'insu de votre guide, parce que vous ne le lui avez jamais dévoilé, n'en parlant qu'à mots couverts et comme si c'était peu important. Soyez sûre qu'alors, effrayé de votre état et de sa responsabilité, il s'empressera de retirer la permission que vous lui avez arrachée ou surprise, pour vous ramener aux éléments de la piété et aux sentiments de la pénitence. Il vous en coûtera, je le sais, de déchoir dans son opinion, et de perdre l'auréole de spiritualité dont vous aviez su vous couronner à ses yeux. Mais le salut de votre âme est à ce prix : et que vous importe l'estime d'un homme, et celle du monde entier, si vous perdez votre âme ?

Restent les bonnes œuvres que vous faites, ou auxquelles vous participez. Elles sont nombreuses, je le sais, car on vous voit dans presque toutes les assemblées de charité, et, outre votre temps, vos démarches et vos soins, vous donnez encore de votre argent. Assurément je ne vous en ferai point un reproche ; et, quel que soit le motif qui vous guide, il en restera toujours quelque chose, au moins pour les malheureux qui en profitent, et sur lesquels vos dons se répandent. Mais à vous, qu'en restera-t-il ? Et lesquelles de vos œuvres vous suivront au delà de ce monde, et pourront être présentées à Dieu, au jour où il vous demandera compte de votre vie ? Évidemment, celles qui auront été accomplies dans un pur esprit de charité, c'est-à-dire pour la gloire de Dieu, par amour pour lui et pour le bien de sa créature, celles-là seulement qui auront concouru, par la grâce de Jésus-Christ et en union avec lui, à la grande œuvre de la rédemption de l'humanité et du règne de Dieu sur la terre. Mais les actions où vous avez cherché votre propre gloire, et qui n'ont eu que vous pour principe et pour fin, même quand elles offraient les apparences de la charité et tous les signes du désintéressement, se rapportaient à votre existence présente, et périront avec elle. Nées de la terre et de l'esprit du monde, elles s'évanouiront avec la terre et le monde ; et puisque en définitive c'est votre *moi* qui s'est recherché en elles, pour leur demander une jouissance ou un profit, il a eu sa récompense ici-bas, récompense aussi vaine que son ambition. N'est-il pas vrai que dans ces cas on préfère la gloire des hommes, c'est-à-dire la sienne à celle de Dieu ? Et si l'on a joui en ce monde de l'admiration et des éloges de ses semblables, que peut-on attendre de ce juge suprême pour lequel en vérité on n'a point travaillé? Je crains bien que la plupart du temps il n'en soit ainsi de ce qu'on appelle vos œuvres de charité. Voyons.

Vous êtes dame de charité de votre paroisse, et à ce titre vous vous rendez utile au curé et à ses pauvres. Vous mettez une grande activité dans vos fonctions, au moins quand vous n'êtes pas à la campagne, ce qui arrive les deux tiers de l'année; et vous trouvez pendant ce temps le moyen de faire beaucoup de choses au profit des malheureux. C'est bien, et, à en juger par le dehors, vous êtes une personne charitable; et le public, en outre, voyant votre assiduité à l'église et vos fréquentes communions, vous regarde, ainsi que je vous le disais, comme une sainte. Mais Dieu est plus difficile; car il ne se contente point de l'extérieur, et il regarde le cœur. Il voit donc que vous avez besoin de mouvement et même d'agitation, et que, n'en trouvant pas suffisamment dans votre intérieur, où vous craignez l'ennui, vous en cherchez au dehors. Vos œuvres vous mêlent à toutes sortes d'affaires, où la curiosité, le désir du nouveau, le besoin de commander ou de faire de l'autorité, ou au moins de l'embarras, trouvent leur satisfaction.

En outre, vous aimez à être louée du bien accompli; et si les éloges ou la reconnaissance vous manquent, votre zèle faiblit, votre charité se refroidit. Mais, par contre, ils s'exaltent l'un et l'autre quand ils les obtiennent, et par le succès. Alors vous avez plaisir à parler souvent et avec un secret triomphe, avec une modestie affectée où l'orgueil brille en se cachant, de tout ce que vous avez pu faire, parfois même de ce que vous n'avez pas fait; non que vous vouliez mentir, assurément, mais on exagère toujours quand on se vante. L'imagination ne manque pas d'ajouter à nos mérites, quand nous les faisons valoir aux yeux des autres, et, à force de répéter ce qui nous est favorable, nous finissons par y croire. Triste illusion, qui, en se joignant à celle dont nous fascine l'opinion des autres ou ce qu'on appelle la gloire humaine, nous donne ici-bas notre récompense! Dieu veuille que vous n'ayez pas déjà reçu la vôtre de cette manière!

Vous contribuez à presque tous les sermons de charité, et vous êtes vous-même une ardente quêteuse. Mais quand vous envoyez votre offrande aux dames qui vous écrivent, c'est le plus souvent par politesse, par convenance, ou pour vous ménager leur bonne volonté, afin d'avoir le droit de leur demander à votre tour; ou bien vous donnez presque malgré vous, avec mauvaise humeur, en grondant contre des demandes si répétées, et toute prête à les éluder si cela est possible. Je vous demande si des aumônes faites de cette façon, ou par l'un ou l'autre de ces motifs, peuvent être bien agréables à Dieu, et s'il y a vraiment de la charité à donner de la sorte.

Quand vous êtes quêteuse à votre tour, vous vous y employez avec un grand zèle, il est vrai. Vous écrivez une foule de lettres, vous faites des visites, vous ne négligez aucune occasion de demander, et vous rançonnez sans pitié tous ceux qui viennent chez vous. Vous allez parfois jusqu'aux bassesses pour augmenter votre bourse des pauvres. Assurément c'est pour les pauvres que vous travaillez; et sans ce prétexte honorable, vous ne prendriez ni tant de peines, ni tant de soucis, et surtout vous n'oseriez jamais mendier comme vous avez le courage de le faire. Mais pour Dieu et les malheureux tout est justifiable, et le nom de charité élève et glorifie tout ce que vous entreprenez à cette fin. Cependant est-ce bien l'amour de Dieu et des pauvres qui vous presse, au fond? Regardez-y bien. N'avez-vous pas le désir secret de ramasser plus que les autres quêteuses, pour avoir la gloire d'apporter davantage, et donner ainsi beaucoup à penser, non-seulement de votre zèle et de votre charité, mais encore de votre crédit, de votre influence, de vos nombreuses et riches relations, et même de votre savoir-faire? Cette bourse qui s'emplit d'argent pour les pauvres, se gonfle donc pour vous de vanité; et quand vous versez avec triomphe ce qu'elle contient, vous avez votre récompense.

Vous souscrivez aux bals ou aux concerts de votre arrondissement en faveur des pauvres, et on appelle cela des fêtes de charité. Sans doute, le bureau de bienfaisance, ou toute autre œuvre officielle ou non officielle, y pourra faire une abondante moisson qui sera distribuée en secours aux indigents; c'est un bien matériel que je ne conteste point. Mais vous, femme pieuse, que retirez-vous dans ce cas de votre argent sous le rapport de la charité? Vous en retirez d'abord la gloire de la souscription dont la liste circule dans Paris. Puis, au jour marqué, vous faites grande toilette; autre jouissance qui ne vous déplaît pas, malgré votre dévotion, et vous allez vous montrer une partie de la nuit au milieu des magnificences de la fête, et peut-être danser aussi par charité, ou entendre une excellente musique, qui ne vous coûte pas cher, parce que c'est un concert de charité. Mais c'est à vous-même que vous faites la charité, si charité il y a, car vous vous êtes procuré une soirée de plaisir selon le monde, et vous êtes ravie d'entendre à bon marché de grands artistes qu'on paye ordinairement à des prix excessifs. Vous en avez pour votre argent et plus que pour votre argent ; vous avez fait une bonne affaire en travaillant pour les pauvres ; et en vérité, cette fois encore, vous avez votre récompense.

Vous êtes de l'œuvre des hôpitaux, et vous allez de temps en temps visiter les malades et leur apporter quelques secours. C'est l'accomplissement de la parole du Sauveur qui a dit : « J'ai été malade et vous m'avez visité. » C'est très-bien en soi, et il n'y a qu'à vous louer et vous encourager, surtout parce qu'il y a là une répugnance instinctive à vaincre : car la vue de la maladie et de la souffrance est toujours pénible à la nature. Oh ! sans doute, si là vous agissez dans un véritable esprit de charité, en vue de Dieu et pour le soulagement et surtout le salut des infirmes, vous acquerrez des mérites ! Mais qu'est-ce qu'une visite rare et courte, où vous traversez rapidement des salles remplies de malades, ne vous approchant que de ceux qui vous plaisent ou auxquels vous prenez un intérêt particulier, et avec l'espèce d'autorité et de considération que vous donne votre position, auprès des soins incessants des vraies filles de charité, assidues toute la journée au chevet des malades, vivant ou mourant avec eux ? Ici, il y a le véritable esprit de sacrifice et l'abnégation de soi-même ; ici, il y a une croix, une croix à porter tous les jours avec patience et même avec joie, et cela sans récompense aucune de gloire ni d'intérêt humain : car les hommes ne peuvent rien pour la sœur de charité, qui fait tout pour eux. Comme Jésus-Christ, elle passe au milieu d'eux en faisant le bien, n'étant pas connue de ceux auxquels elle se dévoue par son nom du monde, qui ne sera pas même inscrit sur son tombeau, en sorte que la gloire humaine n'a aucune prise sur elle, même après sa mort, et Dieu seul se charge de sa récompense.

Vous vous occupez aussi d'une œuvre excellente, qui ouvre aux filles repenties un refuge où elles trouvent des secours pour revenir au bien et s'y affermir, et en même temps des moyens honorables pour gagner leur vie. Vous êtes une des colonnes de cette institution salutaire, à laquelle beaucoup de dames de votre société prennent part. Certes, il est touchant de voir des femmes du monde, dont la réputation est pure, s'approcher de ces pauvres créatures flétries par le vice ou par la vindicte des lois, pour tâcher de les relever de leur dégradation et de les ramener à l'honnêteté et à Dieu. Si c'est bien là le motif qui vous y porte, je vous admire; car c'est vraiment de la charité et il y a un sacrifice. Mais alors, dites-moi, pourquoi le dévouement n'absorbe-t-il pas dans son zèle toutes sortes de petites prétentions qui trop souvent troublent votre œuvre, où l'on apporte des souvenirs, des préventions et des rancunes du monde? Telle dame ne veut pas aller avec telle autre. Dans vos réunions il y a parfois des orages, ou au moins des aigreurs, des froideurs, des susceptibilités. Les dames de l'œuvre ont bien de la peine à s'entendre avec les religieuses qu'elles ont cependant appelées à la direction de la maison. Enfin, quand il s'agit de nommer une dignitaire dans le conseil, et surtout la présidente, ce qui a été votre cas, il y a beaucoup d'agitation dans cette pieuse ruche jusqu'à ce que la reine abeille soit reconnue et établie. Vous m'avez avoué vous-même, dans le temps, que vous vous étiez beaucoup remuée pour l'emporter, afin de donner plus d'élan à l'œuvre, et de la diriger d'après des idées plus larges et plus en rapport avec sa fin. Maintenant vous êtes la présidente, je crois, et vous régnez sans contestation.

Les choses marchent selon vos plans, dans votre esprit, comme vous l'entendez, et je veux croire qu'elles vont bien; car vous êtes très-capable de les conduire. Mais, au nom du ciel, qu'avez-vous surtout cherché? Qu'aimez-vous le plus encore dans cette œuvre, sinon la gloire de la présider, puisque vous l'avez poursuivie longtemps et par tous les moyens? Or cette gloire est la vôtre plus que celle de Dieu, et ainsi, là encore, vous avez votre récompense.

Cela est si vrai, madame, et je vous rappelle ce fait pour confirmer à vos yeux des paroles qui vous sembleront dures, que si la présidence vous eût été refusée, vous parliez de donner votre démission et de vous retirer de l'œuvre. Or, si le véritable esprit de charité vous animait, que vous importerait la première ou la dernière place, pourvu que Dieu fût servi et le prochain secouru? Vous rechercheriez même la dernière de préférence, afin que, par cet abaissement volontaire de vous-même, aucune considération humaine ne pût devant Dieu et devant les hommes atténuer la vertu de votre dévouement.

Enfin, dans toutes ces œuvres auxquelles vous participez d'une manière dominante et qui vous font un renom de charité, il y a un mélange continuel de spirituel et de temporel, qui exige une sorte d'administration et de fréquentes relations soit avec l'autorité ecclésiastique, soit avec le pouvoir civil. Il y a des deux côtés maintes démarches à faire, des affaires à suivre, des intérêts à soigner ; et les personnes qui s'en occupent activement se trouvent en rapport avec ce qu'il y a de plus considérable dans le gouvernement et la société. Il y a encore ici une pâture pour la nature, qui aime à acquérir de l'influence, à se mettre en avant, à décider, à entreprendre, à commander, à diriger. C'est le côté humain des bonnes œuvres. Elles donnent de l'importance avec une réputation de piété ; et quelquefois on se fait de la gloire avec ce qu'il y a de plus humble, et une espèce de fortune, ou au moins de position, avec la charité.

Irai-je jusqu'au bout, madame, en ce qui vous concerne, et souffrirez-vous mon imprudence ou ma sincérité? Je l'espère, puisque dans la sécheresse de votre piété, dans la détresse de votre âme qui approche du découragement, vous me demandez conseil et assistance. Savez-vous pourquoi toutes vos œuvres sont stériles et frappées d'impuissance, au moins pour rafraîchir votre cœur, le dilater et l'élever à Dieu? Savez-vous pourquoi malgré votre zèle, votre activité, et même vos sacrifices en beaucoup de choses pour Dieu et les pauvres, vous ne réussissez pas même, malgré vos exercices de piété et les exagérations de votre dévotion, à vous procurer la paix de la conscience ? C'est qu'au fond de tout cela, et par-dessus tout cela, vous cherchez autre chose, et une chose ou plutôt une personne que vous aimez plus que tout le reste, et qui est devenue votre idole. Voilà le Dieu que vous servez dans le sanctuaire profané de votre âme. Voilà le vrai motif de votre prédilection pour certaines œuvres, dont il s'occupe aussi, et votre ardeur à y participer, votre présence assidue aux lieux où elles s'accomplissent, qui vous donnent sans doute aux yeux du peuple une auréole de charité, ne sont au fond que les calculs d'une passion criminelle, qui, cherchant à se satisfaire sans se compromettre, se couvre hypocritement du manteau de la bienfaisance pour autoriser et même glorifier des relations coupables. Étonnez-vous, après cela, que votre âme soit vide de Dieu, et comme abandonnée de la grâce, quand vous lui avez substitué une créature qui occupe son trône, et à laquelle vous adressez en secret vos hommages et vos vœux !

Voilà ce qu'on appelle vos bonnes œuvres, madame ; les voilà réduites à leur plus simple expression. Jugez vous-même de ce qu'il en restera pour Dieu, quand on défalquera un jour votre part et celle de la nature ! Jugez de ce que vous emporterez de ces œuvres-là en quittant ce monde, et quand il vous faudra comparaître devant le tribunal de Dieu !

Cependant, je vous ferai remarquer en terminant cette lettre, que tout en vous montrant le principe de la vraie charité et ce qui lui donne la plénitude de sa vertu et toute sa valeur, à savoir l'abnégation de soi ou l'esprit de désintéressement, je n'entends nullement exclure de l'exercice de la bienfaisance les motifs inférieurs que je viens d'énumérer. Ces motifs ont certainement leur effet sur beaucoup de personnes, pour les porter à faire du bien à leurs semblables ; et l'émulation, le désir de l'estime ou des louanges, la vanité, l'orgueil, l'ostentation et même l'intérêt bien entendu ou l'amour honnête du plaisir, peuvent être exploités utilement en faveur des misères humaines. C'est ce qui se pratique très-habilement de nos jours, où ce qu'on appelle la charité, l'assistance publique, se fait au nom de la société civile et dans son intérêt, sans regard à la gloire de Dieu et au salut des âmes. Je dis seulement que cette bienfaisance, qui ne s'exerce point au nom de Jésus-Christ, ou par un motif surnaturel, est une vertu purement humaine. Si elle consent à donner, ce n'est que par pitié naturelle, par prudence, par vanité. Au fond il n'y a ni piété envers Dieu ni dévouement pour les hommes. Ce n'est point la vraie charité ou l'amour divin, que Jésus-Christ a apporté sur la terre comme un feu du ciel dont il veut embraser tous les cœurs, et qui consiste, comme il nous l'a enseigné par sa doctrine et par son exemple, à tout faire pour la gloire de son Père, pour l'accomplissement de sa volonté sainte, et à donner sa vie pour ceux qu'on aime. En un mot, ce n'est point la charité chrétienne.

Elle ne doit donc pas être la vôtre, madame, ou du moins elle ne peut suffire ni aux aspirations de votre âme, ni à votre espérance de l'éternel bonheur, puisque, malgré toutes vos faiblesses, vous avez de la foi, et que vous y tenez certainement plus qu'à votre existence, bien que, par ignorance, et surtout par légèreté, vous ne la pratiquiez point d'une manière vivante par des œuvres vraiment chrétiennes et animées uniquement de l'esprit de Jésus-Christ. La grâce vous a touchée certainement, et elle vous poursuit au milieu des entraînements de votre nature et de vos infidélités. Vous sentez que vous êtes dans une voie fausse, malgré les apparences de votre piété, malgré votre recours incessant aux artifices et aux subtilités d'une dévotion mal entendue.

Vous avez voulu concilier dans votre conduite et pour votre jouissance Dieu et le monde, et vous n'avez réussi qu'à produire un mélange ou une confusion qui ne plaît ni à l'un ni à l'autre, et qui vous rend malheureuse. Car Dieu vous trouble et vous effraye, quand vous vous livrez au monde ; et le monde vous tiraille et vous tourmente, quand vous voulez vous mettre en présence de Dieu.

Dans cette perplexité, et les angoisses qu'elle vous cause, vous avez crié vers moi ; vous m'avez appelé à votre aide, et ma lettre, sévère comme la vérité, vous témoigne combien je désire vous secourir, même au risque de vous affliger. J'attendrai votre réponse pour continuer cette correspondance ; car j'ai encore bien des choses à vous dire. Mais il me faut savoir auparavant, par la manière dont vous aurez reçu ma parole, si vous êtes capable de les porter.

LETTRE XXII.

DU MÉLANGE DE L'ESPRIT DU MONDE AVEC LA DÉVOTION (SUITE).

Votre réponse m'a touché, madame ; elle m'a prouvé une fois de plus qu'on n'en appelle jamais en vain à votre conscience chrétienne, et que si trop souvent vous vous laissez aller au mal, c'est plus par légèreté, par imprudence, que par mauvaise volonté. Dans le partage de votre cœur entre Dieu et le monde, la passion et l'habitude de la jouissance l'emportent sur votre foi ; et, comme dit saint Paul de lui-même, et comme, hélas ! nous le faisons tous plus ou moins, vous n'observez pas la justice que vous connaissez, que vous aimez, et vous faites le mal qui vous séduit, et qu'au fond vous n'aimez pas. Cependant, vous le savez, on se perd par faiblesse, par entraînement, aussi bien que par la préférence et la préméditation du péché ; et depuis la faute de nos premiers parents, dont nous portons tous les suites fatales, c'est en cédant à la tentation que nous nous exposons à périr. Je vais donc continuer, puisque vous le désirez, la triste mission dont vous m'avez chargé, et dans mes paroles sévères vous reconnaîtrez, je l'espère, la charité chrétienne, qui se résigne à déplaire à ses amis pour leur être utile.

Je me propose dans cette lettre d'examiner avec vous votre conduite de tous les jours dans les divers rapports où elle est engagée, et dans les devoirs principaux qui en sortent. Je veux vous montrer à vous-même, telle que vous êtes en face de votre mari, de vos enfants, de vos domestiques, au milieu de votre maison, et enfin dans la société où vous vivez habituellement, afin que vous arriviez à comprendre que presque toujours vous agissez par l'impulsion de la nature plus que par les mouvements de la grâce, et que, malgré les apparences de la piété et les pratiques de la dévotion, ce n'est pas l'esprit chrétien qui domine en vous.

Si vous étiez foncièrement pieuse, vous rempliriez mieux vos devoirs envers votre mari, et ce que vous ne sauriez faire par amour, puisque l'amour ne se commande point, et qu'au fond vous n'en avez jamais eu pour lui, vous l'accompliriez au moins par conscience, et pour plaire à Dieu qui a reçu vos serments et consacré votre union. D'ailleurs vous êtes sa femme, parce que vous y avez consenti. Personne ne pouvait vous contraindre dans un acte aussi solennel, et il ne servirait à rien de dire maintenant, après coup, qu'il n'était pas l'homme de votre choix, et que vos parents et les circonstances vous l'ont imposé. Vous l'avez accepté, vous vous êtes librement liée à lui; et si en y consentant vous avez eu en vue quelque avantage, par exemple d'échapper au joug de la maison paternelle, et de devenir maîtresse à votre tour, il est bien juste que vous acceptiez aussi les inconvénients de la situation, et surtout les obligations qu'elle entraîne.

Mais vous êtes toujours portée à juger les choses par l'agrément qu'elles vous procurent plutôt que par leur côté moral ou utile, en sorte que, ici comme dans le reste, parce que votre mari ne vous plaît pas, ou parce que vous ne l'aimez guère, vous vous croyez à peu près tout permis envers lui, pourvu qu'il l'ignore ou ne s'en plaigne point trop vivement. Vous abusez de son affection, qui le rend faible à votre égard, pour en faire votre très-humble serviteur et mener tout à votre guise. Comme il est beaucoup plus âgé que vous, il laisse aller pour ne pas vous déplaire, et peut-être cherche-t-il par ses bons procédés à exciter votre reconnaissance, au défaut de l'affection dont vous lui donnez si peu de marques. Cependant vous n'appréciez pas cette délicatesse, tout en en retirant les profits, et vous vous imaginez vous acquitter envers lui par quelque prévenance insignifiante ou un signe menteur de tendresse.

Vous pensez avoir plus d'esprit que lui, et à ce titre, ou par le droit naturel d'une intelligence supérieure, vous vous croyez autorisée à le dominer. Jamais vous n'avez eu de scrupule de ce côté; ce qui prouve que vous ne comprenez pas la loi fondamentale du mariage chrétien, image de l'union de Jésus-Christ avec son Église, et qui règle les devoirs de l'époux et de l'épouse par le rapport même de l'Église avec le Christ, qui en est la tête et le chef. C'est pourquoi il est ordonné aux femmes d'obéir à leurs maris, comme l'Église est soumise à son chef, et aux maris d'aimer leurs femmes, comme Jésus-Christ aime son Église.

Si donc votre dévotion avait quelque influence sur votre conduite d'épouse, vous auriez à cœur de pratiquer l'obéissance commandée par la loi divine, au lieu d'affecter le pouvoir, et vous serviriez Jésus-Christ lui-même dans celui auquel vous êtes unie, et qui est de droit naturel et de droit divin le chef de la famille. Que si, en quelque circonstance, vous étiez appelée à son défaut, ou peut-être par sa faiblesse, à exercer l'autorité, vous auriez grand soin de vous tenir à couvert derrière lui et de n'agir qu'en son nom, au lieu de vous mettre en avant, comme vous le faites la plupart du temps, même sans raison, et de le rabaisser en vous élevant.

Vous n'êtes donc point dans l'ordre de ce côté, et vous ne songez pas même à y rentrer. Ce qui montre qu'avec toute votre dévotion vous méconnaissez, vous violez le premier devoir de votre état, et que vous n'êtes pas même une femme chrétienne.

Mais si vous n'êtes point soumise à votre mari, êtes-vous au moins patiente et douce à son égard, de manière à l'empêcher de regretter l'autorité perdue, et en couvrant de fleurs le joug que vous lui imposez ? Hélas ! vous n'avez pas même la prudence de déguiser votre usurpation, et vous qui devriez, en raison de vos prétentions à la perfection évangélique, pratiquer la charité envers tous, même envers vos ennemis, vous ne savez pas même l'exercer envers celui qui est le plus votre prochain, puisque par l'union conjugale il est devenu la moitié de vous-même. Vous n'êtes gracieuse pour lui, et ne vous mettez en frais d'amabilité, que si vous en désirez ou craignez quelque chose, parce qu'enfin, toute puissante que vous êtes par le fait, vous avez parfois besoin de son assentiment et de son aide. Alors paroles de miel, sourires, caresses, câlineries de toute sorte, rien ne vous coûte, sauf à vous dédommager plus tard, quand le moment critique sera passé, et qu'il aura été fait comme vous l'entendiez. Le reste du temps il est exposé à tous les caprices de votre humeur changeante, de votre imagination mobile, et, pour peu que vous soyez contrariée, ce qui n'est pas rare, les bourrasques se succèdent comme dans une tempête; ou si la violence et les éclats ne réussissent point ce jour-là, il viendra une pluie de larmes qui abattra la fureur des vents, et l'orage se résoudra en un calme plat, qui le dissimule sans le détruire, l'entretenant par une bouderie obstinée et des airs de victime.

Qu'est-ce que tout cela, madame, sinon le manége ordinaire de la nature féminine, abandonnée à tous ses instincts et voulant à tout prix les satisfaire, en dépit de sa conscience qui la rappelle à l'ordre et de la loi divine, qui lui a marqué si nettement sa place et son rôle? Qu'une femme du monde, qui ne connaît ou ne pratique point sa religion, s'y laisse aller, et que, dans la lutte incessante de sa volonté avec celle de son mari, elle emploie naturellement tous ces moyens pour vaincre ou au moins pour n'être pas vaincue, je le comprends. Elle suit uniquement la loi de l'instinct, la loi qui milite dans le corps et dans les membres, comme dit saint Paul. Mais celle qui connaît la loi de l'esprit et de l'âme, la loi révélée au Sinaï et perfectionnée par Jésus-Christ, laquelle doit nous faire participer à la justice même de Dieu et à son amour en nous rendant parfaits comme lui; la femme chrétienne en un mot, qui veut être fidèle à sa religion, surtout si elle aspire à la dévotion, c'est-à-dire au dévouement de sa personne à Dieu et au prochain, ne doit-elle pas avant tout dompter les mouvements de la nature par les secours de la grâce? Le premier degré de la perfection qu'elle recherche, n'est-ce pas de commander à ses penchants, à ses désirs, à son imagination, à ses sens et à ses nerfs, en un mot de réduire son corps en servitude, et de dominer la chair par l'esprit?

En vérité, madame, vous avez encore bien à faire de ce côté, et quoique vous sembliez vivre, au moins habituellement, dans la haute spiritualité, c'est encore le corps qui vous gouverne, et vous êtes trop souvent le jouet du tempérament et des sens. Votre imagination, sans cesse préoccupée du désir de plaire et d'attirer les hommages, exalte encore cette disposition, et, quand vous n'êtes pas dans vos accès de dévotion, où vous voudriez être toute à Dieu pour jouir de Dieu, vous revenez facilement aux créatures et à leurs affections, encore pour vous procurer une jouissance ou au moins quelque distraction, qui vous préparent des remords et des expiations. Vous allez sans cesse de Dieu au monde et du monde à Dieu, entraînée au plaisir par l'instinct, ramenée au devoir par la conscience ou par la peur pour retomber encore : en sorte que dans votre existence agitée les austérités de la pénitence et les faiblesses du cœur sont dans une alternative perpétuelle. Votre prétendue spiritualité s'insinue jusque dans l'amour humain, pour l'excuser ou même le justifier. Au moins vous vous êtes longtemps mise à couvert derrière cette illusion, afin de satisfaire votre coquetterie, sans paraître manquer à vos devoirs. L'expérience vous a détrompée, et vous avez reconnu que, si l'on commence par l'esprit en ces sortes de choses, on finit presque toujours autrement. Ainsi la piété, telle que vous l'entendez, ne vous a pas même servi à rester une épouse fidèle, et vous êtes d'autant plus coupable que vous connaissiez mieux vos devoirs, et que vous aviez plus de secours pour les remplir.

Au moins êtes-vous devenue une mère chrétienne, et les sentiments naturels de la maternité ont-ils été réglés et relevés en vous par l'influence surnaturelle de la foi, en sorte que votre amour pour vos enfants, animé par la vertu de la charité, tournât surtout au bien de leur âme, et à la gloire de Dieu qui vous les a confiés? Sans doute vous aimez vos enfants; et quelle mère n'aime les siens, à moins d'être dénaturée? Mais vous les aimez surtout par l'instinct de la nature, qui là aussi vous domine. Vous n'avez pour eux qu'un cœur de chair, qui y cherche sa jouissance encore plus que leur bien véritable, et vos sacrifices à cet égard, que je n'entends point rabaisser, n'ont cependant jamais eu qu'un ressort instinctif et une fin toute personnelle. Ne voyez-vous pas que les plus faibles des animaux, la poule par exemple, à laquelle Notre-Seigneur daigne se comparer dans son amour pour Jérusalem, sont aussi capables d'exposer leur vie pour défendre et conserver leurs petits? Mais la femme a une âme immortelle, et si, comme celle de l'homme, cette âme régénérée par le baptême peut participer à la vie divine, elle doit aussi entrer en partage de l'amour divin, et pour devenir digne de sa nature et de sa régénération, je dirai même de sa divinisation, en un mot pour être une mère chrétienne, ne faut-il pas qu'elle apprenne à aimer comme Dieu aime, par l'âme, en esprit et en vérité? Elle doit donc aimer de prédilection, dans ceux qu'elle a mis au monde, non la chair qui a été tirée de sa chair, mais l'âme qui vient de Dieu seul et que Jésus-Christ a engendrée à l'éternelle vie.

La tendresse de la mère chrétienne a donc pour motif et pour objet le bonheur de l'âme de ses enfants, par conséquent leur perfectionnement et leur salut. Elle désire pour eux, avant tout, non les avantages temporels de la vie présente, mais ce qui se rapporte à l'éternité. Elle les aime pour Dieu, c'est-à-dire selon la vérité, dans la justice et pour le bien, afin qu'ils en obtiennent l'impérissable jouissance et non pour elle, dans la vue de son affection propre ou de sa gloire, ni même pour eux, s'il s'agit seulement de leur procurer une joie passagère, ou de leur épargner des peines souvent salutaires. La maternité chrétienne vise plus haut que la terre; elle aspire au ciel pour ceux qu'elle aime.

Ainsi pensait la mère de saint Augustin, qui obtint la conversion et l'apostolat de son fils, si engagé dans l'erreur et le désordre, par l'ardeur et la persévérance de sa prière, et renonça pour lui à toutes les gloires du monde, afin de sauver son âme. Ainsi pensait un autre modèle des mères chrétiennes, Blanche de Castille, qui avait le courage de dire à son fils que, bien qu'elle l'aimât plus qu'elle-même, elle préférerait le voir mort que coupable d'un seul péché mortel. Aussi ces mères-là, qui le sont par la grâce encore plus que par la nature, donnent des saints au monde pour le transformer, et des anges au ciel pour compléter le nombre des élus. Les autres, avec l'exaltation de leur affection naturelle, et tous les sacrifices d'un dévouement qui n'a pas même toujours le mérite d'être raisonnable, forment le plus souvent des enfants gâtés, qui, après avoir été les tourments de leur famille, deviennent quelquefois les fléaux de la société, ou du moins ne contribuent guère à son amélioration ni à son bonheur. S'il y avait plus de mères vraiment chrétiennes, nous aurions aussi plus d'hommes distingués par l'intelligence et surtout par le caractère. Mais malheureusement, bien qu'il y ait beaucoup de femmes pieuses, ou qui remplissent exactement leurs devoirs de religion, il y en a peu dont la piété intelligente et courageuse aille jusqu'à la domination et la transformation des affections du cœur, en sorte que dans toutes les relations de leur existence elles soient dirigées par les mouvements de la grâce plus que par les sentiments de la nature, par l'esprit de Jésus-Christ plus que par l'esprit du monde. Voilà ce que je regrette en vous, madame, et c'est pourquoi, tout en pratiquant votre religion, peut-être au delà de ce qui convient pour l'extérieur, vous ne voyez pas, vous ne cherchez pas la chose uniquement nécessaire, sans laquelle tout le reste n'est rien et ne sert de rien ; à savoir la charité ou l'amour de Dieu et en Dieu, qui transfigure tous les autres amours en leur infusant sa vertu divine et son impérissable nature.

Aussi que faites-vous de vos enfants encore si jeunes et comment les élevez-vous? Comme dit saint Paul en parlant des parents naturels, qu'il oppose aux pères selon la grâce, vous les gouvernez suivant l'humeur du moment, et en raison des circonstances et de votre disposition. Tantôt vous les accablez, vous les mangez de caresses, et votre folle tendresse risque de les étouffer; tantôt, si vous êtes souffrante, et une femme l'est toujours si elle est contrariée, vous les rebutez, ou vous y pensez à peine et les abandonnez aux domestiques. Quand vous les aimez le plus, outre vos caresses sans mesure, c'est par des friandises et autres choses de ce genre que vous le leur témoignez. Le plus grand bonheur des parents qui vous ressemblent, et c'est à leurs yeux le signe le plus frappant de leur affection, c'est de bourrer leurs enfants de bonbons ou de mangeaille, afin de réjouir leur chair et de l'engraisser.

C'est ainsi qu'on forme des animaux et non pas des hommes. Il faudrait au contraire les accoutumer de bonne heure à la modération dans le boire et le manger, à la sobriété dans la satisfaction des appétits du corps, afin de dégager l'esprit de ses liens, et de lui enseigner peu à peu à reprendre sa supériorité et à la garder. Il faudrait surtout, au lieu d'abandonner la volonté aux entraînements des sens et de leurs instincts, la maintenir de bonne heure par une discipline bien entendue et persévérante, laquelle, avec le secours de la parole d'instruction, lui inspire peu à peu le désir et la force de préférer la vérité et la justice à ce qui leur est contraire, et à les réaliser par ses actes. On élève de cette manière des hommes vraiment raisonnables, d'honnêtes gens, et surtout des chrétiens.

Mais les parents dont la foi est faible, et à plus forte raison ceux qui n'en ont pas, n'ont point le courage ni même la pensée d'affliger les enfants dans leur chair, pour les perfectionner dans leur esprit.

Ils ne comprennent ni la sainteté, ni la responsabilité de leur mission, et au lieu de chercher à la remplir, au moins raisonnablement s'ils sont sans foi, et chrétiennement s'ils en ont, le plus souvent ils laissent tout aller, ou à peu près, au gré de ces êtres sans expérience et sans raison, afin de n'avoir pas la peine de les contrarier, ni le chagrin de les corriger ou de les punir, donc par amour d'eux-mêmes plus que de leurs enfants.

Voilà ou aboutit, madame, cette tendresse naturelle qui n'est réglée ni par la raison ni par la foi; d'un côté, à l'égoïsme des parents, qui ne veulent que les joies de la paternité sans ses devoirs ni surtout sans ses rigueurs, et de l'autre à la tyrannie absurde des enfants, qui ne connaissant plus de loi, ne respectent aucune autorité. Voilà à peu près où en sont les vôtres. Ils ne vous craignent déjà plus, et par conséquent ils ne vous respectent point. Dieu sait alors comment ils vous aiment; car l'amour sans respect n'a ni profondeur, ni garantie. Ils répondent et raisonnent, quoi que vous leur commandiez. Vous en êtes réduite à disputer avec eux pour en obtenir ce qui les gêne, et le plus souvent ils triomphent de votre volonté, qui devrait être leur règle infaillible, par leur obstination et même par leur impertinence. Bref, vous n'en pouvez presque plus rien faire et vous êtes à bout de voie, parce que, agissant trop vous-même par les mouvements du cœur ou les caprices du moment, ils n'ont senti qu'une volonté humaine en face de la leur, et non celle de Dieu ou la loi d'en haut, qui a seule l'autorité nécessaire pour remuer la conscience et imposer une obligation. Vous avez voulu tout faire, à vous seule et pour vous, afin de posséder vos enfants à votre aise et d'en avoir toutes les joies sans les tribulations; et maintenant les tribulations seules vous restent, ou peu s'en faut. Vous avez gâté cette source des plus vives jouissances, et ce que vous avez désiré comme un bonheur est devenu votre supplice. C'est un mal déjà invétéré, et qui ne sera pas facile à guérir : car, si jeunes que soient vos enfants, le pli est pris, et une main adroite et ferme pourra seule le redresser.

Ajoutez à cela que, pendant les mois d'hiver et de printemps que vous passez à Paris, vous allez souvent en soirée, au concert, au bal, et même au spectacle, toute dévote que vous êtes. Votre toilette vous occupe donc incessamment. Il faut la préparer, la renouveler pour paraître avec avantage, et, le lendemain d'une nuit passée dehors, vous ne pouvez vous lever de bonne heure : ce qui vous empêche de vous occuper vous-même de vos filles d'une manière suivie, vous force de les laisser presque toujours entre les mains d'une bonne anglaise ou allemande, laquelle devient une espèce de gouvernante qui ne sait rien gouverner, pas même leur langage, mélange confus de deux ou trois langues, où leur pensée naissante ne trouve aucune forme convenable pour se déterminer. Voyez s'il est possible, avec une vie de tous les jours si singulièrement arrangée, de faire quelque chose de sérieux et d'efficace pour la première éducation de vos enfants : car, si vous perdez vos soirées dans le monde et vos matinées dans votre lit, votre dévotion qui renaît au réveil vous pousse à l'église dès que vous êtes levée, et l'après-midi il y a souvent une assemblée de charité qui vous appelle, un sermon pour les œuvres qui vous attire. Ainsi, avec les exigences de la vie mondaine que vous voulez satisfaire et celles de la vie dévote que vous cherchez à remplir (et vous vous croyez en état de les concilier ou au moins de les accommoder), il ne vous reste presque plus de temps pour vaquer aux devoirs les plus impérieux, à vos devoirs d'état, à savoir le soin de votre mari, de vos enfants et de votre maison.

Aussi votre maison est mal tenue; on n'y voit ni l'ordre ni l'économie qui doivent présider à une maison chrétienne. Vous êtes volée ou trompée par vos domestiques, qui se sont rendus nécessaires à cause de votre faiblesse ou de votre incurie. Ce qui vous pousse à tromper à votre tour votre mari, pour justifier votre gestion et lui donner une apparence de régularité. Certes il y a là des choses qui ne s'accordent guère avec la justice, encore moins avec la piété, et je ne vous en donnerai pas le détail, que vous connaissez mieux que moi. Ce que je dois vous dire seulement, c'est que du train dont vous y allez, vous vous ruinerez ou au moins vous embarrasserez tellement vos affaires, qu'un éclat deviendra inévitable avec votre mari, dont la confiance en sera profondément altérée.

Vous oubliez en outre que, selon l'esprit chrétien, les domestiques font partie de la famille, et qu'ainsi vous n'avez pas seulement un gouvernement temporel à exercer sur eux, mais encore une sorte de puissance spirituelle, qui doit s'inquiéter de leur âme et de leur salut, tant qu'ils dépendent de vous. C'est pourquoi dans les familles vraiment chrétiennes on les réunit tous les jours, au moins à la prière du soir, pour invoquer et remercier Dieu en commun. Cette communauté de prières attire la protection et la bénédiction d'en haut sur les maîtres et les serviteurs, et elle les unit dans un même esprit de foi, d'espérance et d'amour, dans la charité de Jésus-Christ ; ce qui consolide la famille par un lien supérieur, qui lui donne de la force et de la paix. Vous inquiétez-vous de leur exactitude à remplir leurs devoirs religieux, s'ils vont à la messe le dimanche, s'ils observent, autant qu'il est possible, les jours consacrés au Seigneur, s'ils vont à confesse au moins une fois l'an, s'ils font leurs pâques? Sans doute c'est leur affaire, puisque chacun sera jugé pour son compte. Mais c'est aussi la vôtre, au moins en partie, et tant qu'ils sont soumis à votre direction. Vous ne pouvez point les contraindre, et l'on doit respecter la conscience de chacun ; mais on peut influencer, persuader, au moins faire des représentations, donner des conseils, et au besoin l'instruction nécessaire, si elle manquait à la bonne volonté. Je crains que vous ne pensiez guère à tout cela, ou que les sollicitudes du monde et les exigences de votre dévotion ne vous ôtent le temps de vous occuper de ces âmes, à vous confiées jusqu'à un certain point, puisqu'elles sont à votre service, et qu'après tout vous devez aimer comme vous-même ; car elles sont votre prochain plus que beaucoup d'autres.

Enfin ce qu'on peut encore eprendre dans la tenue de votre maison, ou au moins dans son appareil extérieur, ce n'est pas tant le luxe dont vous êtes entourée, lequel du reste pourrait être considérablement réduit sans nuire à votre considération, qu'une multitude de superfluités, d'inutilités ou même de choses inconvenantes, qui doivent orner vos appartements et quelquefois les déshonorent. Le luxe est permis dans une certaine mesure, en raison de la position, et il contribue souvent à exciter le respect et l'admiration des hommes, comme il arrive dans les monuments publics et dans les palais des rois. Mais encore faut-il que l'utilité s'y joigne et surtout le bon goût, et qu'aussi dans ce qui frappe habituellement les regards il y ait quelque chose de noble, de distingué, qui charme et élève les esprits par la beauté, par l'élégance ou par un arrangement convenable. Il faut surtout éviter ce qui peut offenser des yeux chastes et exciter des pensées déshonnêtes, afin de ne pas fournir aux personnes de la maison et aux visiteurs des occasions de mal et des tentations grossières. Car on est responsable, jusqu'à un certain point, du mal auquel on contribue, même sans le vouloir actuellement, mais par imprudence ou indirectement.

Certes, il n'est pas défendu d'avoir des tableaux, des gravures, des statues, des statuettes ou autres choses de ce genre. Mais que vos tableaux et vos gravures n'offensent point la décence ; que vos statues n'exposent point toutes les nudités, et que vos statuettes soient gracieuses sans inconvenance. C'est bien le moins que dans la maison d'une femme chrétienne on ne voie rien qui fasse rougir la pudeur. Je me souviens cependant d'avoir vu autrefois dans votre salle à manger, je ne sais pas s'il en est encore ainsi, une Vénus dans tout l'éclat de sa beauté, sans voiles, et qui offrait à ceux qui dînaient chez vous le spectacle inévitable des charmes de la femme, et par contre, afin sans doute que personne n'échappât à la tentation, elle avait pour vis-à-vis l'Apollon du Belvédère, donnant aux dames et aux jeunes personnes invitées à votre table l'occasion de contempler et d'admirer le corps de l'homme. Dans votre salon on retrouvait les mêmes inconvénients avec des tableaux, fort beaux sans doute au point de vue de l'art, mais dangereux sous le rapport moral, soit par les sujets représentés, soit par l'esprit sensuel qui y respire. Les premiers chrétiens refusaient de rendre hommage aux images des dieux, pour ne point se souiller par l'idolâtrie, et quand on voulait les y contraindre, ils aimaient mieux mourir dans les plus cruels supplices, que de rien faire contre leur foi au Dieu unique. Et nous, chrétiens dès la naissance, nourris et élevés dès notre plus tendre enfance par l'Église et qui avons participé à toutes ses grâces pour vivre de la vie du ciel, nous nous entourons de simulacres païens, que nous n'adorons pas sans doute, mais que nous idolâtrons en quelque sorte par notre admiration et le prix que nous y mettons. Assurément, quand on a sans cesse de pareils objets sous les yeux, il est bien difficile qu'un jour ou l'autre une mauvaise pensée n'excite l'imagination, ne trouble les sens, et ne pousse à chercher une idole vivante, pour jouir de la beauté réelle dont on contemple si volontiers l'image. Cela est à craindre, au moins pour la jeunesse, et vous oubliez que vous avez des filles qui ne seront pas toujours des enfants.

Après cela, que vous dirai-je de ce luxe d'inutilités de tout genre, qui vous entoure dans votre appartement le plus intime, dont plusieurs sans doute sont des œuvres d'art remarquables, tandis que la plupart n'ont de prix que par leur rareté ou leur singularité? Vous avez toute une bibliothèque de ces niaiseries, les unes reçues en cadeau, les autres acquises à grands frais, et tout cela est rangé sur des tablettes, pour faire montre de luxe, de goût artistique ou de science. Au fond c'est une vraie boutique de bric-à-brac, où le vieux est confondu avec le neuf, le laid avec le beau, le trivial avec l'élégant, et vous ne vous en occupez certainement que pour épousseter cette foule d'objets tous les jours; car la main des domestiques les briserait. Ce qui, sans compter le capital enfoui dans ces prétendus trésors, vous fait perdre un temps précieux, et certes une femme pieuse pourrait mieux employer l'un et l'autre. N'avez-vous pas honte, vous qui par dévotion faites chaque jour une lecture spirituelle ou une méditation sur les paroles de Notre-Seigneur Jésus-Christ, les mystères de sa passion et de sa mort, sur les fins dernières de l'homme, en un mot sur tout ce qu'il y a de plus profond et de plus sublime, de passer une heure à manier et à frotter ces petites idoles du luxe mondain, et n'est-ce pas une sorte de culte que vous leur rendez?

Cependant il ne vous suffit pas de vous faire des idoles; vous voulez devenir idole vous-même, et à cette fin, quand vous allez dans le monde, vous vous parez à grands frais et avec plaisir de tout ce que le luxe et l'élégance réunis peuvent fournir de plus splendide et de plus attrayant. Vous voulez paraître belle, la plus belle s'il est possible, et pour cela, dépouillant les voiles que la décence réclame, vous exposez aux yeux de tous, en public, ce que vous rougiriez de laisser voir dans l'intimité. A qui voulez-vous donc plaire par ce luxe de toilette et par cette exhibition de vos charmes? Il n'est pas probable que ce soit à votre mari seulement ou de préférence. Est-ce à tout le monde ? Ce serait encore le moins mal, et je souhaite que vous n'ayez point d'autre vue. Mais, puisque vous êtes chrétienne et que vous voulez être dévote, faut-il vous rappeler les paroles de saint Paul, qui défend aux femmes fidèles de mettre de l'or dans leur chevelure et de la friser ? Ne savez-vous pas que le plus bel ornement d'une femme honnête est la grâce et même l'embarras de la pudeur, et que, loin de chercher à attirer les regards des hommes qui peuvent la troubler ou la séduire, elle doit s'envelopper de voiles et réserver à son époux seul les secrets de sa beauté ? L'Église où vous allez tous les jours, et dont vous entendez les prédications multipliées, vous interdit cependant ces toilettes indécentes, et vous n'oseriez vous présenter dans ses temples avec vos accoutrements des salons du monde.

Vous me direz qu'il y a une toilette pour l'église et une autre pour le monde. Soit ; mais je vous répondrai qu'une chrétienne doit l'être partout, dans le monde comme à l'église, et que si elle veut porter sincèrement et dignement le nom sacré d'enfant de Dieu qu'elle a reçu au baptême, elle ne doit rien faire devant Dieu ni devant les hommes, qui le ternisse ou le déshonore. Or la décence dans la mise est la gardienne de la pureté du corps, et la pureté du corps garantit celle de l'esprit et du cœur.

Vous me direz encore que c'est l'usage du monde, et du plus grand monde, et qu'il faut s'y conformer, si l'on veut y aller, sous peine de paraître ridicule ou de se singulariser. Hélas ! je ne le sais que trop, et c'est justement cet esprit du monde et du grand monde que je combats en vous. Je n'ignore pas que dans les cours, même en celles qui affichent le plus de respect pour la religion, la décence est officiellement prohibée, et une certaine nudité fait partie de l'étiquette. Qu'est-ce que cela prouve, sinon que là aussi, malgré les apparences de religion ou même de dévotion, l'esprit mondain règne en maître absolu plus qu'ailleurs, et qu'il est bien difficile aux princes et aux courtisans, comme nos grands orateurs sacrés le leur ont toujours dit, d'être vraiment chrétiens et de faire leur salut ? Est-ce là que vous irez chercher vos modèles ou votre justification ? Mais c'est justement en ces lieux, où toutes les passions humaines s'agitent et s'excitent à l'envi, que le vice a le plus de puissance, parce qu'il a plus d'éclat, et que la vertu chrétienne court les plus grands dangers.

Bref, madame, en ce point comme en tous les autres, on ne peut servir deux maîtres à la fois : car, si vous plaisez à l'un, vous déplairez à l'autre. Une chrétienne sincère, qui veut réaliser sa foi par ses œuvres et pratiquer ce qu'elle croit, doit choisir courageusement entre Dieu et le monde, entre l'esprit de Jésus-Christ et l'esprit du monde. C'est une grande illusion, une démence que de prétendre les associer, les concilier, ou les tenir en balance en les compensant l'un par l'autre. Il faut que l'un des deux domine et asservisse l'autre.

Si donc vous aimez le monde plus que Dieu et sa loi, donnez-vous franchement au monde. Passez résolûment dans son camp, et vivez comme on y vit, sans tergiversation et à vos risques et périls. Mais alors ayez aussi tout simplement la religion du monde, qui consiste pour la convenance, quand il veut la respecter, à faire tout juste, et le moins qu'il est possible, ce qui est prescrit par l'Église. Avec cela on paraît régulier, et on fait à peu près tout ce qu'on veut. On vit et on meurt *convenablement*, comme on dit dans le monde. C'est une espèce de religion officielle ou de convention, qui ne gêne guère ceux qui la professent, et c'est pourquoi ils y tiennent.

Cessez alors d'aller à la messe tous les jours, de faire l'oraison, la méditation, de vous occuper d'œuvres pieuses. Donnez votre démission des œuvres de charité, et ne paraissez plus dans les assemblées de ce genre. Réduisez-vous à une courte prière le matin et le soir, à une basse messe le dimanche, à la confession annuelle, à la communion pascale, à quelques aumônes, et pour tout le reste suivez ouvertement les maximes, les usages et les plaisirs de ce qu'on appelle la société, laquelle d'ailleurs vous domine déjà maintenant, au milieu des tiraillements de votre conscience et des oscillations de votre volonté. Vous resterez à peu près ce que vous êtes aujourd'hui, avec une illusion ou un masque de moins. Vous en serez moins tourmentée, parce que votre position sera plus nette, et il y aura encore cet avantage pour la religion, que la délivrant de la responsabilité ou de la solidarité de votre conduite équivoque, on ne pourra plus la calomnier en lui imputant vos faiblesses, que tous ses secours, dont vous abusez, n'ont pu empêcher ni corriger. Tant que vous aurez la réputation d'une dévote, les mondains avec lequels vous vivez, ou s'autoriseront de votre exemple, ou condamneront l'Église en votre personne. C'est un scandale des deux côtés, qui tombera, quand vous serez franchement avec eux.

Il y aurait bien un autre parti à prendre, et ce serait le meilleur. Mais je n'ose vous le conseiller en ce moment, parcequ'une fois déjà vous l'avez tenté sans succès, et votre zèle excité, exalté même par des circonstances graves où Dieu avait parlé à votre cœur, ne s'est pas soutenu dans sa ferveur, peut-être parce que vous n'étiez pas mûre encore, et qu'il partait plus de l'imagination que de la volonté. Or, l'Évangile nous le dit, le second état de l'homme qui a nettoyé sa maison, et qui la laisse envahir de nouveau par l'esprit mauvais, est pire que le premier. Je ne veux pas vous exposer à des rechutes par des résolutions prématurées, que vous embrassez en de bons moments sans avoir la force de les soutenir, et il me serait trop douloureux d'amasser des charbons ardents sur votre tête. Vous avez besoin d'une plus longue expérience pour comprendre et accepter le remède héroïque qui vous serait proposé. Aujourd'hui vous ne seriez pas capable de le porter. Je prierai Dieu pour vous, afin que dans vos épreuves et par sa grâce il mûrisse peu à peu votre cœur, qui est encore dans toute la verdeur de la jeunessse; et quand l'âge et les tribulations des joies de ce monde auront affaibli ou éteint les ardeurs de vos désirs, et dissipé les illusions qui vous aveuglent, j'espère vous retrouver, telle que vous êtes au fond, pleine de foi, mais d'une foi vivante, et prête à tout souffrir et à tout faire, non-seulement pour la professer de bouche et au dehors, mais encore pour la réaliser dans votre conduite et par vos œuvres. Nous en reparlerons, quand vous aurez quarante ans.

Mais que dis-je? Savons-nous, vous et moi, si nous vivrons jusque-là? « Ne disons pas, écrit l'apôtre : « Demain nous irons à tel endroit, ou nous ferons telle « chose. » Car nous ne sommes point sûrs du lendemain ; la vie et la mort ne sont pas entre nos mains, et, quoique nous proposions, Dieu seul dispose. Je vous en conjure donc, madame, si avant ce terme où je vous ajourne, la mort s'approchait de vous ; oh ! dès que vous en auriez le pressentiment, ou que vous en ressentiriez les premières atteintes, appelez-moi à votre aide, où que je sois, et j'accourrai, si le temps et la force me sont laissés. Car rien ne mûrit comme l'approche de la mort ; elle glace avec le sang tous les instincts de la vie terrestre, et il n'y a pas d'illusion qui tienne devant son implacable réalité. En ce moment solennel qui met l'âme au seuil de l'éternité, dont elle entrevoit déjà les lueurs, la parole divine, qui a pénétré votre cœur dans votre enfance, reprendra toute sa puissance sur lui, quand il défaillera à ce monde ; et j'espère qu'avec le secours de la grâce et de votre bon ange, elle réveillera à votre dernier soupir l'énergie de votre foi, pour relever votre espérance et vous réunir à Dieu par l'amour.

FIN.

TABLE DES MATIÈRES.

FIN DE LA TABLE DES MATIÈRES.

PARIS. — IMPRIMERIE DE CH. LAHURE ET Cie
Rues de Fleurus, 9, et de l'Ouest, 21

PARIS. — IMPRIMERIE DE CH. LAHURE ET Cie
Rues de Fleurus, 9, et de l'Ouest, 21

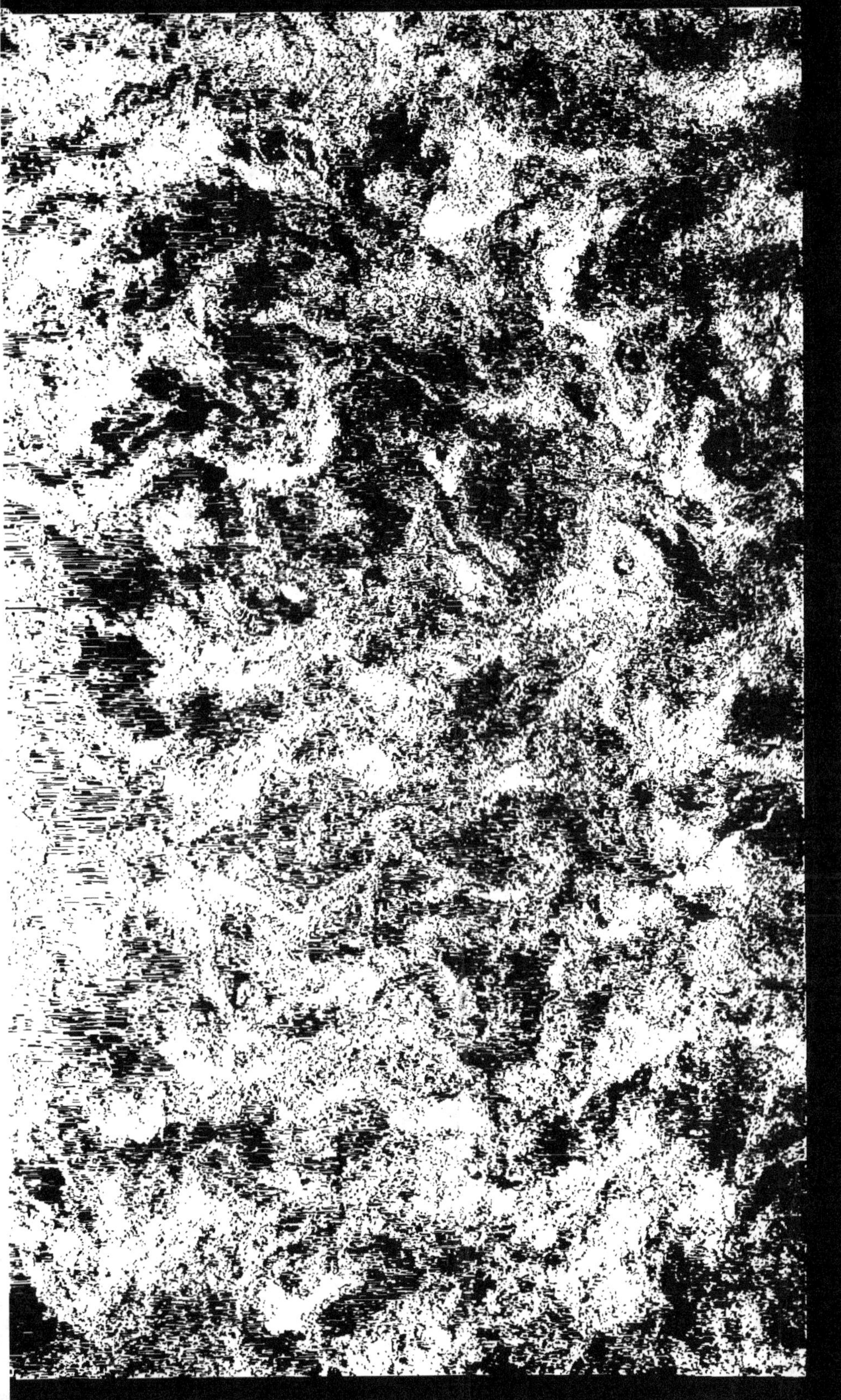

www.ingramcontent.com/pod-product-compliance
Lightning Source LLC
LaVergne TN
LVHW020553110826
845149LV00002B/250